谨以此书

献给有着独立思想和独立人格的人，

献给我崇拜过并因此我批判过的人，

也献给正在或即将批判我的人！

超越牛顿定律，反思斯密之谜和达尔文恶魔

理性与自私的终结

王瑞武　著

商务印书馆
The Commercial Press

弗洛伊德（Freud）写道，科学的历史就是异化的历史。哥白尼（Copernicus）证明地球并不是行星系的中心；达尔文指出我们人类仅是众多动物中的一种；弗洛伊德认为我们的理性活动仅仅是无意识的一部分。现在，我们可以把这些观点倒转过来。我们看到，人类的创造力和创新性可以被视为在物理或者化学中存在的自然法则的放大[1]。

——普利高津

最担心的人们今天在问："人如何得以保存？"可是，查拉图斯特拉却是第一个唯一的人要问："人如何才被克服？"[2]。

——尼采

---

1 伊利亚·普利高津 著，湛敏 译：《确定性的终结》，上海：上海科技教育出版社，2009 年版。
2 尼采 著，黄明嘉 译：《查拉图斯特拉如是说》，桂林：漓江出版社，2007 年版。

致谢
——致那些帮助我摆脱神与兽桎梏的人

在近乎七年的苦闷与兴奋之中，我终于完成了本书撰写。"痛苦使母鸡和诗人咯咯啼叫"。尼采曾如是说[1]。然而，我发现我既不是母鸡，也不是诗人，而是一直徘徊在母鸡与诗人之间，神与兽之间。无论是试图成为神，还是试图成为兽，我都曾得到了同事、朋友们和亲人们的无私帮助，我感恩正是他们的拉拽，幸运地使我既没有被虚无的神性引领进天堂，也没有被魔鬼的兽性拽入地狱。

在2000年的时候，在我的硕士研究生导师杨大荣老师的带领下，我无意中发现榕树与榕小蜂之间的经典合作关系并不总是表现为合作关系，而是有时候是合作关系，有时则是竞争关系。这个结果用现有的经济学和进化生物学理论是无法解释的。当时我就把这个结果寄给了著名的博弈论专家，也是统计学家的罗伯特·奥曼（Robert Aumann）。他当时给我写了很热情的回信，表示这可能是自组织现象，目前没有理论能解释这样的现象，并认为这是值得终生坚持下去的探索，希望我坚持下去。后来我询问他是否可以到他实验室去讨论，他随后的回复让当时的我很吃惊：他已经70多岁了，实验室也已经关闭很多年。但我却看到他还在持续发表论文，并且在2005年获得了诺贝尔经济学奖！正是罗伯特·奥曼的鼓励，我选择了坚持，而放弃了面包。

然而，挑战绝对理性与自私性——这一经济社会科学和进化生物学的基本概念，注定道路是凶险而充满挑战的。我们的研究发现：基于理性与自私这一基本概念发展而来的均衡、对称思想体系中的合作

1　尼采著，黄明嘉 译：《查拉图斯特拉如是说》，桂林：漓江出版社，2007年版。

理论并不可信，部分支持证据源于取样或者分析方法的错误所致。当我将结果整理成论文后，我才发现科学的发现并没有理想中的顺利。我的论文几乎任何杂志都发表不了。直到 2008 年和 2011 年，在英国生态学会杂志《动物生态》副主编凯文·麦卡恩（Kevin McCann）的持续坚持下和英国皇家学会前主席、物理学家和生态学家罗伯特·梅（Robert May，克拉福德奖获得者）的帮助下，两篇论文才得以发表。而另外一篇论文也发现支持亲缘选择的有关性比演化的证据可能也是错误的，其支持证据同样源于数据分析错误所致。被誉为社会生物学之父和哈佛大学最伟大的思想家之一、也是克拉福德和普利策奖获得者、当时已经 83 岁的爱德华·威尔逊（E. O. Wilson）亲自写信向期刊推荐，但最后还是未能如愿。经过了将近 10 年的折腾，直到 2015 年才得以发表。

罗伯特·奥曼、罗伯特·梅和爱德华·威尔逊，他们是当今科学界的"神"。我们难以用理性与自私来解释他们的灵魂，恰恰相反，他们完美诠释了人是可以无私的，具有非理性的神性。正是他们，让我深深地相信了兽性的人完全可以进化为神。

除了幸运地得到这些神性的帮助，我也十分幸运地得到了与罗伯特·特里弗斯（Robert Trivers）进行神性讨论的机会。这位喜欢逛红灯区、没有工作岗位的著名进化生物学家（2007 年克拉福德奖获得者）看了我寄给他论文初稿后，曾经一晚上给我写了数封邮件讨论，而我回信讨论时，却又没有任何回复，完全消失了。2013 年的时候，他又神游到加州大学圣克鲁兹分校，拿着我那篇论文稿子找约翰·汤姆逊教授（John Thompson，美国艺术与科学院院士）讨论。尽管他从来没有直接同意我的观点，但读了他发来的书稿《愚昧者的愚昧：自欺与欺骗背后的逻辑》，我甚至怀疑我在本书"他是谁，她是谁？它一个男人和女人的复合体"这个章节偷窃了他的思想。有人认为罗伯特·特里弗斯攻击性强、脾气暴躁，而且神经质，甚至是个疯子。读完他的书，我不时地问：正常人在哪儿呢？他似乎是一只独狼，不需要理解；更像是一只由神进化而来的狼，他的兽性就是他的神性。

没有任何真正的神性是游离于我们兽性躯体的。对我而言同样如此。科学研究需要经费支持，在我几乎发表不出任何论文的艰难期间，我的确幸运地得到中国科学院昆明动物所几任领导的支持，季维智所长（后当选中国科学院院士）和也是我博士导师的杨君兴书记给予了持续的资助，没有他们当时创造的宽容环境，我一定会被迫改换自己的研究方向的。博士毕业后，我留在昆明动物所工作。研究结果仍然发表不出来。国家自然科学基金委员会则在我几乎没有发表相关论文的情况下给予了连续资助，我由衷地赞叹并理解了国家自然科学基金委员会为什么在中国科学界有着如此高的声誉。昆明动物所在张亚平院士的领导下则继续给予了我支持，而且排除了阻力鼓励我独自按照自己的理解坚持研究，还亲自写信推荐我的论文发表，这让我终生难忘。本书稿完成后，西北工业大学给予了出版资助。"上帝赢得世人的花朵，作为人类奉献的礼物。"我想把泰戈尔的这句诗献给他们。

在专著的写作过程中，王文、邱强、张驰宇教授对部分生物学细节给予了讨论与修改，好友李云海、宋仁军，助手田孝敏、赵霞、叶夏帮我修改了部分文字和插图。更让我感动的是七十多岁的罗发亮老师（我的中学语文老师）和校友谢承海逐字逐句地帮助我校对了书稿，书稿浸润有他们的汗水。博士后张贺、宋建潇和研究生韩嘉旭、侯贝贝、成毅聪、王思一、李宏龙、白壮东、董亚楠参与了很多神性的讨论，李宏龙、李敏岚、赵霞、韩嘉旭帮助制作了插图。量子物理学出身的王超和博弈论专业的贺军州则直接帮助我修改，甚至撰写了部分章节的一些内容。王超说，懂得量子物理，即便是失业也觉得值了。跟如此虔诚于自己的事业和信仰的同事和学生们一起工作与讨论，即便是母鸡，也会像诗人一样咯咯啼叫，而石头也会像"思想者"那样思考。

在书稿出版的过程中，我的好友陶毅教授、孙书存教授、高大力书记不辞辛苦地帮助我联系出版，给予了很大的帮助，而商务印书馆的胡运彪博士给了很多建设性意见。我不像老子、尼采他们，他们已经战胜了人性中的虚荣恶魔，他们是真神。"有些人是在死后才得以诞生的。"[1]尼采是在说自己，也是在说真神。可我只是敬神，从来没敢想成为上帝，成为神，我没有摆脱我的兽性，我更希望自己是有一点神性的狼。是兽，就要吃肉、要生活，就要曾经被尼采所批判的虚荣（出版此书）。我很感谢陶毅、孙书存、高大力和胡运彪这样的真心朋友，他们清楚我的兽性。

"圣哲已经颓废，而偶像也正面对黄昏[2]"，我曾经因为失去信仰而迷失过自己，直到我看到母亲的灵魂。正如我在"众神会死，而母亲将永生"这个章节中所写，只有母亲才清楚我自己——人类的一员究竟是谁，才能帮助自己在完全虚无的信仰与完全物欲的现实之间找到自己的位置。虽然母亲已经去了天堂，但我从来没有感觉到母亲的离开。

1　尼采著，孙周兴 译：《瞧，这个人》，北京：商务印书馆，2016 年版。
2　引自尼采的《偶像的黄昏》和《查图斯特拉如是说》。

自序

你的文化与信仰将决定你的科学观

这种侵扰（科学原理普遍性丧失，宗教与科学对立）的一个众所周知的例子是尝试把目的因重新引入科学。这样做据说是因为，被反复重申的因果性危机证明因果性是无法单独胜任的，而实际上是因为，全能的上帝创造了一个此后不能亲自干预的世界，被认为有失上帝的尊严。在这种情况下，被抓住的弱点是显而易见的。无论是在进化论还是在心灵—物质的问题中，科学都未能令人满意地概括出因果联系，即使是对它那些最为热忱的信徒也是如此[1]。

——埃尔温·薛定谔

书稿撰写之初，原计划将"纳什之死——他就是他最坚定的批判者"作为序言，但感觉作为序有些太长，只好放在最后，改为后记。在这部分，我将通过纳什性格的多面性和矛盾性，诠释多元论思想；绝对理性与自私性——一元论思想体系，已不是纳什的人生，也不是科学的未来。而自序所探讨的文化和信仰将决定我们的科学观，属于本书最后章节"众神们，小鬼们，复出吧！谁将与上帝决斗？"所要阐述的内容：牛顿力学体系源于宗教中的一元论思想，而量子力学则是原始朴素多元论思想的复活。我本不打算再做序言，但后来发现：如果没有对"科

---

1 埃尔温·薛定谔 著，张卜天 译：《自然与希腊人·科学与人文主义》，北京：商务印书馆，2015 年版。

学概念"自私与理性如何回归到人性与文化的清晰阐述，我就得再撰写一章介绍经济学理性人和自然选择自私性的科学逻辑。

自私与理性的概念是经典社会学、经济学解释人类社会各种纷繁复杂行为的基础，同时也是达尔文自然选择思想理解生物进化的初始出发点。然而，这种绝对自私与理性似乎天然地就是一个"谬论"。父母含辛茹苦地抚养子女，"自私的基因"理论对此解释说：那是因为子女遗传父母的基因，父母帮助孩子有助于其基因被遗传下去；但是，子女无私地、甚至奋不顾身地帮助自己的父母，又如何期望父母能够帮助子女遗传其基因呢？同样，南丁格尔终生未婚而献身护理事业，白求恩帮助中国的抗日事业而牺牲在中国战场，那些不顾权威打压和民众抛弃而执意揭露真相的人，他们又能从自己的行为得到什么回报呢？蜜蜂或蚂蚁中的工蜂或工蚁奋不顾身地帮助蜂王或者蚁后，而这些蜂王和蚁后很可能来自其他群体，跟这些利他性的工蜂或工蚁没有任何亲缘关系，这些工蜂或者工蚁又能得到什么样的利益回报呢？

无论是从情感上，还是现实中，我们都难以用绝对的理性和自私性来解释我们人类的行为，同样难以解释生物个体的利他性合作行为。我曾经无数次反省过，发问过，也一直在情感与理性之间挣扎、纠结。当回归到方法论后，才发现科学实际上仍然属于文化的一部分，属于人类的"主观"行为。这一悖论可能将因此迎刃而解。

哈佛大学著名的进化生物学家古尔德在其《熊猫的拇指》一书中曾直言："我认为科学不是客观的、一定获取真理的机器，而是一种典型的人类活动，从事科学的人受到情感、希望和文化偏见的影响。"而量子物理学家薛定谔更是直述："近代科学的开创者们尽管很少借鉴前几个世纪的知识，但他们的确复兴和延续了古代的科学和哲学。"

科学，严格地说属于历史的产物，属于人类文化的一部分，我们甚至可以进一步延伸：科学更是一种信仰！从某种意义讲，科学是虔诚如教徒一样执着与坚定的科学家所秉持的一种思维方式，而不是"客观事实"存在的真相。在科学道路上走得愈远、愈久，这种愈发的执着与坚定却往往催生出更为坚定的反科学主义。

　　现代科学其思想归功于伽利略的实验可重复性和牛顿力学体系的因果关系。实验可重复性就是确定性思想现实操作性的体现，也就是说这个结果你能做出，我也能做出，客观规律是一成不变的。而牛顿力学体系就是将确定性思想通过因果逻辑关系得以确立。然而，可重复实验和因果关系这两大现代科学基石就真的那么可靠吗？事实上，到目前为止，物理学上没有任何人能够完全重复伽利略两个铁球同时落地的实验。同样，生物学中也没有人能重现孟德尔的豌豆遗传学实验——红花豌豆与白花豌豆3:1的完美比例。科学实验反而完美注解了"人不能两次踏进同一条河流"。而牛顿力学体系下的因果逻辑，也就是典型的一元论思想，最终的结论是什么呢？牛顿推理出了万有引力，而万有引力的初始动力则是上帝的第一推动力。

　　牛顿力学体系是科学，还是谬论呢？

　　伽利略和牛顿的科学体系在社会学、经济学和生命科学中的延续就是自私和理性概念的确立。社会经济学认为：自然人的各种行为的动力都可以归结到理性或者自私性——即实现自身利益最大化。可是，我们人为什么要自私，为什么要实现自身利益最大化？显然，一个具有科学素养和精神的人不能认为这就是理所当然！弗洛伊德将人类行为的根本性动力归结为性，他认为性是我们所有理性行为背后的第一推动力。另外一些科学家或者哲学家认为我们理性行为背后的动力就是"自我中心主义"在作祟。而打破沙锅问到底的话，为什么是性而不是其他动力决定着人类个体的理性行为？同样，"自我中心"背后的动力又是什么？我们最后又回到毒苹果，也许伊甸园的毒苹果能够给予我们终极解释。跟牛顿神的第一推动力一样，最高程度、极致理性却是极端的虚无——神与上帝。与老子的"天下万物生于有，有生于无。道生一，一生二，二生三，三生万物"殊途同归。

达尔文的自然选择理论将生物演化的一切动力都归结于适合度，即自私的个体倾向于繁殖更多的后代和提高自己的寿命。可是繁殖更多，活得更长背后的动力又是什么呢？道金斯在其《自私的基因》一书中认为生物个体存活的本质动力是将自己的基因更多地遗传给下一代，这就是亲缘选择理论的基本前提假设。最后他认为由于存在"复制者"这个"超人"，生物个体因而倾向于复制更多与自己相同的拷贝——典型的"目的因"哲学观，即结果就是其目的或者原因。基因自私性没有回答的问题是：什么动力导致"复制者"这个超人的诞生？为什么基因要拷贝自己，而不是其他？最后又回到了"自我中心主义"与上帝。

真理常常源于谬误，但是，更多情况下，我们不得不说真理也是源于权威和盲从！国王可以通过暴力控制你的肉体，而上帝通过教育与布道来控制你的灵魂。一切万物都是上帝创造的，所以任何结果都可以从上帝那儿找到原因，在传教士和教师的帮助下，上帝统治了世界。无论是在有神还是无神的国度里，盲流们虔诚地信仰科学，信仰上帝，可是信仰者中又有多少人会执着地追问：上帝究竟是谁？

对权威、权力的崇拜，迷失了自我。即使从来没有听到过教堂钟声的人，在现代科学强大的影响力下，在教育的洗礼下，也从来没有怀疑过因果论、一元论，更是无从怀疑上帝！

普罗米修斯呀，你为什么会偷盗火种给人类？这是自私性与理性面对无私的魔鬼时，上帝必然的灵魂惊叹！

上帝用一元论给他自己打造了一个密室，成就了自己，但也囚禁了自己。我们的思想在这个一元论的密室中来回冲撞，就像鬼打墙一样，努力往前走，却发现又回到了原点。

解铃还得系铃人！逃脱密室的唯一办法也许就是上帝自己摧毁掉这个密室，然而，谁愿意亲手毁掉自己用生命雕琢的成果呢？上帝超人之处，也许就是上帝能够亲自或者费尽心血培养信徒来埋葬自己！正如耶稣培养出犹大来出卖自己一样。出生于基督徒世家的尼采曾经如此宣称："上帝其实已经死了！"尼采信仰了二元论拜火教的查拉图斯特拉神，他信仰众生平等的轮回思想。出生于虔诚教徒之家的爱因斯坦、薛定谔等量子物理学家们，以上帝的名义将上帝哄下神坛，悄悄地供奉起了众神，也供奉起了众多小鬼们。我们的信仰从一神论的上帝转向众神，转向了小鬼们，从一元论转向多元论！

密室或许已破！然而，自由的翅膀将飞向何处呢？

现实的世界中也许并不存在强烈的因果关系，而一切"结果"事实上都是在过程之中。一个结果的形成也许是多重原因所致，有了某个因，未必有某个果。因果关系或许并不总是存在。现实世界将因此充满不确定性！

可是为什么我们每天早上起来总是能看到太阳升起？而无意丢在地上的一百美金总是有人拾起装进自己的口袋据为己有呢？

这种悖论实际上是由于观测角度和尺度的不同所致！在北极，夏季就不会有日落，而在南极，冬天就不会有日出。如果你是不停地在北极和南极穿梭，你也许就没有日出、日落的概念，完全是混沌一片！

同样，作为一个陌生的路人，你认为拾起一百美金的人一定是据为己有。然而，如果你是这个"贪财者"的朋友，也许就有完全不同的答案。这个拾起钱的人家里还有一群孤儿等着他买面包回去！或者这个修道士用这一百美金敬献给了上帝！或者这个环境保护主义者转身将这一百美金投进捐款箱！当然，也可能是拾起钱的酒鬼朋友转身就进餐馆大吃大喝去了。醉眼蒙眬的酒鬼朋友也许会拾起钱看看又扔掉！有谁又能十分确定拾起一百美金的人究竟是什么目的呢？

"知者过之，愚者不及也！"一元论的绝对性，就像绝对的自私与理性一样，这不是儒家、道家和佛教的文化与信仰，古希腊文化同样也没有这个基因。

为量子物理学做了开创性贡献的薛定谔，他在其专著《自然与希腊人·科学与人文主义》中，回到古希腊多神论中，探寻了量子物理的哲学思想源泉。尼采在宣布上帝死后，则是回到轮回思想——佛教的思想。

灵魂体现着"天地与我并生，而万物与我为一"，"万物并育而不相害，道并行而不相悖"的道家，认为人类本身属于自然的一部分，人类并非自然万物的中心。跟佛教的众生平等心心相通（中国经常看到道教与佛教供奉各自的神像于同一庙宇中）。佛教中灵魂的转世，道教中"天下万物生于有，有生于无"正是信仰了事物之间存在相互转化，而规律之中存在"道可道，非常道"。正是这样的相互之间的转换和不确定性构成了自然之美，思辨之美。

"福兮祸之所伏，祸兮福之所倚"，在这样不确定性世界中，这是否就意味着世界处于一片混沌状态，完全不可预知呢？或许也没有这么悲观。众生与万物就如同一个山脉中的众多山峰一样，有主峰，有次峰，也有侧峰。在一段时间内，某座主峰决定了整个山脉的性质，而在另外一段时间内主峰则可能塌缩，其他次峰抬升为主峰，构成山脉新的特征。当主峰稳定时，山脉的特征就稳定，具有可预测性。对于人性而言，或许自私性与理性在某些时候就是我们人性特征山脉中的主峰，但是自私性和理性山峰也可能塌缩，人性的其他特征则成长为主峰。

上帝或许只能瞬时存在，或者如爱因斯坦所信奉的斯宾诺莎那样人人都是自己的上帝，永恒的、主宰万物的上帝这回是真的死了。人的自私与理性同上帝一样，不可能成为人性中的永恒！众神都可能成为上帝，小鬼们也能！

至此，我才发现这不是我的科学新发现！

是为序，亦为我重生后的科学观，也是寻找重构现代科学主义重复性实验和因果关系逻辑两大基石之斧凿的启程之旅。

目录

第一篇　理性与自私价值观反思

第一章　绪论：理性与自私的悖论　2

自私与利他——一个永恒的矛盾　3

合作中的竞争——"公共地悲剧"问题　11

志愿者的困境　13

达尔文恶魔　14

本书内容与逻辑框架简介　15

第二章　非对称性与不确定选择——开启用锤子思考的时代　19

合作与竞争——存在随机性的策略　20

社会等级分化与社会合作——一对孪生兄弟　22

信息的非对称性　26

演化路径的差异　28

非对称性与不确定性行为策略　30

榕树与小蜂——镜像中人类的爱恨情仇　36

基因之间空间状态改变诱发癌变　47

令人生厌的不确定性——一个美丽光环　52

确定性——死寂状态——耗散结构 57

超理性策略——走自己的路，让别人说去吧 61

第二篇　社会合作的进化动力

第三章　获得性遗传与群体性事件的爆发
　　——压力增大加速利他行为演化 66

识别机制的困境 67

获得性遗传与社会合作起源 69

传染性自杀与恐怖主义的根源 75

演化过程中的加速度 77

第四章　社会合作——性的选择动力 80

社会进步的代价——性的压抑与舍弃 84

英雄与奸佞源出一脉，善良与罪恶任凭谁说 87

你的地位决定你的收益 95

环境越稳定，异性的吸引力越小 97

基因交流、两性繁殖与熵流 100

对称性与熵 104

他是谁？她是谁？——它是一个男人与女人的复合体 107

第五章　自由竞争到社会分工，是合作也是奴役 111

完全自由竞争——通往奴役之路 112

人类的基因改造与人类超级有机体 117

全球化——超级有机体与冗余群体的演化之路 121

第六章　我们存活的意义 125

存活价——适合度定义的局限 126

熵流——统一自然选择与中性选择的桥梁 133

非平衡态下的熵变——自然选择过程中那只看不见的手 137

非对称性与物种共存——达尔文恶魔的消失 139

第三篇　社会合作秩序维持

第七章　合作系统的分久必合与合久必分 144

拳头、影子与骰子 148

魏、蜀、吴三国的博弈——集权与联盟的博弈 152

效率是集权的产物，而创新诞生于民主 159

一山不容二虎，除非一公一母 162

统一与分裂的博弈，也是效率与创新的博弈 165

第八章　全球格局中的竞争与合作 172

资产阶级——不同文明与国家共同的敌人与朋友 177

国际关系中的三国演义 180

理性与骰子的博弈 190

世界秩序的维持——伟大的负熵 192

第九章　国家之间的大团结与人类社会大统一　196

战争与混乱的消失　197

高度社会化与大统一——自由与奴役一体化　201

第十章　路径依赖的物种形成与层峦叠嶂中的共存共荣　206

路径依赖的物种形成　207

层峦叠嶂中的共存共荣　210

第十一章　生命与物理学的统一　215

生物社会性与原子物理结构的一致性　216

合作系统的波粒二项性　220

社会生物系统的引力　222

自我中心主义与万有引力　227

普朗克常数——别人摸得，我摸不得?　231

观测者尺度的相对性与普朗克常数可塑性　233

普朗克常数的本质与生命演化的非连续性　235

时空间相似性与系统波动性　237

观测角度和尺度决定观测结果与结论　240

第十二章　间断—平衡演化与演化路径依赖　242

物种起源多元性与演化路径依赖　243

深埋在地宫里的艺术——路径依赖的物种形成机制　251

多水平的选择与演化　254

第四篇 人类的未来与人性思考

第十三章 人类的终结与希望   260

人类合作行为进化的悲剧   261

培养一个能将自己置于死地的对手   266

人类将演化成超级有机体，而不是地球村   272

第十四章 众神们、小鬼们复出吧，谁将与上帝决斗？ 276

人性的多元性与一元性   277

众神会死，而母亲将永生   283

后记 纳什之死——他就是他自己最坚定的批判者 289

第一篇

理性与自私价值观反思

第一章

绪论：理性与自私的悖论

正如我在其他几篇文章中强调的那样，我认为科学不是客观的、一定获取真理的机器，而是一种典型的人类活动，从事科学的人受到情感、希望和文化偏见的影响。思维的文化传统对科学理论有很大的影响，通常也决定了猜想的思路，尤其在没有材料限制人们的想象或猜想时，更是如此[1]。

——斯蒂芬·杰·古德尔

---

1 斯蒂芬·杰·古德尔 著，田洛 译：《熊猫的拇指》，海口：海南出版社，2016 年版。

自私与利他——一个永恒的矛盾

但我的真理是可怕的：因为人们一直把谎言当做真理[1]。

——尼采

司马迁在其《史记·货殖列传》[2]写到"天下熙熙，皆为利来；天下攘攘，皆为利往"，道出了人们忙忙碌碌的社会本质：人生皆为利！千年之后，被后来誉为现代经济学鼻祖的亚当·斯密在其著作《国富论》中异曲同工地道出人们的行为背后那只看不见的手——人性的自私性，总是在追求自己利益的最大化。人性的自私性，或者我们用一个更优雅的词——理性，这只看不见的手解释了我们几乎所有的经济、社会行为。我们可以用自私性解释学生为什么会努力学习，想尽办法进入名牌大学，这是因为这样的回报更高。同样，自私性解释了企业或个人为什么会投入大量的资金或精力从事高风险的科学研究或者创新，因为这类成果可以获得更高的额外利润。自私性或者理性成就了古典经济学，是古典经济学的理论基石，并深刻地影响了社会科学，也演化为我们理解人类行为的一个基本理论前提之一。

这一思想也深刻地影响了进化生物学家。达尔文在阅读了亚当·斯密的《国富论》之后，得到启发，提出了"适者生存"的概念。达尔文自然选择理论实际上就是假定生物个体是自私的，"适者"就是能够更多获得利益的生物个体，只不过这里利益对生物个体而言就是自己的后代数以及自己的生存时间长短，进化生物学中把这两方面总和称

1　尼采 著，黄明嘉 译：《查拉图斯特拉如是说》，桂林：漓江出版社，2007 年版。
2　司马迁 著：《史记》，北京：中华书局，1982 年版。

为适合度，适合度就是生物个体的总收益。新达尔文主义将适合度的概念转换了一下，该理论认为生物遗传的本质单元是基因，所以生物个体的利益就是自己基因被遗传到下一代的概率。因而，新达尔文主义认为能够被遗传给下一代的基因频率才是生物的收益。

自私性这只看不见的手的理论几乎影响到我们所有关于人类活动行为动机的理解，也几乎是我们理解生物所有现象的第一出发点。部分斯密和达尔文的追随者甚至极端地认为人类任何社会活动和所有的生物现象都可以用自私性这只看不见的手来解释。然而，现实世界中，确实存在着用自私性难以解释的社会或者生物学现象。我们很难用自私性来解释白求恩来到中国帮助中国人民抗日，最后牺牲在中国的行为是一种自私的行为；同样，我们很难用自私性解释"9·11恐怖袭击事件"中，那些劫持飞机的恐怖分子为什么选择与其没有任何个人仇恨的乘客同归于尽。在生物世界中，同样存在大量的我们难以用自私性解释的现象和行为：有些社会性昆虫的兵蚁或工蚁在遇到危险或者外敌入侵时，会选择自杀性的方式来保卫自己的蚁群；同样，在非洲大草原，经常观察到有些水牛会奋不顾身地去抵御狮子的进攻而保护牛群中那些幼小的个体；在环境极度恶劣的南极，有些企鹅竟然会去偷盗别的企鹅所产的蛋而自己承受剧烈严寒的危险去孵化和抚养别人的子女；而人类社会中，同样存在大量的类似收养行为，甚至偷盗别人的孩子当亲生孩子一样抚养。

亚当·斯密和达尔文在提出自己的理论之初，就已经意识到其自私性的理性人概念或者适者生存的概念存在的理论困境。亚当·斯密和达尔文在他们的时代都已经注意到了一些与自私、理性相悖的利他行为，例如人类对素不相识者的捐助行为，甚至牺牲自己的生命来帮助别人的行为。这类利他行为在人类的任何时代以及各个民族都普遍存在，只是可能会被冠以不同色彩的称谓。被我们深恶痛绝的恐怖主义，本质上说也是一种利他行为。这些"极端勇敢"的人通常都是采取自杀性的手段来袭击别人，他们用完全放弃自己的生命及剥夺别人生命的方式，期望世界对他们类群或族群诉求的重视。这类自杀式袭击无辜者的行为在"9·11恐怖袭击事件"后，在全球蔓延，这是我们很值得探讨的问题（在后面多个章节中我们将专门讨论这一问题）。

亚当·斯密当时就已经认识到自私的理性人难以解释的利他性社会合作现象。他在另一本自认为更重要的专著《道德情操论》中，却认为人是高级生物，是有道德的，可以无私。亚当·斯密在《道德情操论》和《国富论》这两本专著中做了相互矛盾的前提假设，在《道德情操论》中，人是无私的，而在《国富论》中，人是自私的。在科学史上，有学者把自私的个体如何演化出无私利他性合作行为称为"斯密之谜"。

达尔文同样也意识到了自己"适者生存"理论所面临的困境。自然界中，像蚂蚁、蜜蜂、白蚁等高度社会性昆虫，工蚁（蜂）完全不繁殖，而去帮助蚁后或者蜂王繁殖；而且兵蚁或工蜂在遇到天敌或者外敌入侵时，经常用自杀性的方式去保护蚁群或者蜂群。显然，"适者生存"难以解释社会性昆虫很多个体放弃自己的繁殖利益甚至生命去帮助其他个体的行为。毫无疑问，繁殖和生存应该是生物个体在演化过程中最大的利益。达尔文意识到了适者生存不能解释这些生物现象，但他在其专著《物种起源》中回避了这个问题，仅提到这类利他性合作行为就是一种适应现象。

时光进入19世纪的时候，这一"科学"悖论导致了西方社会精英的集体性焦虑。西方社会精英的集体性焦虑源于马克思主义兴起的社会背景。马克思主义将集体主义视为共产主义的道德原则，中国共产党入党誓词就是这种价值观的直接体现。"我志愿加入中国共产党，拥护党的纲领，遵守党的章程，履行党员义务，执行党的决定，严守党的纪律，保守党的秘密，对党忠诚，积极工作，为共产主义奋斗终身，随时准备为党和人民牺牲一切，永不叛党。"这一基本理念和信仰与西方主流的价值观完全相悖。西方主流的价值观认为人性是自私的，个体在自私地追求自身的利益时，集体或社会的利益才能实现。所以西方社会的整个政治、经济、法律是按照人性自私这一基本前提而构建。群体选择理论的兴起又从生物本性上给西方这一基本价值观与理论体系带来了巨大冲击。

群体选择理论的支持者认为在生物进化过程中，选择的单元不仅仅是个体，也可以是群体或物种水平。只要群体物种在竞争过程中具有优势，群体内的生物个体就可以放弃自己的生存或繁殖利益而帮助群体。其理论的主要支持者温－爱德华兹（Wynne-Edwards）曾用足球队来比喻，如果每个个体都自私地只想进球，那么这个足球队肯定是要输球的[1]。进而只有队内个体放弃进球机会，为其队员提供机会，相互配合，这个球队才可能赢得胜利。在生物界，确实存在大量案例，群体内的个体牺牲自己的繁殖利益甚至生命，进而保证了整个群体的成功。蚂蚁中的火蚁最能说明问题，当遇到洪水时，蚂蚁会抱成团，形成一个球，然后从水中滚过去。这样蚁球外层的蚂蚁则可能全部被淹死，但是整个蚁群得以保存。

1　V. C. Wynne-Edwards：*Evolution through group selection*, Blackwell Scientific Publications, Neural Darwinism, 1989.

生物学的群体选择理论为马克思主义提供了生物学解释机制。共产主义运动同时引发了人们对西方基本价值观的质疑，引起了西方的社会精英的焦虑。在这样的社会背景下，一个天才的政治经济学学生汉密尔顿（W. D. Hamilton）诞生了。汉密尔顿在亚当·斯密理论的启发下，提出了广义适合度的概念。他的理论认为选择的单元可以不在个体单元水平，而是可以在基因的水平。该理论认为自然选择的过程主要是提高自己基因在下一代的频率。给一个简单的比喻，基因就类似于商业活动中商人需要赚更多的钱（利益），而生物个体选择的目的就是提高自己的基因遗传频率。对于一个生物个体而言，如果自己复制了自己，那么其基因就是100%被遗传下去，二者之间的关联系数就是1；如果对方是自己的亲兄弟姐妹，系数为0.5；半同胞关系，系数就是0.25；表兄弟就是0.125；关联无限小到可以忽略的邻居，系数就是零。

汉密尔顿以高度社会性的膜翅目昆虫为例解释了为什么蚂蚁、蜜蜂的工蚁/蜂不繁殖，而帮助蚁后/蜂王繁殖。蚂蚁、蜜蜂等膜翅目社会性昆虫是"单双倍染色体"物种。它们的雄性都发育自"未受精卵"。未受精就是说没有父亲的精子，所以这些雄性都只有一套来自蚁后的染色体。而雌性（工蚁/工蜂）都发育自"受精卵"，所以有两套染色体。由于这种特殊的"单双倍染色体"特征，雄性的精子是100%遗传母亲的基因，而雌性在产生卵细胞时，因为需要减数分裂*，只遗传了其母亲50%的基因。每一只工蚁和她妹妹蚁后的基因相似性是0.75，在哺乳动物等其他二倍染色体物种中，亲兄弟姐妹的亲缘系数只有0.5，

---

* 生殖细胞减数分裂染色体只复制一次，细胞连续分裂两次，这是染色体数目减半的一种特殊分裂方式。

父母和自己孩子的亲缘系数也只有 0.5。汉密尔顿认为正是由于工蚁和蚁后之间高度的基因相似性，选择利他性帮助蚁后比自己繁殖反而提高了其基因在下一代的频率，因而选择了利他性的合作策略。

也就好比你有一个或者多个妹妹，如果你照顾一个妹妹，使之存活，那就可以使自己的基因在种群中增加 0.75 个（如果照顾四个妹妹，我的这份基因就能增加 3 份）。相比较而言，如果自己生一个小孩，只不过再增加 0.5 个基因而已。那毋庸多言，自然选择肯定倾向照顾妹妹而不是生育自己的孩子。

工蚁 / 蜂不繁殖而帮助蚁 / 蜂后繁殖，其基因遗传到下一代的概率比自己繁殖更高。这就像兄弟俩开公司，如果帮助自己的同胞兄弟开公司赚的钱比自己开公司挣钱更多，且公司的财富又属于兄弟俩共享，那么放弃自己开公司的机会，帮助兄弟开公司就是一个必然的选择。汉密尔顿基于上述逻辑，提出广义适合度的概念，认为自然选择的单元应该在基因水平上，选择本质就是提高其自身基因被遗传到下一代的概率，具有亲缘关系的个体之间更容易形成合作关系。这就是我们进化生物学的现代标准选择理论，被简称为亲缘选择理论[1]。

这里值得八卦一下，更确切地说需要科普一下什么样的环境才能培养出思想大师。汉密尔顿本来的专业不是生物学，而是政治经济学！只是曾经喜欢观赏蝴蝶之类的昆虫而已。大学期间因对达尔文自然选择理论无法解释的利他性现象感兴趣而改换专业，改学进化生物学。他从斯密经济学理性人或自私人的概念得到启发，提出了基于基因遗传相似性的理论，即亲缘选择理论，后来被更为通俗的语言简述为"自

1　汉密尔顿在 1964 年提出了亲缘选择理论，又称汉密尔顿定理。

私"的基因。汉密尔顿当时并未因此获得荣誉，他的理论不被认可，他所在大学的老师也没人认可他的理论，他甚至连博士学位都没拿到。但他的母校仍然给他提供了一个教职。汉密尔顿当时就把他的论文寄给哈佛大学的著名社会生物学家威尔逊教授，威尔逊教授认同了他的理论，然后就开始介绍他的理论。几年后，汉密尔顿理论得到世界范围内的认可，并逐步演化为进化生物学的标准选择理论，而且还深刻地影响到经济和社会科学领域。然而，在汉密尔顿去世 11 年后，正是成就了汉密尔顿理论的著名社会生物学家威尔逊教授联合了哈佛大学著名的理论生物学家马丁·诺瓦克（Martin Nowak）于 2010 年在英国的《自然》杂志发表论文，认为亲缘选择理论并不可信，是一个可以抛弃的理论[1]。威尔逊教授在给我本人的推荐信中，更是直接表示了对汉密尔顿理论的质疑："我和一些年轻学者，包括数学家和社会昆虫学家，也开始怀疑亲缘选择这一标准理论的有效性。你的结果，尤其是基于实验的结果，得到了完全不同的数据和结论，这是十分重要的发现，将会得到广泛关注"。

在汉密尔顿提出亲缘选择理论的时代，人们已经认识到很多利他行为或者合作行为双方之间并不存在亲缘关系。没有亲缘关系的个体或者群体之间又是如何演化为合作关系的呢？罗伯特·特里弗斯提出的互惠选择理论则给出了另外一种解释机制。互惠选择理论认为如果双方存在利益互换，并且从对方获取的利益是自己很难或不可能获得的，这样的情况下，即使双方不存在亲缘关系，双方仍然可以形成稳定的合作关系。罗伯特·特里弗斯的互惠选择乍听起来很有道理，但

---

1 Nowak, A. M., Tarnita, C. E., Wilson, E. O. 2010. "The evolution of eusociality." *Nature*, 466: 1059–1062.

是仔细分析起来，却面临一个很大的逻辑问题，这就是我们熟知的"囚徒困境"悖论。

我们先通过一个故事来了解一下"囚徒困境"悖论。故事是假定有两个纵火犯嫌疑人，警察把他们抓起来后分别关起来。警察告诉他们，如果他们坦白了，就从轻发落，每人可能只会被关押3年，但是如果抵赖，而另外一个坦白的话，那么抵赖就要从重发落，将被关押5年。两个纵火犯嫌疑人都清楚，如果他们双方都抵赖，警察将没有证据证明他们有罪，他们将会无罪释放。显然，如果犯罪嫌疑人双方合作而采取抵赖的话，就是双赢的结局。但是，作为一个博弈的过程，嫌疑人考虑到如果自己抵赖，而对方坦白的话，则自己会被从重发落，因而双方最后都将选择坦白。理论上说选择坦白将是双方的严优策略。从这个博弈来看，即便双方存在极高的互惠关系，合作仍然不可能形成。

直到1981年罗伯特·阿克塞尔罗德（Robert Axelrod）和汉密尔顿合作才解决这一著名的理论悖论[1]。这两位天才的学者将"囚徒困境"一次性博弈改成多次重复的博弈。也就是说如果将"囚徒困境"中两位犯罪嫌疑人从只做这一次"犯罪"的前提修改了，改成他们这次犯罪之前、之后都还要在一起"工作"。那么，这两位嫌疑人在选择坦白或者抵赖的策略决定上就完全不一样了。之所以两位能够组合在一起，就是二位彼此比较了解，而且今后还要在一起工作，这时候，双方选择抵赖的合作策略就是二位犯罪嫌疑人的严优策略了。互惠的合作关系因而就可以形成。

1　Axelrod R, Hamilton WD. 1981. "The evolution of cooperation." *Science*, 211: 1390–1396.

上述的亲缘选择、互惠选择或者群体选择理论其本质上源于西方契约思想,其理论希望通过这种类似契约的方式最后实现合作关系的稳定性。当合作者之间发生竞争或者冲突时,合作者之间由于亲缘关系、利益交换或者群体利益等原因,而采取了自我约束机制,不再过度利用公共资源或者不再利用属于对方的资源;否则可能导致对方的报复,而失去合作伙伴。但是这种源于契约思想的理论解释不了"公共地悲剧"[1]"志愿者困境"[2]等类似的问题。

合作中的竞争——"公共地悲剧"问题

1968 年,著名经济学家加勒特·哈丁(Garrett Hardin)提出:对一个社会合作系统而言,社会系统的个体之间必然存在公共资源,当公共资源被完全利用后,任何不去突破空间限制或采取自我抑制而不利用对方资源的个体或行为,将得不到任何收益。显然,社会合作行为,尤其是利他性的合作行为,对于自私的个体而言完全难以实现。哈丁因此悲观地认为合作或共存系统中的"公共地悲剧"将可能是一个不可解决的悖论。对于合作者而言,双方由于合作关系而促进了双方对资源的利用效率,公共资源利用效率的提高导致有限公共资源的紧张,反过来将会导致合作双方更为剧烈的竞争。无论合作双方存在多么高的亲缘关系或者互惠关系,这种对有限公共资源的竞争因此将必然导致合作关系的解体。

---

1 Hardin, G. 1968. "The Tragedy of the Commons." *Science*, 162: 1243–1248.

2 Diekmann A . 1985. "Volunteer's dilemma." *Journal of Conflict Resolution*, 29:605–610.

亲缘选择、互惠选择和群体选择等理论的创始人及其支持者认为，合作系统内的空间分化，也就是我们中国人的"楚河汉界"，可以解决"公共地悲剧"问题。或者理性合作者的自我约束机制也可以解决这个"公共地悲剧"问题。但是，诸位，请冷静思考一下：这个空间分化也面临一个难以逾越的理论障碍！如果合作系统存在空间分化，合作方将会由于空间的局域性而导致个体间的竞争更大，能够突破局域空间限制的突变在具有空间异质性的系统更能提高其适合度，空间异质性非但不能维持合作系统的稳定，反而会抑制合作行为的演化。同样，自我抑制理论也遇到类似的理论困境：如果合作系统中合作双方形成了一个合作的均衡，合作系统的突变或个体如果采取投机的不合作策略，这样的个体或突变显然能提高自己的适合度（利益），合作的纳什均衡将会由于这些"投机"个体的扩散而解体。自我抑制显然也不可信。"公共地悲剧"再次成为合作演化理论中的悖论。

　　在现实世界中，我们不仅能在电视剧中看到父子反目成仇、母女情杀这样的悲剧，在现实中，这样的悲剧无论是在平民百姓还是王公贵族中也都是屡见不鲜的。古希腊神话中就有俄狄浦斯杀死自己父亲的故事，而一手创造中国历史最繁盛时期之一的"贞观之治"的唐太宗李世民则是直接杀死了自己的同胞兄弟。人类社会中的这些残忍悲剧我们或许归结于更为复杂的原因，但事实上其本质就是资源的竞争，只不过这之中资源的竞争不是以其直接的面目出现而已。生物世界中，同样也在演绎与人类相似的骨肉相残、兄弟残杀的故事。用亲缘关系和利益互换显然解释不了这类血腥行为。

志愿者的困境

当一个人落水了，谁愿意冒险跳进河里去救这个落水者呢？同样，在边远地区，或者国家处于混乱状态的地方，抑或在我们人类历史还没有警察出现时，谁又会冒险得罪那些恶徒去惩罚他们的犯罪行为呢？这个问题不仅仅是在人类社会存在，在自然界，同样存在这样的困境。对一群正在觅食的猕猴而言，它们需要一个或几个同类能够保持高度警惕，甚至特意放哨，以提防豹子、狼等猛兽突袭它们。这样，巡逻和放哨的猴子的进食机会则会降低。对蜜蜂、蚂蚁这些高度社会性的昆虫而言，当天敌入侵时，必须要有些个体去防御，而这些个体在抵御外敌的入侵过程中则有的会付出生命的代价。如果你有过被蜜蜂蛰的经历，你可能知道，惹怒了蜜蜂蜂群是什么样的后果。蜜蜂蛰你时，通常尾部的刺扎进你的皮肤，而蜜蜂飞走时，蜜蜂整个尾部连同刺一起留在你皮肤上，蜜蜂也会因此而丢掉小命。火蚁在滚成一个团而滚过水面时，在蚁球外层的个体则被水淹死，只有里面的蚂蚁个体保存。

显然，无论是人类还是蚂蚁、蜜蜂等社会性昆虫，有些公益事业或个体牺牲必须要完成，否则整个群体将面临损失或者毁灭。一个显而易见的问题是：谁愿意付出代价或者牺牲自己的生命去帮助别人或者从事这类公益事业？亲缘选择理论认为，见义勇为的人应该去救与自己有密切亲缘关系的人，可是我们现实中看到很多勇救落水者的都是素不相识的人；互惠选择理论可能争论道，我去救他或者帮助别人，那是我期望未来或许可以从其他人那儿得到回报，这种说法同样难以解释现实世界中跨国的、完全陌生的乐善好施行为。尤其是对那些冒生命危险去帮助别人的人，悖论就更为显著：一个基本逻辑就是——如果自己丢失生命，那还从何谈起期望得到回报呢？

达尔文恶魔

达尔文跟经济学家一样，在其自然选择理论中做了一个基本的前提假定，那就是生物个体都是自私的。生物个体通过竞争，那些更加适应其环境的个体被选择了下来，竞争力更强的个体或者物种哪怕存在十分微弱的优势，在进化的过程中，这些有优势的个体或者物种将会通过竞争排斥掉其他的个体或者物种。乔纳森·西尔弗顿（Jonathan Silvertown）曾假设这样一种生物，它具备可使繁殖力达到最大的一切特征，在出生后短时间内就能达到大型的成体大小，生产许多大个体后代并长寿。生物学家把这种想象中的动物叫做"达尔文恶魔"*。称之为恶魔原因有二：一是假如这种动物出现，必然会横扫一切其他生物，迅速填满整个地球；二是如此强悍的东西却从来没真正出现过。

尽管真正的达尔文恶魔在任何生命系统中都没有出现，但是具有这种恶魔特性的生物似乎又是无处不在。在社会性的蚂蚁、白蚁以及裸鼹鼠等动物中，其蚁后或者皇后无论是寿命还是繁殖力都比其他个体强，甚至强几个数量级。同样，在生态系统中，优势物种无论是种群数量还是其繁殖力都比那些非优势物种和冗余物种强大很多。那么为什么自然选择没有继续强化这样的选择？如果某些在繁殖和存活力

---

* 达尔文恶魔（Darwinian demons）是一种理想的假想中的生物体，引自 Silvertown J: *Demons in eden the paradox of plant diversity*, Chicago University Press, 2005.

都存在优势的个体或者物种在演化过程中持续强化这样的选择，达尔文恶魔就会出现。那么究竟是什么原因导致达尔文恶魔没有出现呢？这是我们至今未曾给出答案的问题。

本书内容与逻辑框架简介

从古至今，人们做了很多尝试来解释这些利他性社会合作行为，可是至今我们还是不能有效解释"斯密之谜""公共地悲剧""志愿者困境""达尔文恶魔"等理论悖论，更是无从谈起指导我们的社会实践。产生上述悖论的根本原因就是源于亚当·斯密和达尔文理论体系的基本前提假设：理性和自私。理性和自私这个经济学和进化生物学的基本前提假设被认为是理所当然，而不用任何怀疑。然而，时至今日，我们应该怀疑了，而且怀疑其方法的时代其实早已到来。亚当·斯密和达尔文理论体系中理性和自私的基本前提假设实际上源于牛顿确定性思想理论体系，或者更确切地说，源于类似牛顿思想体系的严格因果论和一元论的哲学思想体系。通常，我们都倾向于认为：任何我们所观测到的现象、结果都有一个确定的原因，而且最终所有的原因都可以归结某个单一的本质原因。这就是从伽利略和牛顿所开创的现代科学体系最基本的方法论和思维范式，而伽利略和牛顿所开创的现代科学方法论则是一元论哲学思想在众多哲学体系凸显的结果，而这种凸显极大程度上可以归结于基督教文明在全球的胜利。

然而，普朗克、狄拉克、海森堡等在十九世纪初，终于跳出了牛顿力学的科学方法论的巨大引力束缚，几乎完全重构现代物理学的方法论和哲学体系。在量子物理体系中，强烈的因果关系和确定性关系被否定，多元主义的哲学思想因此得以复兴。我们再次回到了原始朴素思想、原始的多神论信仰，人性的多元性因此被重新认识。如果我们回归到人性的多元性，而不是什么都归结到自私与理性，"斯密之谜"和"达尔文恶魔"等悖论都将迎刃而解。

本书的绪论中，我先介绍我们熟知的亲缘选择、互惠选择、群体选择等经典的社会合作理论，并分析这些经典理论存在的难以逾越的理论和逻辑障碍。这些理论的一个共同特点就是都基于一个基本的前提假设——合作系统每个个体都必须是自私的、理性的。用更为物理学的术语来描述，就是这些经典理论假定了合作的各方存在着严格的对称性相互关系。也就是说，当系统达到均衡状态后，种群内各个个体或者生态系统中各个物种竞争能力都一样，如果改变他们各自的空间位置，整个系统的性质不会发生改变。上述理论都认为：只要博弈双方存在较高的利益交换、亲缘关系或者群体利益，选择合作就是最好的策略，因而其策略具有很高的可预测性或者确定性。也就是说，如果双方互惠或者亲缘关系系数比较大，双方都是积极主动选择合作，那么合作关系能够得以维持。

然后，我将在本书中用实例分析现实系统中的合作行为，分析实际社会合作系统的不确定性。这些不确定性本质上源于合作系统的非对称性关系。在本书后面的章节中，我将论述合作系统中合作双方的非对称性关系存在三种方式：1）支付或者实力非对称性；2）演化速率或者演化路径的非对称性；3）信息非对称性。同时，用现实的生物学、经济学和政治经济学等方面的案例，论述了这三种非对称性如何影响社会合作者之间相互关系，及其相互关系的不确定性。并将生命系统与原子物理系统做比较，分析非对称性（对称性破缺）如何维持合作系统稳定性，探寻生物系统自我中心主义的物理学动力。

随后的章节中，我将回到方法论上来讨论非对称性与不确定性的本质原因。普利高津在《确定性的终结》一书中，明确地陈述了对称性源于物理学中的时间可逆性，而非对称性则是源于时间的不可逆性（爱因斯坦的相对论就是假定了时间和空间可以相互转化）。这样的时间不可逆性，导致了物理世界的不确定性。而在生命系统中，达尔文的自然选择理论事实上就是假定了演化过程的可逆性，其理论系统方法论则是跟牛顿力学一脉相承。尽管返祖现象提供了部分演化可逆的直接证据，但是生物的整体演化过程都是不可逆的。习得性行为的可遗传性——拉马克理论*的支持证据，也就是生物学表型可塑性，揭示了生物演化在某些特定条件下加速或者变慢，进一步支持了演化的不可逆性。因此，在本书中，我将从方法论，也就是用量子物理学原理，讨论演化的不可逆性如何导致系统的非对称性与不确定性。同时，我也将结合生物学和人类社会行为的具体案例，分析合作的非对称性与不确定性，以及它们与时间的不可逆特性之间的关系。

在最后一篇中，我将讨论人类这个巨型社会合作系统演化的未来——一个超级有机体，而这种极端社会化反过来将导致这一巨型系统的崩溃。减少社会分工和全球化则可能延缓或者克服这一悲剧的发生。同时，本书从方法论上反思社会合作理论悖论的哲学本质，分析了人类一元主义盛行的客观原因和由此带来的科学方法论的危险与悲剧。而多元主义的回归，将帮助我们克服人类思想和行动的"桎梏"。

---

* 拉马克肯定了环境对物种变化的影响。他提出了两个著名的原则"用进废退"和"获得性遗传"。

最后，本书给出了我自己对多元主义可能导致信仰迷失的答案：万物平等的生存权与轮回思想。也许如尼采所说："轮回，高出于时间和人类认知 6000 英尺。"但尼采夸大了，其实佛教等其他很多朴素的宗教以及量子力学事实上已经认识到了轮回，只是被人当成了玄学。在本书最后的章节我再次借上帝之口回到科学的人类文化本质："这难道是新发现吗？——上帝反问我，去问问我的门徒们，科学的上帝——神学高僧，你们的牛顿、你们的达尔文！"

第二章

非对称性与不确定选择

——开启用锤子思考的时代

人类正处于一个转折点，正处于一种新理性的开端。在这种新理性中，科学不再等同于确定性，概率不再等同于无知[1]。

——普利高津

1　伊利亚·普利高津 著，湛敏 译：《确定性的终结》，上海：上海科技教育出版社，2009 年版。

合作与竞争——存在随机性的策略

东汉末年，一队人马踏着滚滚灰尘，疲惫不堪地行走在江南一条官道上，部分士兵已经精疲力竭，不堪一击。他们已经几天没吃饱饭，而且情况似乎越来越糟。领军将领周瑜突然想到附近的富豪鲁肃，于是决定去鲁肃家。鲁肃敞开了大门欢迎周瑜，并带着周瑜看了自己的两垛粮仓，然后说将军可取其任何一垛。周瑜解决了断粮的问题，度过了自己军事生涯的一次难关；而鲁肃则结识了当时江南的政治、军事核心人物，由此进入了江南的政治核心圈，并最终成就了自己的政治抱负。鲁肃由此契机与周瑜结盟成为最可靠的政治同盟关系，形成了日后各自成就大业的合作关系。

然而，周瑜和鲁肃之间的故事完全可能出现另外一个版本：周瑜，这个军队统帅，完全可以以打土豪的方式直接掠夺鲁肃的粮食，这是历代战争时期军队都会采取的一种常规的后勤补给方式，而且几乎很少会受到时代或历史的谴责；同样，鲁肃也可以组织地方武装来保护自己的财产，甚至烧毁自己的粮食从而两败俱伤。这种对抗行为在历代战争中也是常见，甚至也是被历史或时代称颂的一种勇敢行为。可是，这种剧烈的对抗行为没有发生在周瑜与鲁肃之间，但历史上另外一个著名的朝代秦朝，同样也在著名的人物商鞅与魏公子卬之间，发生了一个完全不同的、剧烈的对抗性故事。

商鞅，秦国孝公时代的变法总设计师和工程师，在秦孝公的支持下，在秦国铁腕推行变法，曾经徙木立信名震天下，从而为其变法树立了公信力。在其变法取得部分进展后，为检验其变法的成果，秦国决定发动一场与邻国魏国的领土夺回战争。而商鞅也正是来自魏国。当秦国聚集大军到达秦魏边境准备大战时，商鞅给魏国前来迎敌的魏国大将军公子卬写信，希望曾经的朋友与故人面谈。曾经彼此信任的朋友之间通过面对面的谈判，了解各自的诉求，也许可以避免这样彼此劳民伤财的战争。公子卬读信后，觉得可以一谈。一方面他跟商鞅曾经有过深厚友谊，虽然各为其主而战，但是私人友谊还在，叙叙旧，也是人之常情；更为重要的是秦魏是山水相依的两个强大邻国，两国大战将会导致生灵涂炭，彼此国力大损，对谁都没有太大好处。

然而，当公子卬率领几个随从到达秦军大营时，商鞅毁约了，随即扣留了这位魏军主帅，并立即发兵进攻魏军，魏军由于没有主帅，陷入混乱，秦军大胜魏军，夺回了曾经输给魏国的河西地区。秦魏两国重新回归到剧烈对抗当中。就个体而言，魏国大将军公子卬与秦国上卿商鞅之间没有形成合作关系，没能以和平的方式解决两个国家之间的纷争，而陷入了剧烈的战争对抗关系。这个结果跟三国时期的周瑜与鲁肃之间的故事大相径庭。

当今世界的国际政治关系也同这些个人或者集团相似，合作与冲突存在很大的随机性。自从特朗普当选美国总统，美国跟中国这两个世界最大经济体相互间的经济、贸易，甚至政治冲突显著增加，但是美国和中国在半岛无核化方面却有着共同的利益。同样，持续敌对的美国和俄罗斯也是一样，在美国持续对俄罗斯在经济上实施贸易制裁，在政治上封锁打击的情况下，双方事实上在防止恐怖主义、核武器扩散方面一直存在情报的合作。我们对我们人类自身社会行为方面，理所当然地认为现实就是合作中有竞争，或者竞争中同样存在合作，但是我们也许很有必要回答这样一个问题：我们究竟在什么情况下能够合作，或者更乐意合作，而在什么条件下，则更多的是竞争关系；或者，现实世界的合作与竞争是否完全就是随机状态下产生的结果？如果真是这样，我们的世界将会完全混乱不堪。显然不是！我很庆幸我生活在还算是有序的一个世界中。

社会等级分化与社会合作——一对孪生兄弟

> 弱者之所以服侍强者，这是由于他要当比他更弱者的主人的这种弱者的意志说服他的：只是由于要当主人的这种快乐，使他不愿意加以放弃[1]。
>
> 去问问女人：生孩子并不是为了快乐。痛苦使母鸡和诗人咯咯啼叫[2]。
>
> ——尼采

社会等级或阶层现象，对崇尚自由主义和民主主义的人来说，是一个令人讨厌的词汇；而对于社会合作和秩序有着特别情结的人而言，则是一个十分有趣而迷人的话题。等级性或社会分层（层级分化）对于社会性物种而言，几乎是一个普遍而无从回避的现象。人类有点讳疾忌医地用社会分工这个术语替代了社会的层级分化。这种社会层级的分化事实上就是个体在社会中的地位，从而决定他们相对应的资源分配。而社会分工这个术语具有极大的欺骗性，它掩盖了个体之间的地位不平等性，而将不同个体之间的阶层分化或地位差异用工作性质

---

1 尼采 著，黄明嘉 译：《查拉图斯特拉如是说》，桂林：漓江出版社，2007年版。
2 尼采 著，孙周兴 译：《瞧，这个人》，北京：商务印书馆，2016年版。

不同来掩盖。如果完全是工作性质不同，那么各个阶层个体之间的位置就可以互换了。但现实的情况是：国家元首可以跟淘粪工说，我们只是工作性质的不同，本质上都是一样的劳动；但是淘粪工能跟国家元首说我们可以互换一下工作吗？

在古希腊的哲学中，就已经展开了社会层级分化的本质讨论。柏拉图在其《理想国》[1]中将社会各阶层的人的分工合作比作人体的各个部分，不同的人需要承担不同的社会功能与责任，就如同人体的各个不同器官，各个器官必须承担不同的功能，这样整个机体才能健康运转。从这个角度来看，社会各个阶层跟人体的器官一样，应该只是分工不同，而没有地位与资源分配的差异。但是，对于一个社会系统而言，似乎谁都愿意做骑马人，而不愿做那个牵马的人。我们无从知道人体的各个器官之间是否存在地位的差异，比如屁股是否更愿意到脸的位置呢？所以这个比喻的合理性是值得怀疑的。

对于一个社会合作系统而言，阶层的分化逐渐在固化，经常是在出生时就已经决定了一个人的社会地位。在奴隶社会和封建社会，国王和贵族的地位通常是世袭的，相应的奴隶和平民的地位也就被"世袭"了。现代社会里各个阶层的固化同样存在，只是不是通过世袭，而是通过资源控制与人脉关系等实现地位的世袭。几乎大多数国家，无论民主化程度很高的美国，还是相对更加中央集权的日本，都可以看到官僚的后代通常仍然是官僚，而商人的后代则多数是商人，平民的后代多数还是平民。这种地位的世袭主要是通过教育、社会关系以及直接的遗产继承，从而使地位高的人的后代在社会中仍然可能处于更高

1　柏拉图 著，郭斌和、张竹明 译：《理想国》，北京：商务印书馆，1986 年版。

的社会地位。在社会性动物里，地位也同样可以世袭。如非洲的斑鬣狗，雌性首领的后代得到群体更多的照顾，身体也更加强壮，在首领老去时，通常都是其女儿继承其王位。

在这种社会等级分化中，各个阶层的地位是不能互换的，所以不能简单地用具有模糊甚至迷惑的中性术语"社会分工"来理解这种层级分化带来的不同工作性质。如果我们用更为学术一点的术语，可以把这称为社会地位的非对称性，相对应的术语自然就是对称性。这是一个具有严格定义的物理学术语。对称性是指双方的空间位置可以互换，而不会影响系统的性质，也就是在时间或者空间上是可逆的。而非对称性，是指双方的空间位置是不能互换的，在时间或者空间上是不可逆的，如果其空间位置互换，则系统的性质可能会发生本质的变化。显然，在一个社会合作系统中，贵族和平民不可能互换其社会功能与作用，国王也不能跟大臣交换位置。如果发生，社会就会发生革命或者巨变。

在社会性昆虫系统中，这种非对称性演化到了极致。在社会性的白蚁、蜜蜂系统中，多数人以为只有蚁后或者蜂王才有繁殖的权利，而工蚁、工蜂事实上有繁殖能力，只不过它们繁殖的后代（卵）一旦被发现就会被其他的工蚁／蜂或者蚁后／蜂王给吃掉，而这些繁殖的工蚁／蜂也会被杀死。蚁后／蜂王成功从工蚁／工蜂转化为蚁后／蜂王后，其寿命也极大地延长。通常工蚁／工蜂只能活几个月，而蚁后／蜂王则能活数年，甚至十几年。蚁后和蜂王的适合度要远远高于这些工蚁／蜂。而且一个群体中，通常只有一个蚁后或者蜂王，一旦存在多个，一定会发生剧烈冲突，最后不是其他蚁后或者蜂王被杀死，就是其他蚁后或蜂王带领一部分工蚁／蜂离开，重新建立新的群体。一个稳定的蚁／

蜂群几乎不会发生工蚁 / 蜂转化为蚁后 / 蜂王的现象，只有当系统的蚁后 / 蜂王老化后，工蚁 / 蜂才会转化为蚁后 / 蜂王。在自然生物系统中，只有工蚁 / 工蜂能转化为具有繁殖能力的蚁后 / 蜂王，从来没有蚁后 / 蜂王转化为工蚁 / 工蜂的情况，也就是说，这种演化过程是不可逆的。

　　理论与实践在解释社会合作行为时出现了巨大的脱节！无论是亲缘选择、互惠还是被抛弃的群体选择理论，其基本的前提假设就是合作双方是对称性的。如果仔细研究一下亲缘选择、互惠选择的基本理论模型，你就会发现，其合作双方无论是支付矩阵、模型构建，还是建模的基本思想，无论是你帮我（无论利益还是基因遗传），还是我帮你，最后双方达到的结局都是一样：由于亲缘相似性或者互惠关系，选择合作策略比其他策略的收益都要高，最后没有任何人愿意放弃合作的策略而选择其他策略。这就是著名的纳什均衡思想。群体选择理论的思想几乎完全相同，他们的区别仅仅在于具体维持合作的动力不同而已。群体选择理论认为双方愿意合作，是因为群体间的竞争导致群体内个体之间更容易合作。而亲缘选择和互惠选择认为个体之间选择合作的动力是亲缘关系或者利益互惠。

《伏尔加河上的纤夫》，列宾 绘

不同的社会系统或者生物物种，其群体内不同个体之间的非对称性程度存在较大的差异，优势个体（层级更高的个体）与劣势个体（层级低的个体）之间的策略也将相应存在极大的差异，甚至相反。我们可以用著名画家列宾的《伏尔加河上的纤夫》来说明合作双方之间策略的差异性。船主与纤夫的关系事实上就是企业主与员工之间的关系。在船主和纤夫之间，有着阶级斗争思想的人，更容易将其视为竞争或剥削与被剥削的相互关系。但是，企业家完全可以告诉你这是一个互惠合作的故事：纤夫通过船主提供的劳动岗位获得自己的工资收入，养家糊口，而船主则是通过雇佣的纤夫而获得自己的商品收益。上述两种完全相反的观点也许都是对的。上帝和魔鬼有时就是一个硬币的正反两面而已！毫无疑问，船主对纤夫存在剥削，因为船主的收益多数情况下比纤夫高，而且分配给纤夫多少工资，也往往是由船主决定的。所以，我们经常看到纤夫希望拿更高工资（分享更多资源），而船主则是希望更少付给纤夫。由于这种利益的差异性，有些纤夫采取了投机的策略，比如偷懒等行为；而船主在这个游戏中分配了更多的资源，则倾向于认为这项工程就是自己的，很少会采取像纤夫那样的投机策略，而是采取监督、惩罚等策略，或者奖励那些诚实、努力的纤夫。资源分配模式的不同，必然导致其相应的行为策略的改变。

信息的非对称性

在社会合作系统中，层级或等级分化是我们常看到的一种非对称性。但事实上，非对称性还存在另外两种形式，但也跟层级分化密切相关。一种是信息的非对称性，而另外一种是相互作用或者路径的非对称性。由于层级或等级的分化，优势个体或等级更高的个体总是控制或占据更多的资源，通过资源的分配迫使地位低的个体为其提供相对更多的服务，存在"剥削"的现象。相应的一个直接关联的现象就是等级更高或优势个体的数量通常要少于等级低的个体数量。正是由于这种关系，我们看到在船主与纤夫之间，纤夫有投机者，但是在很大程度上，船主不知道谁是投机或者偷懒的，而谁又是诚实合作者。在人类的社会合作过程中，投机者甚至装扮得很诚实，我们看到那些贪官污吏或者奸臣，在没有被揭露之前，无一不是装扮成工作勤奋，为主分忧的合作者。而在自然界，类似于人类的投机现象也比比皆是。蜜蜂中有些个体外出采蜜时，经常空手而归。仔细观察，你会看到有些蜜蜂个体在别的个体都忙忙碌碌时，它们则停留在树叶上休息，也许是在睡觉。等大部队都回巢时，便跟着蜂拥回巢，躲避蜂巢入口处警卫蜂的检查。

显然，这里存在着信息非对称性现象。船主与纤夫之间难以准确判断对方的策略。比如纤夫之间也许更清楚谁更诚实，谁是投机者；而船主则通常难以区分纤夫中谁是诚实的、谁是投机的。反过来一样，纤夫不清楚船主是否会有实力发给他们工资还是已经破产。在这场博弈中，船主是优势方，他可以奖励纤夫，也可以惩罚纤夫，且奖励和惩罚大小是由船主掌握，但是纤夫却不清楚船主可能奖励谁，惩罚谁，什么时候惩罚，什么时候奖励，奖励和惩罚究竟有多大？甚至船主与纤夫之间不同的空间状态（比如纤夫之间不同的排列组合）都可能会导致完全不同的相互关系。在这样的猫与老鼠的游戏中，由于这种信息的非对称性，双方的策略就存在多样性和随机性。

演化路径的差异

在具有等级结构的社会合作系统中，由于其层级关系不同，合作双方的相互作用方式或演化路径也因此而不同。《伏尔加河上的纤夫》一图就比较容易理解这个比较学术一些的问题。处于弱势方的纤夫，他们不仅仅存在跟船主之间的竞争，他们之间也存在竞争关系。那么对于一个纤夫而言，他更愿意跟纤夫之间竞争还是跟船主竞争呢？由于船主是相对的优势方，如果纤夫和船主发生冲突，纤夫个体将更倾向于与自己一样弱势的纤夫个体竞争，而不是与比自己更强势的船主竞争。当然，纤夫之间也可以联合合作，共同跟船主竞争，这样就能够从船主那儿获得更多的资源分配。对于一个具体的社会合作系统，优势方往往会一个对多个相对弱势的一方。这些特征构成了合作系统内相互作用方式的非对称性。

这种层级分化不仅仅导致优势方与相对弱势方之间存在行为策略的差异，同时也将导致各自的行为模式发生改变。相对优势方将倾向于原有的行为模式，并加以固化，而相对劣势的弱势方，则更容易、也倾向于产生更多的行为突变或策略形式，期望能够改变现有的层级。"穷则思变"就是对该行为的最好诠释。这个现象不是我臆想出来的结果，而是有着大量的行为学实验或生物学实验。在一个石头、剪刀、布的大学生游戏中，实验人员发现那些赢得比较多的成功者，他们往往选择上一次使用过的策略，而那些输得比较多的"失败"者，则更倾向于选择不同的策略（这就是演化的惰性或者惯性）*。社会性的昆

---

* 该结论源自 2014 年底的一项由 360 名浙江大学学生参加的"石头、剪刀、布"博弈实验。

虫群体中，同样发现那些地位比较高级的个体，其表型的可塑性远远低于那些低级的个体，而现代遗传学发现，这些表型可塑性是可以遗传的。我们现在无从想象人类社会阶层的分化是否也导致同样的结果。如果是这样，那就意味着贵族阶层整体发生突变或者创新能力的概率将可能低于平民阶层。

演化路径的非对称性在物种间的合作行为中体现得更加明显。需要明确的是，社会合作行为不仅仅发生在物种内的个体之间，物种之间也普遍存在合作行为，只是我们不常用社会合作这个术语，而是更多使用互惠合作这个术语。在我看来，物种间的合作行为在演化动力以及行为策略方面本质上与物种内的社会合作行为区别并不大，至少没有我们想象得那么大。而且需要说明的是：不同物种之间的合作也是相当普遍，几乎所有物种都跟一个或者多个物种存在密切的合作行为。像我们人类与肠道内生菌，就是一个高度的互惠合作关系。同样你或许难以接受的人跟家畜，如人—猪之间事实也是一种互惠关系。人类饲养猪，表面听起来，猪最后被人无情吃掉了，纯粹就是一个剥削关系。但是，猪事实得到的好处是任何大型动物所不能想象的好处：有谁的基因能被如此大规模的传递下去呢？又有谁能够免受天敌捕食、没有遭受食物匮乏？又有哪个野生物种能够拥有如此之大的种群呢？

物种之间同样存在合作关系，那些合作关系极为密切的系统中，科学发现相对弱势一些的物种的演化速度要高于优势物种。在非洲稀树草原上有一种比较高大的叫作金合欢的植物，它长有中空的大刺，里面住满了蚂蚁。这些蚂蚁在长颈鹿采食金合欢的叶子时，会叮咬长颈鹿，长颈鹿在被叮咬后赶紧离开，去采食其他植物。蚂蚁—金合欢之间形成了高度的互惠合作关系。金合欢在这个系统处于优势的地位，他们可以通过控制植物中空刺的大小或有无来选择这些勤劳的、乐于巡逻的蚂蚁，而将那些投机的、偷懒的蚂蚁清除掉。科学家通过全基因组分析发现，蚂蚁的突变速率显著高于处于优势的植物方，至少在金合欢跟蚂蚁形成互惠合作的初期阶段是这样[1]。

物种间合作演化路径的非对称性还体现在相互合作的物种各自的传播路径的差异。像我们人类与肠道内生微生物的关系，几乎所有动物都存在类似人类与肠道微生物之间的相互合作关系。肠道微生物的传播有两种途径：一种是通过母婴关系传播，这类传播的肠道微生物是母亲已经筛选过的微生物，我们称其为垂直传播；另一种是从环境中、包括其他同类个体之间传播而来，这类肠道微生物进入人体后，人体会筛选那些有益的微生物保留下来，我们称其为横向传播。肠道微生物这两种不同的传播方式，将可能导致完全不同的演化策略，从而会影响肠道微生物与人体（宿主）之间的相互关系（合作还是竞争）。

非对称性与不确定性行为策略

通常，我们直观感觉如果双方存在高度的亲缘关系或者利益同盟，双方形成的合作关系就十分稳定。但是，在非对称性的合作系统中，一个典型的特征就是合作双方相互关系的不确定性。事实上，人类社会中的弑父弑母行为、兄弟反目成仇中的当事人之间却是具有高度亲缘关系的。有一种完全克隆繁殖的蚂蚁，其群体内个体之间的遗传相

1　Rubin B. E., and C. S. Moreau. 2016, "Comparative genomics reveals convergent rates of evolution in ant-plant mutualisms." *Nature Communications* 7.

似性几乎完全相同，但是当其群体发展到一定大小而演化为社会合作性群体后，一些个体就采取了投机的策略，如在集体采集食物或者防御过程偷懒或者干脆不参加，其是否投机或者合作显然跟其个体之间的遗传相似性关联不是很大[1]。在高度互惠合作系统中，如种间互惠合作中，现在也发现几乎所有的系统都存在投机的不合作行为。

这些不合作的投机或者竞争行为存在极大的随机性或者不确定性。有些投机者或者竞争行为具有极大的偶发性质，如有些人的犯罪、偷窃行为就是临时决定的，甚至就是天气决定的。而有些合作中的投机者则可能在大多时间里都是诚实的合作者，只是在某些特定的情况可能成为投机者。这在高度社会性昆虫中也有发现。蜜蜂中有些工蜂偶尔会在觅食过程偷懒，躲在树叶后面休息，而标记跟踪观察发现：这些个体在大多数情况下还是勤勤恳恳地工作的，或许我们也可以理解为那天它确实累了。可是我们会发现它在回巢过程中明显的投机行为：它跟随其他采食的蜜蜂一起蜂拥回巢，这样可以避免被守在门口的警卫蜂发现而阻止其回巢。在一种为榕树传粉的小蜂中，也存在这样的"故意"投机者。多数榕小蜂都是携带花粉给榕树传粉，以换取榕树提供给小蜂后代发育所需要的食物。然而，有些小蜂的花粉筐发育很正常，可是其花粉筐里却没有任何花粉。小蜂携带对其不能食用的花粉毫无疑问是一种负担，而且负重飞行还会导致小蜂更容易被天敌捕食，投机不携带花粉显然具有一定的进化优势。

合作者会随机性地转化为投机者或者竞争者，这种行为往往难以预测，具有高度的偶发性质。而另外一类的投机者或者竞争者，其行

---

1 Serafino Teseo, Daniel J. C. Kronauer, Pierre Jaisson et al. 2013. "Enforcement of Reproductive Synchrony via Policing in a Clonal Ant." *Current Biology*, 23: 328-332.

为相对而言具有更高的可预测性。在蜜蜂或者蚂蚁的高度社会性系统中，有些个体天生就是投机者。这是由其遗传性质确定的，比如有些蜜蜂个体天生就不会揭开蜂巢盖子去喂养幼蜂，给榕树传粉的小蜂中，有些个体天生就没有花粉筐，自然就不可能收集花粉为榕树传粉。这些遗传决定的投机者的发生频率具有一定的可预测性，在一个特定的阶段，其出现的频率是一个相对固定的值，但在历史演化过程中，其频率可能存在比较大的差异。在人类社会中，这类社会投机者也是比较常见的。有些人偷窃东西并不是他需要这些东西或者自身很穷，而是具有偷窃的"瘾"，见东西就想偷，然后甚至扔掉。这类社会的投机者通常在一个合作系统中的存在频率比较低，这是因为自然界的选择压力会导致其存在的频率下降。后面我们会继续这个话题的讨论。

合作系统中双方关系的不确定性还表现在诚实合作者之间的关系也存在不确定性。我们前面讨论的是社会合作系统中存在投机者，投机个体与合作个体之间显然存在利益的冲突，从而导致其相互关系的不确定性。然而，即便大家都是诚实的合作者，这些合作者之间也可能存在利益竞争。在一个社会合作系统中，合作者之间必然存在公共资源或服务的问题，比如系统内的食物、水、栖息地空间，等等。随着系统个体数量的增加或者资源利用效率的提高，这些有限的公共资源必然将出现紧张，这些合作者如果不去竞争其他人的资源，自己的利益将不再增加，而那些能够掠夺别人资源的个体将得到更多利益或者适合度。这就是合作系统内的"公共地悲剧"问题。我们曾经以著名的种间合作系统榕树—榕小蜂之间的互惠合作关系发现：榕树与榕小蜂之间的合作与竞争关系存在极大的随机性，在公共资源丰富时，更容易表现为合作关系，而在公共资源紧张时，则更多表现为竞争关系。整体而言，榕树与榕小蜂之间的关系在合作与竞争关系中上下波动，但是平均而言，合作的频率大于竞争的频率，因而系统整体上表现为合作关系。

榕树与小蜂之间这种合作与竞争关系的随机波动性与人类社会或者其他动物的社会合作性存在高度相似性。在人类的社会合作过程中，我们几乎很难发现有永恒不变的合作关系或者只有敌对而没有合作关系现象。在《理智与情感》中，既有母子、姐妹的亲密无间，同时也有母子、姐妹之间的因嫉妒而彼此伤害[1]。美国与以色列之间，可以说属于国家之间合作关系的典范，但是美国跟以色列之间同样存在冲突。比如在对待部分阿拉伯国家的政策上经常发生分歧，美国前总统奥巴马甚至在 2016 年通过弃权的方式支持了联合国安理会要求以色列停止在巴勒斯坦境内屯垦。这种合作中同时也存在冲突的现象也广泛存在于哺乳动物、昆虫等社会合作系统。一个团结合作的猴群个体大多数时间相互友善而且相互帮助，一片世外桃源的和谐景象，但是有时会发现个体之间突然发生激烈的打斗，几乎欲致对方死地而后快。在一部关于非洲动物的纪录片中，一个非洲水牛群被群狮围猎的场景让我终生难忘。一群水牛在狮群追捕中，团结一致抵御狮群，牛群的头领和另一只特别健壮的公牛（也许是二头领）最勇敢，几次将狮群逼退，但是在战斗的过程中，头领不小心受伤，一个不可思议的镜头出现了："二头领"没有勇敢地去营救头领，而是在头领后面突然对头领发起攻击，致使头领腹背受敌，最终头领被狮群杀死。

社会合作系统中同时存在合作与竞争行为，这是一个让我们感到

---

1 简·奥斯汀 著，盛世教育西方名著翻译委员会 译：《理智与情感》，北京：世界图书出版公司，2009 年版。

很迷惑的问题。既然采取合作的策略，双方受益都比不合作策略高，那双方为什么还要竞争、冲突，甚至杀死对方？又是什么原因导致社会系统内合作与竞争同时发生，而这个社会合作系统又没有因为竞争而导致系统的解体或者崩溃？这是一个令人十分懊恼的问题。这不禁使我想起十九世纪初物理学出现的极为类似的故事。在十九世纪初，物理学界认为整个物理学大厦已经在经典的牛顿力学的框架下完成，未来的工作就只是增砖添瓦了。然而，就在物理学家准备欢呼庆典时，天边飘来了几片不祥的乌云，正是这几片不祥的乌云，导致了量子力学的诞生。在社会合作系统或者更广泛的进化生物研究中，亲缘选择、互惠选择，还有几乎被抛弃的群体选择理论，在几十年的发展后，完善了达尔文的自然选择理论，我们似乎看到了社会生物学或者更广泛意义的进化生物学理论大厦的框架了，但是越来越多的证据发现，在社会合作系统中，合作过程中同样存在竞争与冲突，而这些竞争与冲突行为是这些经典合作理论不能解释的。合作系统中存在竞争的不祥乌云，这几片乌云能为社会合作系统的理论研究带来什么呢？

在纳什提出纳什均衡的同一时代，与纳什同时获得诺贝尔奖的另外一位著名的博弈论专家泽尔腾就指出纳什均衡过于严格。纳什均衡的概念是指如果一个策略的收益比其他任何策略的收益都高，那么博弈的局中人就不会有任何动力偏离原来的策略。在社会合作系统中，显然，由于亲缘关系、互惠关系或者群体间的竞争，选择合作的策略收益要比其他策略高。这样，根据纳什均衡的概念，合作双方就不会选择竞争的策略。泽尔腾注意到纳什均衡概念的过于严格问题，如果存在严格的纳什均衡，系统内就不会产生突变或者创新了。系统不发生演化，将因此进入"死寂状态"。泽尔腾认为系统将存在随机误差，实际情况是系统内局中人的策略不可能稳定在纳什均衡，而是在均衡点上下波动。这就好比上帝的手，他知道有一个最优的位置，可是他会有类似或轻或重的帕金森症，手总是会颤抖，并不能放在那个最优的位置。所以文献上把泽尔腾的这个理论思想称之为"颤抖效应"。著名理论生物学家卡尔·西格蒙（Karl Sigmund）和哈佛大学博弈专家马丁·诺瓦克（Martin Nowak）联合发表论文认为，社会合作系统同样存在这种"颤抖效应"，这样就解释了社会合作系统中不同策略共存和转化，也解释了社会合作系统内的策略或者遗传多样性[1]。

然而，"颤抖效应"对纳什均衡思想的修正并没有从根本上解决纳什均衡的理论困境。在自然演化过程中，那些可能因为"颤抖效应"的个体由于可能的出错而导致其在演化过程中的竞争力有所降低，显然那些不颤抖或者较少颤抖的个体在演化的过程将会比那些颤抖幅度大或者频繁颤抖的个体具有进化的优势，自然选择也就会倾向于这些较少出错的个体。我们都知道演化是不断的、永无止境的过程，最终会演化出一些不会犯错误的个体。有意思的是，当时还是我的博士生的贺军州将"颤抖效应"的模拟次数从几百上升至几百万次后，这些"颤抖效应"就会消失，最终又回到了纳什均衡。

这就好比选举总统，总统毫无疑问会犯错误，如果一个总统总是犯错误，被安排到国会演讲，结果他跑去跟情人吵架；应该谈判解决，结果他要发动战争，显然我们不可能选举这样的总统。于是我们总是选举那些尽可能较少犯错的总统，如果我们的选举无限持续下去，我们最终将理论上选举出不犯错误的总统，或者诞生不犯错误的机制。

---

1 Nowak, M. & Sigmund, K. 1993. "Chaos and the evolution of cooperation." *PNAS*, 90: 5091-5094.

可是我们都似乎很明白，完全不犯错误是完全不可能的事！那么我们就要问：是我们对这种存在错误的机制理解出错，还是上帝在决定着这样一个难以言表的平衡？如果是这样，上帝自己是否也会出错，他发生错误的概率又是谁决定呢？

榕树与小蜂——镜像中人类的爱恨情仇

我们研究组的一项研究似乎对"生命系统出错"给予了全新的解释机制。我们早期用一种著名的物种之间的合作作为模式系统。这是一类叫榕树的植物与一类叫榕小蜂的昆虫之间的合作。在它们的合作中，榕小蜂为榕树传粉，这类具有利他性质的传粉行为跟我们通常观察到的蜜蜂传粉存在着本质的不同。蜜蜂给植物传粉，是一种顺带或者无意的"插柳"行为，而不是有意的积极主动行为，这是因为蜜蜂采食花粉，黏附在身体上的花粉碰到植物的花柱而无意给植物传粉。榕小蜂有些类群的传粉行为类似于蜜蜂这样的传粉行为，属于蜜蜂这样的被动传粉类型。但是榕小蜂中还有一大类属于主动的传粉模式。这类榕小蜂的身体发育有一个特殊的花粉筐，在榕小蜂离开成熟的榕树果实时，它们努力地收集花粉，放进花粉筐，但是它们自己并不食用这些花粉，当它们飞到正在开花的榕树时，就用力钻进具有特殊结构的花序，很多小蜂会伤残甚至死在进入榕树这个特殊花序的过程中。进入后，榕小蜂就立即给榕树传粉，传粉之后，榕小蜂开始在榕树的部分花上产卵，多数在卵还未产完时就死在榕树的特殊花序中。在整个传粉过程中，榕小蜂完全不取食。

在这里，榕小蜂有两个利他性的合作行为：1）演化出携带花粉的花粉筐，而这个花粉筐对其自身没有直接意义，只为植物授粉之用，2）进入榕果后，并不是自私地先产卵，而是先为植物传粉，由于其寿命很短（传粉的小蜂寿命通常只有1到2天，进入榕果传粉、产卵只有几个小时），往往卵还没产完，就死在榕果的果腔中。

显然，榕小蜂看似跟榕树存在高度的互惠合作关系中，也存在利益的冲突。携带花粉传粉对体型只有几毫米长的小蜂而言，是一个巨大的成本，它们要耗费几个小时去收集花粉，而它们的寿命通常也只有几个小时，我们所研究的聚果榕小蜂其寿命只有几个小时，最长也只有一天或两天左右。携带花粉后榕小蜂要负重飞行，而且更容易被天敌捕食。进入榕果后，它们不是先为自己的利益首先产卵，而是先传粉，传完粉后再产卵，很多个体还没产完自己的卵，就死在果腔中。榕小蜂如果不携带花粉而只是产卵，显然具有更大的进化优势。现实情况也确实如此。部分榕小蜂就不携带花粉，少数甚至花粉筐都退化了，这就是榕小蜂跟榕树的利益冲突之一[1]。

另外一个冲突就是榕小蜂与榕树之间在公共资源利用上的冲突。榕小蜂进入榕果后，榕果内小花的命运有三种情形：1）被小蜂传粉，而不被小蜂产卵寄生，这样小花就发育成榕树的种子；2）被榕小蜂寄生，这类既可能被传粉了，也可能没被传粉，一旦被小蜂产卵寄生，这朵小花就只能发育成瘿花，榕小蜂的幼虫将以该瘿花的子房壁为食，最后发育成小蜂的成虫，这朵小花就不能发育成种子；3）既没被传粉，

1 Kjellberg, F., E. Jousselin, J. L. Bronstein, A. Patel, J. Yokoyama, and J.Y. Rasplus. 2001. "Pollination mode in fig wasps: the predictive power of correlated traits." *Proceedings of the Royal Society of London B: Biological Sciences*, 268: 1113–1121.

也没被小蜂寄生，小花败育。对榕小蜂而言，它们完全可以寄生更多的小花，甚至全部小花，这样，榕树将不会有种子产生，同时，榕树也可以通过改变小花的花柱长短，把花柱变长，阻止小蜂产卵，这样就可以生产更多的种子，欺骗传粉的小蜂，这就是榕树与榕小蜂之间的另一个冲突。

我们看看榕树与榕小蜂这个自然界的合作系统如何来解决它们之间的冲突。假设榕小蜂不携带花粉，成为合作系统的投机者，即不给榕树传粉，而只是产卵。我们发现如果只有一只或者少数几只这样的投机者，榕树就会把果实脱落，从而杀死所有小蜂的后代。但是，如果有多只这样不携带花粉进入榕果而只是产卵的榕小蜂，榕树就不会脱落果实，小蜂的幼虫可以继续在榕果内发育成成蜂，但是小蜂在幼虫期间的死亡率要高很多，而且进入的小蜂越多，小蜂的后代发育率就越低，发育率跟小蜂的寄生率密切相关。显然，榕树就像我们人类社会合作系统一样，会对投机的不携带花粉的个体实施惩罚，而且榕树的惩罚程度不一样。当投机者数量很少的时候，榕树就采取了类似人类社会的处死的方法，通过脱落榕果的方式把小蜂的幼虫全部杀死，而当有很多投机者时，榕树就不再采用"处死"的方式，而是采用更轻一点的惩罚方式，类似于人类的罚薪或者坐牢的方式，让其后代发育率降低，使其收益降低，投机小蜂后代的成活率与其对榕树的伤害程度（寄生率）密切相关，对榕树伤害越大，榕树对其惩罚也越大。这种轻一些的惩罚会给榕树带来一些收益，这是因为这些投机者小蜂的后代发育为成蜂后，在飞出榕果时将会携带该植株的花粉给其他植株，对榕树而言，花粉的散布也是它的收益之一。因而采取比脱落榕果更轻一点的惩罚，还是会给它带来一些收益的。但是如果小蜂太少，散布的花粉将十分有限，而发育一个果实需要很多能量资源，因而选择脱落榕果则是更好的选择。

如果榕小蜂都携带花粉，则榕树很少脱落其果实，榕果多数都能正常发育成熟，而且小蜂后代的发育比例都很高。显然，在这个物种之间的合作系统中，榕树属于优势方，类似于人类的国王或者皇后，而榕小蜂则是相对的弱势方。榕树通过胡萝卜加大棒的方式迫使大多数榕小蜂采取合作的策略。显然，由于存在榕树对不携带花粉也就是不合作行为的惩罚，为榕树传粉的合作策略对小蜂而言会更加有利。因而榕小蜂跟榕树之间能够形成一个合作的关系[1]。

然而，处于优势地位的榕树对投机不合作的小蜂惩罚并不是总是有效、可信的。投机的不合作的小蜂，跟人一样，并不傻。这些不携带花粉的投机者通常总是与携带花粉的传粉者一起进入榕果。而榕树完全不能针对这些投机的不合作的小蜂实施精确惩罚。这样跟企业主与员工关系类似。员工中有些个体会偷懒，但是这些偷懒个体通常不会单独出现，总是混在那些勤恳工作的员工群体之中。在这样的情况下，榕树是不是就放弃惩罚了呢？我们发现并不是。很有意思的是：在投机者与诚实合作者混在一起时，优势的榕树会对小蜂实施群体性惩罚，榕树只会根据自己的收益（也就是种子产量）而采取惩罚或者奖励。如果进入榕果的全部都是投机者或者寄生的物种，而人工给榕树授粉后，榕树仍然把小蜂当作诚实的合作者给予奖励，小蜂的发育比例很高，与传粉小蜂的发育率一样。如果进入的全部是诚实的传粉小蜂，但是

---

1 Wang, R,W., B.F. Sun, and Y. Yang. 2015. "Discriminative host sanction together with relatedness promote the cooperation in fig/fig wasp mutualism." *Journal of Animal Ecology*, 84: 1133–1139.

人工将其花粉去掉，榕树因而没有授粉，它将会把这些小蜂都当作投机者而给予惩罚。但当诚实传粉小蜂与投机的不传粉小蜂混在一起，榕树则根据其收益（种子产量）大小而惩罚或者奖励。小蜂的后代发育比例严格依赖榕树的种子产量，种子越多，小蜂的后代发育比例越高。榕树完全没有能力区分谁是诚实小蜂谁是投机者从而实施针对性的奖励或者惩罚，而是实施了群体性的惩罚。

在这类物种之间的合作关系中，优势的榕树完全没有识别能力，因而实施这样一个"傻瓜"式的策略。但是这种策略实际上是有效的。榕小蜂种群中投机者的比例实际上很低，因而榕树与榕小蜂能够维持合作关系的长期稳定性。这跟人类社会的惩罚行为有些类似。当没有能力甄别，或者甄别谁合作、谁不合作的代价太大时，这种群体惩罚反而是一种更有效的维持合作关系的策略形式。在企业主与员工之间的关系中，企业主实际上很难甄别谁努力谁不努力工作，那些企业主在场表现积极的员工，很有可能是投机者。企业主实际上也常常采用榕树对付小蜂一样的策略，只是根据其收益变化而确定奖励或者诸如裁员、降工资之类的惩罚。国家之间的合作或者战争，情况更是如此。一个国家很难对另外一个国家的民众进行甄别实施不同策略。往往就针对这个国家集体实施友好或者敌对策略，尽管谁都清楚友好的国家内部一定存在敌对的个体，而敌对的国家里，一定存在不少朋友，不过这些"朋友"会被敌对国家认为是叛徒或者通敌。

由于双方信息的不对称性或者不完全性，合作系统内优势方对投机的不合作个体或者行为的惩罚并不是总是有效或可信。因而，合作系统内总是存在投机现象。诚实者、投机者共存共荣。而各自存在的频率将可能随着公共资源丰富程度、优势方惩罚强度的大小而变化，诚实的合作者与投机的不合作者的频率将因此周期性地波动。

榕树与榕小蜂合作还存在另外一个冲突：对公共资源的竞争。榕树的花序属于隐头花序。榕果是一个花序形成的果实，这个花序其实是由无数小花构成的。有些种类的榕树的一个花序由高达几万朵的小花构成，而有些种类的花序比较小，由几十朵小花朵构成。显然，就榕果内一朵小花而言，要么发育成种子，要么被小蜂寄生，但是对一个榕果而言，其小花的数量则有相对稳定的数目。这样，对于榕树和为其传粉的小蜂而言，双方就可能将为小花这种公共资源而发生竞争，小蜂寄生更多的小花，则必将导致榕树种子数量的减少，相反的情况也同样如此——榕树可调整其花的结构，从而减少小蜂的产卵效率，比如更长的花柱就能有效阻止小蜂产卵。

让我们看看生物学的实验中，榕树—榕小蜂系统是如何避免这种"公共地悲剧"发生的。我们的实验发现，随着进入榕果中榕小蜂的增加，植物的种子数、小蜂的后代数一开始都在增加，这是典型的合作关系；但是随着公共资源利用达到饱和，更多小蜂的后代数将导致榕树种子的减少，这显然是一种竞争性行为。双方究竟是合作还是竞争关系严格依赖于未被利用的公共资源的大小，未被利用的公共资源丰富时，双方表现为合作关系，而未被利用的公共资源紧张时，则双方表现为竞争关系。榕树也相应地调整了自己的行为策略。在这里处于优势地位的榕树，在双方表现为合作关系时，榕树给予小蜂高额的奖赏，小蜂的后代发育比例很高，只有较少的后代不能发育；而当双方表现为竞争关系时，榕树则惩罚小蜂，其后代的发育比例将降低，降低程度随着竞争的加剧而加剧。奖励或者惩罚强度也是严格依赖于榕树与小蜂之间的相互关系或者公共资源的丰富程度。

在榕树—榕小蜂的互惠合作系统中，公共资源是有限的，随着双方对公共资源利用率的提高，必将导致公共资源的紧张从而形成竞争关系，这种竞争关系必将导致双方合作关系的解体。榕树与榕小蜂系统又是如何避免这种合作关系解体的呢？我们的一项观测试验发现了一个很有意思的现象：榕小蜂在温度比较低的地方，发育时间要长一些，因而小蜂的个体要比温度高的地方要大一些，因此平均每个榕小蜂个体的产卵效率也要高些。我们发现在冬季，小蜂的产卵效率提高了，榕树相应地花柱的长度也变长了。显然，榕树的花柱变长，可以阻止小蜂产更多的卵。这样就可以避免小蜂在冬季利用更多的榕树小花，从而减少榕树种子的丧失。

在不同的地理尺度上，也发现了类似的现象。在海拔或者纬度越高的地方，小蜂的平均产卵量明显高于海拔或纬度低的地方。这里的榕树花柱也显著变长，更有意思的是，榕小蜂的产卵器的长度也变长了，这样又会导致榕小蜂能够利用更多的榕树小花产卵。榕树与榕小蜂之间存在明显的"军备竞赛"。由于这种"军备竞赛"的原因，榕树花柱变长并不能阻止"公共地悲剧"的发生。处于优势地位的榕树还有一个更为聪明的机制来阻止"公共地悲剧"的发生。榕树可以通过控制合作小蜂的数量来避免公共资源的过度利用，类似企业主通过控制员工数量来维持企业的正常发展一样。榕小蜂进入榕果传粉或者产卵，要通过榕果内由很多苞片构成的螺旋形通道，如果正在开花的榕果果腔内没有榕小蜂，苞片构成的通道保持很松，通道几乎是打开着的。这个通道的开放与关闭完全由进入果腔的榕小蜂数量决定。如果只有少数几只，它会开放时间更长一些，如果已经有很多小蜂进入榕果，榕果的苞片通道就迅速关闭，关闭后连水都渗不进去，十分紧密。

通过这种控制合作数量的办法，就可以避免因太多合作者导致公共资源的紧张而发生竞争。

榕小蜂进入榕果后，榕果随后会关闭苞片口通道，通常小蜂就难以再出来去选择其他榕果，即便就是小蜂能够再次出来，也几乎没力气或者存在极低的概率再钻进其他榕果了。也就是说，榕小蜂一旦选择一个合作伙伴，它就很难再去选择与其他个体合作。这一点在生物学中被称为扩散能力的限制，而在经济学中被称为退出成本。合作者越难找到其他合作伙伴，或者说离开原来的合作伙伴越难，双方合作应该越牢固。显然，这里处于优势地位的榕树给合作者榕小蜂设置了扩散限制，导致其退出成本很高。

榕小蜂进入榕果后，个体之间会发生严重的"损人不利己"行为。小蜂在果腔内很容易发生相互干扰性竞争，甚至剧烈的打斗。这样的相互干扰性竞争或打斗会导致其对公共资源利用的下降。由于小蜂是先传粉后产卵，小蜂之间的干扰或打斗将导致其产卵效率急剧下降。这种剧烈程度跟小蜂的数量密切相关，如果数量过大，传粉效率也会急剧下降。最后会出现大量小蜂卵还未生产，就死在果腔内。进入榕果内的小蜂增多，并不会导致公共资源利用的上升，由于其相互干扰或打斗，反而可能导致公共资源利用效率的下降，从而避免"公共地悲剧"的发生。合作关系因而得以维持。

通过人为实验设计，人为安排小蜂间隔一定时间进入榕果，这样相互干扰或者打斗的机率就降低了，在这样的情况下，小蜂的产卵效率提高了。随着小蜂数量的增加，小蜂后代数越多，导致榕树种子减少，榕树与小蜂之间原来的合作就会转化为竞争关系。在自然界，由于公共资源量变化具有随机性，小蜂之间的干扰或打斗也具有极高的随机性，榕树与榕小蜂之间的关系因而具有极高的随机性。他们之间是合作还是竞争，随机地上下波动。但由于榕树对相对弱势一些的榕小蜂具有调控机制，二者相互关系主要是在合作关系上波动，相对竞争频率比较低，因而系统整体上仍然显示为合作关系[1]。

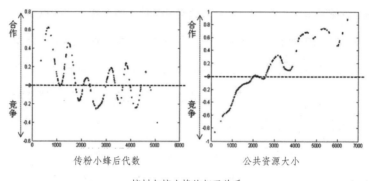

榕树与榕小蜂的相互关系

　　榕树这种高超的调控与领导艺术跟我们人类一些最伟大的政治家、企业家具有异曲同工之妙！榕树通过调控花柱的长短，致使榕小蜂只能利用花柱较短的花，而花柱较长的花则发育成种子，确保了优势方榕树的利益，即种子的产量。这跟我们企业家设定游戏规则很类似，公司的收益一部分通过制度方式留给公司，剩下的一部分才是给予员工分配的。同时，榕树设计了机制，使小蜂很难扩散到其他的榕果中去。这就是榕树给小蜂制造了高额的退出成本。这正是每个企业家希望的理想企业制度：自己的员工绝对不能跳槽进入其他公司，而自己可以剔除那些不满意的员工。尽管现在的法律、人权制度约束了企业家对

1　Wang, R. W., B. F. Sun, Q. Zheng, L. Shi, and L. X. Zhu. 2011. "Asymmetric interaction and indeterminate fitness correlation between cooperative partners in the fig-fig wasp mutualism." *Journal of the Royal Society Interface*, 8: 1487–1496.

员工人身自由的限制，但是我们却很清楚，任何一个公司的老板都在试图给跳槽的员工制造高额的退出成本。比如规定员工跳槽后不能从事相近的行业，退持公司内部股份等。

榕树通过迅速关闭苞片的通道，使榕小蜂难以再次进入其他榕果，同时只允许榕小蜂利用其一部分公共资源，使得小蜂更容易相互发生竞争，从而导致小蜂对公共资源利用效率下降，避免与优势的榕树发生竞争而可能导致的系统崩溃。这种机制也在人类的高度集权的社会中广泛应用。在企业内部，在确保公司所有人的收入分配后，企业主会划拨一部分利润分配给员工。然而，给员工分配的利润中，并不是制度性地平均分配给每个员工，而是鼓励员工之间竞争，实现所谓的"多劳多得"。员工之间的竞争，反而有利于企业主与员工之间的互惠合作。而员工之间如果通过类似工会的组织，团结一致，那么就可能与企业主发生剧烈冲突，甚至可能分配掉所有的企业利润，从而使企业失去发展的资本，导致企业失去竞争力而倒闭。

当公共资源或者空间存在限制的时候，相对弱势的个体更倾向于与同样弱势的个体竞争，而不是跟优势个体竞争，这也广泛存在于昆虫等动物的社会合作系统中。在白蚁的社会合作系统中，工蚁与蚁后之间属于绝对经典的互惠合作关系之一。工蚁负责采食与喂养幼虫，而蚁后则负责生殖。多种白蚁具有工蚁之间相互监督的行为。我们观测过一种白蚁，工蚁完全有能力转化为生殖蚁进而发育成蚁后，可是一旦发现工蚁个体具有繁殖的倾向性，其他工蚁就会群起而攻击，直至咬死具有繁殖潜能的工蚁。而蚁后同时分泌能够抑制工蚁转化为繁殖蚁的性激素。显然，如果工蚁之间不存在这种损人不利己的相互监督行为，工蚁自己就可能转化为蚁后，从而取代原有蚁后，系统内原先的蚁后—工蚁之间的相互合作关系将解体，进而被新的蚁后—工蚁关系取代。当原来的蚁后老化后，工蚁之间的相互监督减弱，新的蚁后就会产生。工蚁一旦转化蚁后，就立即开始抑制其他工蚁转化为蚁后。

在高度集权的国家或者国际关系中，也存在类似机制。在一个成功的封建王朝，具有绝对权力的皇帝往往并不是一直重用某一派的人员，而是使用不同派系的官员，甚至"忠臣"和"奸臣"同时重用，"鼓励"他们之间竞争，各派反而与皇帝之间形成更紧密的合作关系。美国在贯彻其全球的霸主地位时也使用了类似的策略。在美国主导的全球霸权利益共同体中，除了美国这个"大哥"以外，还有众多的合作伙伴，包括日本、澳大利亚、英国、韩国等。然而，美国并不希望这些伙伴国团结一致，至少行动上没有支持这些伙伴国家自己结成联盟，反而有意给这些伙伴国家之间制造摩擦，这样各个国家反而与美国这个大哥更加密切地合作起来。

尽管合作系统内优势方可以制定游戏规则，诱导相对弱势的个体采取合作措施，增加自己的收益。然而，弱势方个体是否跟优势方合作，还跟弱势方个体之间的关系如何相关。也就是说，相对弱势方个体之间的相互关系如何——弱势个体之间是合作还是竞争，将直接影响到优势方与弱势方之间是合作还是竞争关系。反过来同样如此。而弱势方个体之间的关系受到很多因素的影响，这个因素包括外界影响因素、个体特质，甚至天气以及当天的心情等众多随机性因素。这些随机性因素都可能影响到弱势个体之间的相互关系，进而导致优势方与弱势方之间关系的不确定性。

基因之间空间状态改变诱发癌变

> 一般情况下，我们身体里的许许多多细胞都能和谐相处，成为多细胞有机体的一部分。但是，总会有细胞站出来反抗主题，破坏细胞间的合作，这时医生就会告诉你说：你患上癌症了。治疗癌症的新思路，就是让细胞恢复彼此间的合作[1]。
>
> ——马丁·诺瓦克

对于宏观的社会系统，乃至生态系统，合作系统相对弱势方空间状态的改变，将可能导致其与相对优势方或合作或竞争的关系。微观世界可能存在相同的规律。对于一个细胞而言，其有效功能的发挥将依赖于细胞内各个基因之间是否能够稳定地合作。显然，对于每个基因而言，更多地表达自己则是其进化的天性。一个基因过度表达自己，而细胞又不能调控回去，那这个细胞就会演化为癌细胞。当癌细胞得以迅速扩散，整个机体就会崩溃，导致个体的死亡。细胞内部对这些过度表达基因（就是细胞的投机分子）调控最终还是要回到细胞内部的基因调控中去。我不是分子生物学家，不是很了解系统内部基因之间是怎样地相互作用。但是直觉告诉我：细胞内部各个基因在功能上扮演着不同的角色，而这些扮演不同角色的基因在细胞中的地位应该存在极大的差异。

我的直觉告诉我，细胞内部各个基因之间的关系应该如同一个高度社会性的昆虫系统。有些基因在细胞中扮演着类似于王或者后的角

---

1 马丁·诺瓦克、罗杰·海菲尔德 著，龙志勇、魏薇 译：《超级合作者》，杭州：浙江人民出版社，2013年版。

色，而有些基因则是扮演工蜂的角色。细胞中的基因社会中，有些基因在功能上可能控制其他基因的表达及其表达顺序，从而主导整个细胞内部的资源分配权，而有些基因则可能服务主导基因，协助主导基因完成其功能的表达。这些处于相对功能上弱势的基因中，有些基因可能天生就是不合作的，属于系统内的投机者，而系统则有一些基因专门来负责抑制或者清除这些投机基因。如果系统内部监督基因缺失，或者其表达出了问题，则细胞将会演化为癌细胞。与昆虫的社会系统一样，这种情况在主控基因（类似蚂蚁中的蚁后）老化、功能减弱的情况下，或者在外界环境剧烈的波动情况下，导致主控基因本身表达出问题或者其调控信号到达不了其他各个基因，系统将会失控，癌变将会因此发生。

另外一个发生癌变的可能性就是各个基因本身没有任何问题。癌变并不都是基因本身的突变或者遗传问题，有些癌变是由于正常基因受其空间位置或者空间结构发生改变而致。在一个正常的细胞中，占据主导地位的基因在细胞的基因系统中，在资源分配中占据主导地位，它能够控制其他基因的表达、其他基因之间的相互作用方式。这些相对从属地位的基因之间相互制约。这样维持了主导基因与相对弱势基因之间的相互合作关系。细胞内部的基因系统从而维持了比较稳定的合作关系。然而，细胞内部相对弱势的基因之间的关系可能会在一些特殊条件下发生改变，其相互抑制的关系可能会减弱、消失，甚至演化为相互促进的合作关系；这样，相对弱势的基因与主导地位的基因之间从原来的合作关系转化为竞争关系，如果主导地位的基因不能有效地将相对弱势的基因之间调整回相互抑制关系，那么基因系统内弱势基因就可能过度表达，癌变同样将会发生。

引起细胞内部各个基因之间相互关系改变的因素是很复杂的。细胞内部关键资源的可获得性可能是导致其相互关系改变的可能因素之一。对于一个细胞而言，其内部营养物质的多寡、激素、基因之间信号传导的介质等改变，都将可能导致细胞内部各个基因之间相互关系发生改变。细胞外部环境的改变同样也会导致类似效应。比如细胞外部环境的选择压力上升，则可能导致细胞内部的主导基因将可能耗费更多的资源去应对外部环境的选择压力，而相应地抑制细胞内部弱势基因表达的功能则可能减弱，这种减弱也会导致细胞内部相对弱势基因之间的相互关系发生转化。

在细胞内部，基因也可能水平转移到其他细胞中，但是其扩散到其他细胞的可能性比较低，类似社会性昆虫系统中的个体很难扩散到其他群体中。细胞内主导基因对相对弱势的基因抑制比较强，而且通常是有效的。其非对称性程度属于比较极端的类型。细胞的关键性功能可能全部由主导基因直接或者间接控制，甚至细胞内相对弱势基因的更新速度、表达都是由主导基因调控，而优势基因本身的代谢或者更新速度则要慢很多。在优势基因相对衰老的时候，弱势基因之间改变其相互关系的可能性则会增加。投机的、有害的基因在这样的情况下更容易发生，此时细胞发生癌变的可能性便会增加。

在基因无法扩散或者逃逸到其他细胞的情况下，优势基因不直接付出成本去惩罚有害的突变则可能是优势基因的最优策略。这是因为这些有害的基因突变对弱势的基因同样有害，对弱势和优势的基因伤害都是无限大的，由于这些弱势基因不能因此而逃离这个逐渐变坏的环境，因而将可能主动付出成本去杀死或者惩罚这些有害的突变。系统内部在各个基因没法逃离或者扩散的情况下，相互间的监督机制就可能演化出来。这样的自组织的监督或者惩罚机制对优势基因而言是最优的。

对于具有特定功能的基因，其本质就是一个 DNA 片段。这些具有特定功能的 DNA 片段连接在一起就构成染色体。至于这些具有独特功能的 DNA 片段（基因）如何连接在一起，目前还是很有争议。现代研究似乎表明这些无数的基因构成了一个空间网络，基因就是网络连接的节点。基因之间的联系则是通过相互作用比较弱的化学键。然而，这些具有功能团的基因存在大小不一，功能强弱不一，从而导致基因在整个网络中功能的巨大差异。这些基因表达与功能不仅仅跟基因本身的功能、性质相关，还跟这些基因在整个网络中的位置相关。传统观点认为：基因在染色体上是固定不变的，它们有一定的位置、距离和顺序，它们只可以通过交换重组改变自己的相对位置，通过突变改变自己的相对性质，而诺贝尔奖获得者芭芭拉·麦克林托克（Barbara McClintock）发现基因可以从染色体的一个位置"跳"到另一个位置，甚至"跳"到别的染色体上，其相应的功能也发生了改变[1]。在大肠杆菌体内，生物学家发现具有特殊"插入序列"的 DNA 片段会插入别的基因之中，而这些具有"插入序列"的 DNA 片段并非外来物，都是源于细菌染色体的其他部位。紧接着，有人发现在沙门氏杆菌中竟然也有类似的单位，可以自由地在质体粒、染色体与噬菌体之间移动，并且能传递抗药性。

基因跳跃的发现说明基因之间的空间位置转换是可以发生的，而且这些空间位置的改变会影响到基因的表达或者行为，从而将可能影

---

[1] 见麦克林托克于 1950 年发表的 "The origin and behavior of mutable loci in maize" 和 1951 年发表的 "Chromosome organization and genic expression" 两篇论文。

响整个机体的行为和表型。这些特征很类似于蚂蚁、蜜蜂的社会合作系统和我们研究的榕树—小蜂之间的合作系统。正如我们在前面章节介绍的，榕小蜂不同的空间状态导致了榕树 — 榕小蜂完全不同的相互作用，究竟是合作关系还是竞争关系，取决于小蜂的不同空间形式。合作关系则使榕树与榕小蜂之间双方的收益都增加，而竞争关系则将可能导致榕树与榕小蜂之间的合作关系解体，从而将可能导致其生态系统的崩溃。因此，基因之间相对空间位置的变化，则可能引起基因表达量的差异，甚至可能导致表达或者不表达这样类似电源开关一样的效应。这些基因上下窜动或者左右摆动、跳跃、旋转都将影响到基因与基因之间的关系，甚至最终可能导致整个基因网络的性质发生变化，诸如稳定或者崩溃（类似癌变）。

基因之间表达顺序的错位也将可能导致整个细胞系统的紊乱或者崩溃。外界环境的干扰、基因本身诸如衰老等变化，则可能导致整个基因表达的错位，这种错位表达可能导致细胞内部信号的紊乱，而信号的紊乱如果不能及时调整，则反过来会导致其他基因表达混乱，最终导致整个细胞系统的紊乱、崩溃，也会导致类似的癌变。对于一个不确定的系统，这样的基因表达时空错位，极可能导致细胞系统基因网络的紊乱，也可能不会导致细胞基因网络系统的混乱，细胞也可能通过迅速的修复措施而调整整个细胞基因网络的稳定性。而外界环境的干扰或者压力极可能导致基因空间位置或者表达顺序发生变化，从而影响到细胞基因网络的稳定性。

令人生厌的不确定性——一个美丽光环

不确定性是一个令人十分厌烦的东西，对于我们普通大众而言，不确定性可能导致我们烦闷、焦虑与不安。试想，如果永远不知道明天会怎么样，你会感觉舒服吗？同样，如果你永远无法确定你明天有丰富的早餐还是会饿着肚子去满街乞讨，那么也许这样活着，还不如死去。在动荡的岁月，当人们对未来无法预期时，产生绝望或者甚至自杀现象将急剧上升[1]。不确定性对人类的杀伤力之大远远超出我们身处安逸环境所想象的范围。日常生活中，人类的本能是逃避不确定性，对其本能的厌恶就如同厌恶粪便一样，本能会选择逃避。这种本能厌恶也直接影响了我们对待科学的方法论和思维方式，甚至影响到了像爱因斯坦这样伟大的科学家。爱因斯坦看到年轻物理学家海森堡的测不准定理（微观粒子不确定性）论文时，敲着他的烟斗说了他那句经典的、反映出他确定性思想的话：我不相信上帝是通过掷骰子决定世界的。

我不得不套用著名科学史专家约翰·杜威的一句名言：任何科学的发现毫无疑问都印迹着人类自身的思想认识。这已经是给予科学比较礼貌的批评了。我们再来看看另外一位著名古生物学家斯蒂芬·古尔德对科学的评论："正如我在其他几篇文章中强调的那样，我认为科学不是客观的、一定获取真理的机器，而是一种典型的人类活动。从事科学的人受到情感、希望和文化偏见的影响。思维的文化传统对科学理论有很大的影响，通常也决定了猜想的思路，尤其在没有材料限

---

1 埃米尔·迪尔凯姆 著，冯韵文 译：《自杀论》，北京：商务印书馆，1996 年版。

制人们的想象或猜想时，更是如此。"古尔德既是生物学家，也是科学哲学家，他认为整个科学就是人类从事着一个掩耳盗铃式的循环论证。

人类对不确定性的厌恶诞生了对均衡思想（确定性）与稳定性的极度偏好。从伽利略开创的可重复实验的现代科学方法论，到牛顿力学对称性、确定性的方法的确立，为我们这一情感的需求奠定了完整的科学论证。物理学将这种确定称为守恒或者均衡，生物学和生态学将其称为稳定性。

事实上，修正的均衡、确定性思想也承认存在一定程度的不确定性，只是他们认为这种不确定性源于环境的干扰而导致的误差。如果我们很学究地探讨系统内部的不确定性与环境误差导致的不确定性的关系的话，这二者却是存在本质的差异。环境误差导致的不确定性严格地源于外部原因，因而长期来看，误差项会随机地上下波动，最终误差的上下相加的总和应该等于零。而系统内部导致的不确定性则不同，这种不确定性可能会是某些内生动力的函数。也就是说，内生的不确定性的大小不是完全随机，而可能随着某种动力的改变而改变。而当前最通行的解释是这种内生不确定性可能是一种混沌的状态。

我们的研究确实发现合作系统吻合了混沌系统的特征。混沌效应的一个显著特征就是它繁荣初始值的微小变动，就可能导致系统性质的完全改变，也就是我们通常所说的蝴蝶效应。蝴蝶效应说巴西的一只蝴蝶扇动翅膀，可能引起美国的一场龙卷风。在榕树—榕小蜂的互惠合作系统中，在冬季榕果发育时间长些，榕小蜂因而个体要大一些，冬季的寿命也长一些。小蜂在冬季的产卵效率比夏天高一点。就是小蜂的产卵效率差异的这一点改变，榕树—榕小蜂之间的关系完全发生了逆转。在夏天，榕树和榕小蜂表现为合作关系，而在冬季，榕树和榕小蜂则可能表现为竞争关系。但是全年整体来看，榕树和榕小蜂主要表现为合作关系。而这种基本维持在合作关系上下波动的现象主要是榕树通过胡萝卜加大棒的策略实现的。这是因为榕树奖励那些传粉效率高，而惩罚那些传粉效率低但是产卵效率高的榕小蜂。这样，在长期进化过程中，那些传粉比产卵效率高的小蜂被榕树选择下来。整个合作系统因而能够相对稳定地维持下来。

合作系统内存在内在的不确定性，而不是经典确定思想所主张的均衡状态、稳定状态，其进化意义就十分非凡了。如果系统处于均衡稳定的状态，那么系统的个体、物种就存在最优的进化策略。如果存在最优，那么系统的个体或物种就不会选择其他策略，系统内的突变就不会保留，对人类的社会系统而言，就不会存在创新了。整个社会合作将因此而进入死寂状态！但是，如果我们的社会合作系统存在不确定性，这就是非均衡状态，那么，任何策略形式就都不存在最优，一个好的策略，也可能导致其利益的损失，选择了合作策略，但也可能导致对方的惩罚，因而导致自己的利益损失。这样，选择其他策略就成为可能，我们就可能理解为什么合作系统中投机者、勤恳的合作者、中性个体可以共存共荣。甚至当系统内的初始点发生改变，整个系统将可能从合作状态转化竞争状态，系统内的相互关系完全发生逆转，系统的性质将因此而改变。原有系统将会解体，从而形成新的系统特征。这就是进化。

如果世界都是确定性的，那么我们就可以按照牛顿力学理解的物理世界一样来理解生物进化或者人类的社会活动了。牛顿思想认为如果我们给定了一个粒子的初始状态，我们完全可以预测该粒子在任何时刻、任何空间的状态。在确定性的生命世界里，我同理可以预见生物个体的行为策略、物种未来的空间位置和进化方向。同理，对我们人类个体而言，我们完全也预测明天、明年，甚至几十年之后你的状态、你的空间位置。显然，这是荒谬至极的理解！但是，如果你认为它能解释其他的生物个体或者群体行为，但我们人类的个体行为超越了这些生物规律，我们就只能在哲学层面做纯粹的概念思辨。

混沌系统的不确定性似乎可以给予我们一个漂亮的解释。对于一个混沌的系统而言，个体的行为确实无法准确预测。但是混沌系统并不是没有规律。混沌的系统整体上仍然是有规律的。我们最常见的水流的漩涡现象几乎是典型的混沌系统。对于流水的水分子而言，没人能够预测单个水平的移动轨迹，但是水流显然具有明显的规则，成漩涡状。混沌系统一个最重要的特征就是系统内个体行为存在随机性和不确定性，但是整个系统性质却具有一定的规律，而且系统的性质强烈依赖于系统内个体行为的初始值。系统个体行为初始值的微小变化，就可能导致系统发生革命性的改变，但系统性质也有可能不发生改变。这也是著名物理学家霍金的结论：从这个角度来看，科学家的预言跟一个算命先生（占星术）的预言也许没有区别。

对于一个社会合作系统而言，或者作为一个世俗者而言，我们更感兴趣于什么是这个初始值；这个初始值改变多大，系统可能发生变革或者崩溃。我们比较幸运，在榕树—榕小蜂这个合作系统中，我们找到了小蜂的传粉和产卵效率这个隐藏在合作系统内幽灵般的系统初始值。小蜂的产卵效率，更准确地说，传粉/产卵效率之比的细微改变，就可以使榕树—榕小蜂在夏天的合作关系到冬季就转变成竞争关系。对于其他的合作系统，要找到系统初始值这个幽灵也许并不那么容易。对于人类系统而言，它可能是焦虑的情绪、资源的分配，也可能是工作效率等等。这种初始值的改变对人类社会或者生物的社会系统而言，极有可能导致社会的变革、动荡，甚至系统完全解体。

对于一个合作系统而言，合作和竞争事实上同时存在，而它们的频率又是强烈依赖于这个难以界定的系统初始值。现实中，我们只能把这个系统作为一个黑箱来处理。这样我们又回到了薛定谔那只著名的猫的问题了。"薛定谔的猫"是由奥地利物理学家薛定谔于1935年提出的有关猫既是死的又是活的著名思想实验的名字，它描述了量子力学不确定性的真相。"薛定谔的猫"假设了这样一种情况：将一只猫关在装有少量镭和氰化物的密闭容器里，如果镭发生衰变，会触发机关打碎装有氰化物的瓶子，猫就会死；如果镭不发生衰变，猫就存活。根据量子力学理论，镭的衰变存在几率，放射性的镭处于衰变和没有衰变两种状态的叠加，猫就理应处于死和活的叠加状态，这就是所谓"薛定谔的猫"。根据经典物理学原理，在盒子里必将发生这两个结果之一，而外部观测者只有打开盒子才能知道里面的结果。但在量子力学的怪异世界里，猫到底是死是活都必须在盒子打开后，外部观测者"测量"具体情形才能知晓。当盒子处于关闭状态，整个系统则一直保持不确定性的状态，猫既是死的也是活的。这项实验旨在论证怪异的量子力学，当它从粒子扩大到宏观物体，诸如猫，听起来非常荒谬。

对于一个合作系统而言，系统内部个体之间究竟是合作关系还是竞争关系，我们无从知道。这就如同对一个人类合作系统内的个体动机一样难以判断。一个忠诚的下属会如实把各种信息报告给自己的领导，但是一些迫切而紧急的信息对一个正在生病或者极度焦虑的领导可能是致命的，甚至导致急火攻心而死亡，如果这样，那么这个忠诚下属带给领导的如同毒药。单纯对待这个结果上，我们无从判断这个下属是忠诚的合作者还是一个投机的间谍，故意致领导死亡。一个好的动机，可能会带来负面影响的例子也是比比皆是，自然系统中的榕树—榕小蜂之间的合作中，诚实的传粉小蜂给榕树传粉了，但是榕树可能把这些诚实的传粉小蜂当成投机的寄生性小蜂而给予惩罚。在现实的生物合作系统中，确实会出现薛定谔的猫那样的悖论，我们无从判断个体之间究竟是合作还是竞争的敌对关系。人类社会中大量的悬疑案和冤假错案的存在，可能并不仅仅是侦破技术的限制。也许真亦是假，假亦是真才是真实的世界！

确定性——死寂状态——耗散结构

一个十分确定而且十分必要的事情就是应该再次向各位讲述一下我们人人努力、向往的确定性事件的意义。无论对于我们个体而言，还是对于诸如国家、集团这样的群体而言，我们都是希望我们的未来或者我们的行为是确定的、可预测的。进化的重要意义就是试图提高自身的竞争能力或者改造环境，从而使自己的生活、环境更加稳定，也就是更加确定。狮群会拼死保护或者抢夺一个优质的狩猎场，这是因为一个猎物充裕的狩猎场能为狮群提供稳定的食物来源。狮子跟人一样，也不希望过着今天有的吃而下周可能没有猎物可寻的生活；河狸拼其全力修筑河坝，创造一个安全的栖息环境，就如同我们人类穷尽一生的努力也要拥有一套安全的住宅一样，以此减少天敌和环境变化所带来的不确定性风险，从而获得稳定性的生活。对我们人类而言，我们几乎所有努力的目标就是试图获得一个稳定的生活以及可预测的未来。从小孩开始，家长就是倾其所有让孩子接受更好的教育，学习更多的技能，具有更大野心的家长则是教育孩子学习社会交往技巧与思考方式，这些努力本质就是希望孩子长大后能够获得可预测的、更高、更好的社会地位；或者像中国传统社会一样给自己子女留下更多的遗产，从而让他们过上更稳定的生活。而对于家长自己，则是努力积攒更多的财富，希望国家或者社会提供更加安全有效的保障。

不仅仅我们普通老百姓喜欢确定性的生活，我们科学家、思想家更是喜欢确定性世界所带来可预测性——科学逻辑性及其美感。从伽利略自由落体实验来看，伽利略事实上确定了科学的基本逻辑——可重复性。当我们在论述或者陈述我们的科学发现时，我们陈述的结果必须是可重复的，也就是说你做出的实验结果，别人也是可以通过实验做出同样结果的，否则就不是科学的。这也就是确定性思想在科学上得以固化为其基本逻辑的思想基础。

牛顿，这位划时代的科学巨匠，就是用牛顿力学这样一套完整的方法将确定性思想固化下来。人类完全可以精确刻画出物体的运动轨迹。生命科学、社会经济学也在牛顿力学思想指导下得到发展。而实验经济学的发展，则是把伽利略的可重复性实验与确定性、可预测性的牛顿力学思想在人文学科中发挥到了极致。实验经济学就是把生物、物理实验的方法引入经济学研究，研究人类自身行为的科学。正如我们日常感受一样，我们的很多行为完全是可预测，可用重复性方式验证的。2002年诺贝尔奖获得者弗农·洛马克斯·史密斯采用实验室实验的方式在这方面做出了开创性的贡献。

正如我们前面论述，如果我们仔细想想，就会发现确定性思想的不足之处。正如普利高津在《确定性的终结》一书所述，现实世界中可能就不存在完全确定的事件，不确定性反而更接近真相。不确定性从物理学来说，一般有两种类型：一种是确定性系统由于演化的复杂性而产生的不确定性，即谓混沌现象；另一种就是量子力学提出的微观粒子本身具有不确定性。生命现象一般对应着多体系统，自由度的数量很大，个体的状态原则上似乎是可以确定的，但整个群体的状态却是不确定的。系统本身的复杂性将导致生命系统中的不确定性；对于生命系统而言，基因、个体、种群也可能与微观粒子一样本身存在不确定性，对于一个个体而言，你究竟是病着还是健康的，我们就无从给予确切的判定；同样一个基因对其他基因究竟是有利还是有害，我们也无从给予确切的描述。

在一个不确定性的生命系统中，我们也借用物理学"熵"这个参量来表征系统的性质对于生命现象中多体、高自由度系统的演化。熵对应着无序和混乱，在混乱度达到最高时（熵最大），系统将不再演化，这就是所谓的"热死寂"。从统计物理角度来讲，封闭系统的演化方向是确定的，总会朝着熵值增加的方向。例如，我们在水中滴一滴墨汁，墨便会在水中扩散，直到整个液体中墨的浓度处处相等，此时系统将不再演化，保持一种稳定的状态。

然而，我们在自然界也会看到没有均匀分布的情况（均衡状态），湖水中某一物质的浓度经一段时间的演化后，会形成某种特定的有序分布，并且在相对较长的时间内保持不变，而不是演化到同一浓度。我们看到的"泾渭分明"便是这样一种现象，渭河一侧的泥沙浓度明显高于泾河一侧，并且可以长时间维持这种有序。这种有序不是长期稳定存在的（即是不稳定的定态）。生命过程中蛋白质的合成、细胞的自组织、物种的形成与进化、生态景观的形成都是对应着这种情况。

显然，确定性思想框架下的均衡理论是无法解释这种有序的。

对于社会生物系统或者生命系统而言，这种均衡的概念也是根植于我们大脑中，但均衡理论无法解释诸多生物现象。在自然生态系统中，我们经常看到，某个物种在该系统中处于绝对的优势地位，尤其是在温带或者寒冷带，一个物种或者少数几个物种几乎构成整个自然系统的景观，而大多数物种却是维持很稀有的状态。显然，按照均衡思想，这些稀有物种在长期进化过程一定会提高其适合度，也就是种群数量，直到所有物种种群或者个体适合度都相似，或者有相似的当量。但是直觉告诉我们生态系统中的物种不是均匀分布的。对于一个社会合作系统而言，个体之间适合度非均衡分布更加明显。在白蚁、蚂蚁系统中，蚁后几乎垄断所有的繁殖权利，而且寿命远远高于工蚁。显然不是均衡理论所预测的蚁后总的适合度应该近似于工蚁。

产生这种悖论的原因是因为生命系统本质上是一种开放系统，这种开放系统有序性维持的保障往往需要系统远离平衡态。著名的化学家、物理学家普利高津天才地发现了一个远离平衡态的开放系统。该系统通过不断地与外界交换物质和能量，在外界条件变化达到一定阈值时，可以通过内部的作用产生自组织现象，使系统从原来的无序状态自发地转变为时空和功能上的宏观有序状态，形成新的、稳定的有序结构。这种非平衡态下的新的有序结构就是耗散结构。只要体系在与外界的物质和能量交换过程中获得熵流，即不断地从外界获得"负熵"，系统就可能维持在比平衡态熵值低的状态，有序的状态就有可能维持。对于一个社会生物系统而言，系统通过食物而不断与外界交换能量，但是系统从外界获取的能量要远远高于其耗散出去的能量，这种的输入——输出之间的非平衡性反而维持了社会合作系统整体的有序性（稳定性）。运用耗散结构理论就可以解释社会生物稳定的原因。

超理性策略——走自己的路，让别人说去吧

西方世界里，源于契约思想的对称性与均衡理论认为我们社会合作要想实现自己的利益，就要考虑对方的需求，相互作用的双方通过谈判、默契方式达成一个协议，双方从而实现相对条件的最好收益，双方因此将维持一个稳定关系。这种思想在西方世界的商业、社会及政治系统的维持上一直深刻影响着每个人，其社会的基本构架体系正是源于这样的文化根基。这种思想也深刻影响了自然科学家的哲学观和方法论。从伽利略、牛顿到亚当·斯密、达尔文，其自然科学的基本理论框架正是源于这样的文化源泉。著名化学家、物理学家普利高津在《确定性的终结》这本专著中，系统地论述了物理学对称性导致确定性的思想源泉与哲学基础。而从亚当·斯密的古典经济学到达尔文的进化生物学，正是来自类似的文化思想，认为个体是自私的、理性的，从而通过利益互换、相似基因的共享、生态的分化，人类社会或者生物、生态系统才得以维持稳定的均衡状态。强大的文化是普世的，这样思想文化诞生的科学观被普遍接受为科学的基本概念，甚至改变了具有根深蒂固等级思想的亚洲人的思维方式，尤其是科学家群体的思维范式。

普利高津首次明确地从方法论和哲学思想的起源上澄清了非对称性将导致不确定性。我没有考证普利高津是否具有东方亚洲的文化基因，但是多数与对称性、均衡思想决绝的物理学家确实具有东方人的基因。杨振宁、李政道、小泽何一、小昌柴俊等发现对称性破缺的物

理学家确实拥有一张东方人的面孔，而他们骨髓中都毫无疑问印迹了儒家等级思想的基因，这种等级思想正是我们理解的非对称性思想的一部分。

在一个非对称性的系统中，无论是等级高的个体还是等级低的个体，我们并不能确定对方的策略是什么，各自的行为将存在极大的不确定性。当今世界的霸主美国的总统就坦诚而直接告诉其对手，他就是采用了其策略或者政策的不确定性来迫使其他国家跟美国合作。在等级制度根深蒂固的国家，无论是封建的帝王还是共和制下的国家主席，其制度形式发生了巨大的变化，但是一个成功的最高领导人一定让人无法预测他的策略和行为。相对应的是处于弱势的普通百姓，其个体行为也是难以预测。他们的行为具有高度的可塑性，随时可能根据情况而改变，这种改变不是一定将会获得更高收益，而是可能完全随机的行为改变。当人们在道德上批判中国等东方国家的民众更缺乏诚信，这事实上是极度的不公平行为[1]。

在一个不确定性的世界中，我们还会根据对方的策略而选择自己最好的策略吗？这当然是不可能的。因为对方的策略可能也是不确定性的，自己也就难以确定自己的策略。在这样的不确定的世界中，东方的思想家和文学家鲁迅精辟地总结了我们的最佳策略："走自己的路，让别人说去吧"。我们把这种"傻瓜"式的策略用一个更为文化一点的概念，称之为"超理性"策略，以区别于经典理论中的理性概念。在一个非对称性与不确定性的系统，个体决策仅仅只根据自己的收益或者想法而决策，系统反而能够维持更高的稳定性。事实上，如果你跟

1　斯塔夫里阿诺斯 著，吴向婴等 译：《全球通史：从史前史到21世纪》，北京：北京大学出版社，2016年版。

一个谈判高手聊聊，很多情况下，他们的策略就是这样。

超理性的概念乍一听，似乎完全是人类的一个文化概念。自然的生命系统真的存在这样的机制？我们研究榕树与榕小蜂之间的合作系统，确实感觉到了这种超理性机制的存在。在一个实验中，我们将诚实合作的、携带花粉的小蜂每隔一段时间分开放进榕果中，由于小蜂寿命比较短，其在榕果内相遇的时间或者概率降低，因而如果有更多携带花粉的小蜂进入榕果，小蜂将给榕树的小花传更多的花粉。一开始，被授粉的花朵数上升，小蜂产卵也越多，小蜂后代发育的比例也越高，双方表现为合作关系。但是，由于榕果内能被传粉而发育成种子或者被小蜂产卵而发育成小蜂的花的总数量是有限的，随着小蜂数量的增加，小蜂产卵数量越高，就导致植物的种子数量减少，榕树在这时候就把这些传粉小蜂当作投机者（不携带花粉的小蜂）一样惩罚，小蜂的后代发育比例反而随着传粉小蜂数量的增加而降低。而在另外一个实验，我们人工给榕树授粉，然后放进完全投机的小蜂或者寄生蜂，结果榕树并没有惩罚这些小蜂，而是将它们当作诚实传粉小蜂一样给予奖励。榕树是奖励小蜂还是惩罚小蜂，跟小蜂是否诚实携带花粉还是投机不携带花粉并没有必然联系，其惩罚还是奖励完全依赖其种子的产量，种子产量高了，就奖励，而种子产量下降了，就惩罚。超理性的策略显然存在。

我们曾经做了一个模拟计算分析。在非对称性的社会合作系统中，采用超理性的策略能显著提高合作水平，促进社会系统的稳定性。而且，当系统中个体之间的互惠程度越高，或者从系统中退出的成本越高，双方合作的概率也越高。人类社会的谈判行为，更能体现这样的策略形式。同样，对于个体，一个创业者在准备创业时，是否真的要顾及父母、家人或者朋友的反应呢？尤其对于一个个体众多的社会系统，完全了解对方的策略或者信息几乎不可能，因而更可能根据自己的兴趣、爱好或者判断而直接决定自己的策略。像傻瓜一样，用锤子的方式思考，也许就是另外一种"优势"策略。"大智若愚"也许就是这个道理。

第二篇

社会合作的进化动力

第三章

获得性遗传与群体性事件的爆发

——压力增大加速利他行为演化

　　我们已经谈到过那条有 15 名残废军人相继在那里自缢身亡的走廊，以及布洛涅兵营里那个在短短几天就发生几起自杀的著名岗亭。在军队里经常可以看到这样的事：1862 年在驻普罗万的第四轻骑兵营里，1868 年在驻蒙彼利埃（后驻尼姆）的第 41 轻骑兵营里，等等。1831 年，在一个名叫圣彼埃尔—蒙若的小村子里，一名妇女吊死在一棵树上，不久，另外几名妇女也相继在那里上吊。皮内尔谈到，在埃唐普附近有一位神甫悬梁自尽，几天以后，另外两位神甫以同样的方式自杀身亡，几名俗教徒也仿效了他们的做法。当卡斯特尔里勋爵纵身跳进维苏威火山时，他的几位同伴也紧随其后跳了进去。厌世者泰门之树成了历史遗迹。在监狱里经常发生这类传染的情况，这一点也得到许多观察家的证实[1]。

——埃米尔·迪尔凯姆

1　埃米尔·迪尔凯姆 著，冯韵文 译：《自杀论》，北京：商务印书馆，1996 年版。

识别机制的困境

　　试想你自己一人或者一只猴子在独自游荡，这时候发现了一株挂满果实的桃树。在此情况下，无论是你作为一个人类的个体还是一只灵长类的猴子个体，都将面临一个决策问题：是独自享受这树红彤彤的桃呢，还是招呼其他游荡同伴一起来分享这树桃呢？如果你愿意分享这树桃，你完全就可以高声尖叫：哎，哎，伙计们，这有树桃，大家快来吃呀。结果就是大家可能一哄而上，甚至可能都不会给你留一个。如果你招呼大家都来共享这树桃，你就是选择了合作的策略。可是，如果招呼大家一起来分享，你的代价除了费神招呼大家这个代价外，你还可能仅仅跟大家一样分享到同样分量的一份桃，甚至可能自己的那一份也会被其他人分享掉。你也可以独享这一树桃，今天吃不完，明天可以继续吃。毕竟找到一树桃需要时间，也不是随时随地可以找到的。但是，你可能独自吃不完这满树的桃而大多数都没被浪费掉。更重要的是，你今天可能会找到这样一树桃，而明天或者下个月，你可能没那么好的运气，甚至可能好久都找不到其他食物。独享这树桃，采取不合作显然眼前也许更有利，而长远来说，并不是优势策略。从长远的利益来看，一个理性的策略就是跟大家共享，而获得长期稳定食物来源。但是一个现实的基本的问题就是谁愿意迈出第一步去共享或者帮助别人，而如果别人不回报你，你收益就降低，你将因此失去进化的优势。事实上，上述问题本质上是一个技术问题，也是演化的动力问题：那就是你怎么能找到或者遇到一个跟你一样的具有利他性的合作者，或者说你通过什么机制来判断你招呼来分享这树桃的其他个体同样具有利他性，也就是说你招呼到的其他人中存在跟你具有同样利他性想法的个体。在自然条件下，产生你这样愿意招呼大家来共享利益的个体的基因突变概率大概是百万分之一。在这样的条件下，两个具有同样利他行为的个体碰到一起的概率就是百万分之一的二次方，几乎就是一万亿分之一。从概率上来说，两个利他性合作者随机相遇而发生合作的可能性几乎为零。

《自私的基因》的作者道金斯在其书中提出标记行为，也就是著名的"绿胡须"效应。道金斯认为合作者演化出了一个标记，比如绿胡须。这样的标记被其他合作者用来识别其合作行为。在这里，同样存在两个都具有绿胡须的个体相遇概率极低，而在一个有限种群几乎完全不可能发生的悖论。更重要的是如果合作行为与绿胡须是两个相互独立的行为，那么产生一个具有利他性合作行为且拥有绿胡须的个体的概率将是 10^{-14}，而两个具有上述特征个体性相遇的概率将是 10^{-28}。对于一个有限种群而言，更是几乎不可能发生的事件。

而在亲缘选择理论中，大家用了一种更为模糊的术语"亲缘识别"的机制。亲缘识别理论认为，个体能够识别与自己有着亲缘关系的个体。有人认为通过面部特征来识别亲缘个体，而有些认为可能是通过气味识别。然而不管假定是通过什么机制，首先对我们人类自身的社会合作行为而言，似乎难以让人信服。对于亲缘关系，在古代除了滴血认亲这样的不靠谱的传说以外，似乎唯一能够识别跟你有亲缘关系个体的办法就是父母或者邻里的指认。而现代生物技术通过亲子鉴定是能够做到亲缘鉴定的，通过亲子鉴定技术的随机抽查数据显示私生子在美国、英国、法国占新生儿总数比例达到 48%、51% 与 42%，在中国相对保守一点，其比例也是高达 17.9%[1, 2]。然而，亲子鉴定技术除了发

1　Nakajima Mitsuhiro, 2012. "A Study of the Life Courses of Legitimate / Illegitimate Children in the Late Tokugawa Period." *J-STAGE*, 2: 19–35, 133.

2　Wang Cuntong, 2012. "History of the Chinese Family Planning Program: 1970–2010." *Contraception*, 6: 563–569.

现人类广泛存在婚外情这一普遍现象而养父视同己出以外，没有任何人相信细菌、昆虫和灵长类动物也能使用类似亲子鉴定技术来识别自己的合作对象。

亲缘识别对于同种的个体难以实现，甚至不同物种之间同样也存在难以识别的欺骗行为。杜鹃的巢寄生便是一个很好的例子。杜鹃自己不做巢，喜欢将卵产在其他鸟的巢里，由别的鸟帮它孵化、喂养后代。寄主常常被杜鹃欺骗，为杜鹃抚养子女。杜鹃是一个伪装高手，它毁掉寄主巢中的一个鸟蛋，接着，它会把自己的鸟蛋夹杂存里面。它的鸟蛋足够以假乱真，寄主没有丝毫怀疑。杜鹃的幼鸟很凶残，公然在"养父母"面前做坏事。小杜鹃不仅贪食，还将同巢养父母所生的兄弟姐妹甚至全都挤出巢外摔死，独享养父母的恩宠。而可怜的寄主不得不四处奔波，为小杜鹃寻找食物。

获得性遗传与社会合作起源

获得性遗传是由法国生物学家拉马克首次提出的，他在 1809 年出版的《动物哲学》一书中系统阐述了最早的进化理论，他强调环境条件是生物发生变异的主要原因，并对生物进化有巨大的推动作用。英国的生物学家达尔文于 1859 年出版了《物种起源》一书，他认为生物的变异、遗传和自然选择的作用能导致生物适应性的改变。由于达尔文的观点有充分的科学事实依据，所以经受住了时间的考验，百余年来达尔文思想在学术界占据绝对的统治地位。后来基因理论和中心法则的建立，使拉马克的进化论思想几乎被人遗忘殆尽。但是随着研究的深入，人们发现很多现象与拉马克进化论思想相吻合。

拉马克在研究动物习性和器官的相互作用中，提出了两条著名的法则：用进废退和获得性遗传。并认为这既是变异产生的原因，又是适应形成的过程。他说："某一环境约束的大变化，若在某种动物中成为恒常的变化，就会导出此等动物之新的习性是很明白的事。"他提出物种是可以变化的，物种的稳定性只有相对意义。生物进化的原因是环境条件对生物机体的直接影响。认为生物在新环境的直接影响下，习性改变、某些经常使用的器官发达增大，不经常使用的器官逐渐退化。认为物种经过这样的不断加强和完善适应形状，便能逐渐变成新物种，而且这些后天获得的形状可以遗传给后代，使生物逐渐演变。如长颈鹿因环境改变而改食高树上的树叶，因此脖子逐渐变长；鼹鼠眼睛由于祖先世代穴居黑暗的地洞，因而丢失视力。他说："一切缘于悠久的环境的影响，或缘于长久使用与长久废而不用的关系，各个生物所获得的改变——不论是属于雌雄两性的，或只属于生产新个体者，都能因自然力而传至下代子孙。"

社会合作行为的起源似乎跟获得性遗传机制密切相关。至少我们的一项实验可以说明社会合作行为可能源于获得性遗传机制。我课题组的博士后宋建潇和硕士研究生侯贝贝使用一种单细胞微生物大肠杆菌来研究合作行为究竟是怎么起源的问题。她们给大肠杆菌的生长环境添加适当的抗生素，这些抗生素在低浓度时可以有效抑制大肠杆菌的生长，在高浓度时可以杀死这些大肠杆菌。然而，在有抗生素环境中持续培养，这些大肠杆菌的大多数个体都能产生抗药性，甚至能够耐受浓度很高的抗生素环境。将这些突变的大肠杆菌与野生型大肠杆菌在高抗生素浓度的环境中共同培养时，发现耐药的大肠杆菌与不耐药的大肠杆菌之间形成了合作关系，提高了整个群体的存活率。耐药的大肠杆菌通过向环境中释放无成本的代谢副产物吲哚，而不耐药的大肠杆菌则不能分泌吲哚，但是这些不耐药的大肠杆菌则可以吸收耐药菌分泌到环境中的吲哚，并借助吲哚开启其外排泵或诱导氧化应激保护机制，从而提高不耐药菌存活率，耐药菌与不耐药菌之间的互惠合作就此形成。在大肠杆菌这个低等微生物的社会合作系统中，那些突变为高耐受性大肠杆菌的利他主义个体在缓解抗生素的压力过程中，其生长发育时间要比低耐受性的大肠杆菌更长，因而其种群增长率要比低耐受性的大肠杆菌群体低，这就是突变为高耐受性的大肠杆菌合作所付出的代价。同其他社会合作系统一样，大肠杆菌的合作系统中，究竟哪些个体能够突变为高耐受性的合作者，而这些合作者又是怎样形成一个稳定的合作群体一直是一个未解之谜。

我们做了一个不同抗生素浓度梯度下的实验，看看在哪些条件下低耐受性大肠杆菌容易发生突变形成高耐受性群体。我们惊奇地发现：当大肠杆菌在低抗生素浓度的培养基中驯化一段时间后，再放进高抗生素浓度的培养基中时，其突变出具有缓解抗生素压力的细菌个体数量显著增加，而且驯化时间越长，驯化的抗生素浓度越高，其具有缓解抗生素压力的突变发生频率越高。而这些驯化后具有耐药性的大肠杆菌再次放回到没有抗生素的培养基培养时，很多大肠杆菌的个体仍然保持了其抗药性的特性，也就是其抗药性这一特征被保留了下来，成为可遗传性特征。这个实验表明获得性遗传或者用进废退原理真实地存在大肠杆菌中，至少在缓解抗生素压力的突变产生上确实存在这样的用进废退或获得性遗传机制。

这种获得性遗传或用进废退的遗传机制对社会合作系统的演化也

许具有更强的普适性。当外界的压力增大，这种压力可能是某些生物因素，比如天敌的捕食、种间竞争，也可能是外界的非生物的环境因素，比如栖息环境变异、食物等营养资源的变化等，种群内部个体将感受到这样的外界压力的变化。那些相对来说对环境压力变化敏感的个体，将可能产生更多的应激反应，而加速主动适应性以对抗外界条件的变化就是其中应激反应之一，这些机制将改变或者调节种群内部的小环境，以应对外界条件的变化。那些合作个体的突变就是对外界环境增大压力的适应性反应特征之一。当外界压力变大，这些更加敏感的个体首先将分配更多资源区应对外界环境压力，因而分配给繁殖的压力减小。这样的对环境压力增大的适应性反应其中的一个结果就可能是尝试改变种群内部的小环境，其结果就是同时无意识地帮助那些对环境不敏感的未曾突变的个体。合作就这样诞生了！

　　获得性遗传或用进废退遗传机制下诞生的合作个体就不再是随机发生的突变，而是特定环境条件下的主动适应性突变。这样，突变率就很可能在压力增大条件下，呈现出非线性型增加，并且达到极高的比例。在我们的大肠杆菌的实验中，当抗生素的增加到一定的浓度，突变为具有耐受抗生素能力的利他性合作的概率几乎可以达到百分之百。在这样的环境条件下，利他性的突变个体就很容易碰到其他同样利他性的突变个体，因而将可能形成一个稳定的遗传群体。达尔文自然选择理论中，利他性突变个体难以形成稳定群体的悖论迎刃而解！完全不用形成稳定的利他性合作者的遗传群体这样的先决条件，社会合作行为完全可以在相对比较短的生态学尺度从非社会性群体演化而来。

　　我们都知道表型可塑性这个概念。表型可塑性简单来说可以定义为同一基因型受环境的不同影响而产生的不同表型，是生物对环境的一种适应。表型的改变包括行为上的，生理上的，形态上的，生长上的，生活史上的，等等，可以在单独的植物上，也可以跨越世代。遗憾的是，直到 20 世纪 80 年代以前，表型可塑性才被生物学家所接受，以前的观点一直认为可塑性是违背孟德尔遗传法则而被人们所忽视。现在，通过一系列简单而精确的实验证实，可塑性是确实存在的，并且表型可塑性反映了生物与环境之间的关系，正受到生态学家和遗传学家的青睐。"淮南为橘淮北为枳"说的就是同一种植物在不同地方表现出了形态特征的巨大差异，而不同形态或者行为的差异反过来又会影响到其遗传特征。

表型可塑性事实上就是获得性遗传或者用进废退思想的另外一个说法。对合作的起源而言，合作者与其合作的接收方、投机者之间的差异现代生物学发现其实没那么大。基因组学研究发现社会性的蚂蚁、白蚁其蚁后与工蚁之间不存在遗传基因上差异，而只存在甲基化的差异，也就是只是存在表型可塑性方面的差异。这从另外一个角度侧面说明合作者可能只是获得性遗传或者用进废退在特定条件下表型可塑性方面的体现。蚂蚁和白蚁合作系统中的蚁后或者蚁王与工蚁在外界环境压力下，她们可能是由于经历不同强度的压力或者对环境压力不同的承受能力而导致其形态、行为方面出现的差异[1]。

在我们熟悉的蜜蜂这种社会性昆虫中，是否会发育为可繁殖的蜂王依赖于其早期营养成分。如果这一枚卵被工蚁放进王台，这枚卵将以王浆喂食，幼虫以后就发育成蜂王，而其他没放进王台的幼虫则是

---

1 Terrapon, N., C. Li, H. M. Robertson. L. Ji, X. Meng, W. Booth, Z. Chen, C. P. Childers, K. M. Glastad and K. Gokhale. 2014. "Molecular traces of alternative social organization in a termite genome." *Nature Communications* 5: 3636.

以花粉为主要食物，未来发育成工蜂。而蚂蚁、白蚁等高度社会性昆虫，哪些个体发育成繁殖性的蚁后同样具有极大随机性。有些白蚁个体如果能找到一个角落而独自生活，远离了蚁后信息素的抑制作用，很快就能发育成能够繁殖的补充生殖蚁，尤其是当原来蚁群中的蚁后衰老或者死亡后，其他工蚁很快都能发育成能够繁殖的补充生殖蚁。蚂蚁的社会也跟白蚁的社会性很相似。工蚁如果被单独饲养而远离蚁后的信息素抑制，能够很快发育成蚁后。在高度社会性的昆虫中，社会分工合作更可能是生物个体表型可塑性的一种结果，在不同的选择压力下将会表现出不同程度的社会分工合作行为。

获得性遗传在某种程度架起了生物进化过程中时间与空间效应相互转换的桥梁，有些类似于物理学中的时空转化。进化过程中的质粒转移、基因跳跃、基因空间结构变化等在时间尺度上属于部分可逆，而在空间上，生物性状特征分布或者个体所在的空间位置（种群结构）也是属于部分可逆的特征，比如蜂王和工蜂之间的空间位置就是不能完全互换但可以部分互换的，一旦出现完全互换，原有系统就会崩溃。在时间和空间特征都存在部分可逆的情况下，获得性遗传将可能架起时间、空间效应互换的桥梁。通过获得性遗传，在生物进化过程中实现时空效应互换。在某些特定条件下，一些表型特征的频率会较大地上升，而如果环境因素持续维持这一表型特征的频率，则会通过环境适应性进化这一机制影响到该物种的遗传特征，其空间上的表型可塑性特征转化为时间尺度上的遗传特征。反之，如果物种历史遗传的印迹刚好遇到与现实空间刚好匹配的环境，种群就有可能大爆发（入侵生物在新的环境出现大爆发）。获得性遗传正是生物进化过程中空间特征与时间特征转化的桥梁之一。

传染性自杀与恐怖主义的根源

外界环境压力增大，发生突变以应对增大的环境压力的频率也会因此而增加，这种增加将不再是线性增加，因为突变的个体同时也会改变原来种群内部的生存环境，从而可能加速其适应性突变的发生。而这些突变随着环境压力的增大会持续增加其应激性，由于对环境压力反应的不确定性，而个体自身并没有所谓的最优应激适应值，过度的应激性就会导致死亡。种群个体应对环境压力存在主动的积极应对策略，也存在被动的行为。被动的应激行为就是逃避或者无动于衷。真正无动于衷的行为估计很少存在，毕竟应激反应对任何生物来说都是普遍现象。而逃避或者更加消极一些的个体在感觉压力无限大而难以逃脱时，绝望性自杀就会发生，这样的突变个体同样也会改变群体内部的环境，从而可能因非线性累计而爆发。在选择压力很高的情况下，群体内的个体会学习利他性或者自杀性突变行为，或者在选择压力达到一个阈值后，多个个体同时发生利他性或者自杀性突变。这就是我们所看到的利他性行为或者自杀行为的传染性。这些突变点之间如果存在密度促进作用，并且通过信号传导的方式而相互传递，"传染性"突变大爆发就因此而可能发生。

环境压力增大同样也可能引起群体的部分更加"敏感"的个体主动调整自己行为而应对，也就是主动的应激反应。这种主动的应激反应同样应该首先牺牲未来的不确定性收益——繁殖利益，甚至完全放弃繁殖收益而达到首先生存下来的目的。同样，也可能冒更大牺牲生命的风险去应对外界压力的增加以改变种群内部的小环境。这种主动冒险其中之一就是丢掉生命的风险，那就是主动自杀性行为。环境压力增大可能导致冒险牺牲自己生命而试图改变环境的突变增加，而且如果同样存在获得性遗传或者用进废退的机制，其突变的频率将因此而随着压力的增大而非线性增加。与获得性遗传或者用进废退的演化过程一样，自杀性突变的发生频率跟环境选择压力之间不是一个线性关系，而如果突变个体之间发生网络关系而存在相互间的密度促进效应，这样的主动性自杀行为将会在某些特定条件下会突然出现爆发，类似传染性增长。我们人类谈之色变的恐怖主义行为就是这样的主动性自杀行为，而恐怖主义者往往都是来自那些弱小但是承受社会环境压力特别大的群体。

蜜蜂这一社会性昆虫更能说明社会性群体的个体之间如何通过信号传递而出现传染性自杀性攻击现象。平时蜜蜂把蜇针收于体内，当遭到侵犯时，就会将其从体内伸出。蜜蜂并不会无故地蜇人或其他动物，这仅仅是它自卫的本能。蜇人的都是工蜂，只有在其受到威胁或者蜂群被伤害的时候它们才会发起几乎是自杀性的攻击。蜜蜂蜇人后，自己也会死去。原因是，蜜蜂刺针是由一根背刺针和两根腹刺针组成的，其末端同体内的大、小毒腺及内脏器官相连，刺针尖端带有倒钩。蜜蜂蜇人后，刺针的倒钩会挂住人的皮肤，使刺针拔不出来，当蜜蜂用力飞走时，它的内脏会被拉伤甚至脱掉，所以它们蜇完人后都会死去。当一只或者少数几只蜜蜂蜇你的时候，如果你能有效地平息它们的怒火，并不会遭受它们的持续攻击；而如果你在少数工蜂攻击你时，持续激怒它们，这时候就会招致越来越多的工蜂的自杀式攻击，甚至可能导致整个蜂群对你发起自杀式攻击。蜜蜂在攻击敌人时，其攻击的效应具有密度促进效应或者类似累积效应，前期攻击会加剧群体中其他个体的攻击。行为上存在这样的加速效应，其遗传层面突变将因此也可能存在同样的加速效应。在遗传突变的过程中，前期突变效应会创造出更有利于更多突变的发生，这类密度促进效应将加速突变的发生。

演化过程中的加速度

加速度是一个物理学概念，是速度变化量与发生这一变化所用时间的比值，它是描述物体速度变化快慢的物理量。其方向是物体速度变化（量）的方向，与合外力的方向相同。在演化生物学中，自然选择理论，尤其是中性学说认为突变的发生频率是匀速的，独立于环境的选择压力。然而，古生物发现在寒武纪时期，物种的数量急剧增加，古生物称之为生物大爆发现象。寒武纪生命大爆发被称为古生物学和地质学上的一大悬案，一直困扰着学术界。大约 5 亿 4200 万年前到5 亿 3000 万年前，在地质学上被认为是寒武纪的开始时间，寒武纪地层在 2000 多万年时间内突然出现了门类众多的无脊椎动物化石。它们不约而同的迅速起源、立即出现。节肢、腕足、蠕形、海绵、脊索动物等等一系列与现代动物形态基本相同的动物在地球上来了个"集体亮相"，形成了多种门类动物同时存在的繁荣景象。而在早期更为古老的地层中，长期以来没有找到其明显的祖先化石的现象，被古生物学家称作"寒武纪生命大爆发"，简称"寒武爆发"。在相对比较短的历史时期，物种发生的速度显然存在类似物理加速度现象。

至于寒武纪物种形成爆发或者加速的原因，不同的理论假说都归结外界环境的改变导致的压力增大所致。一个比较流行的理论假说是两位美国物理学家于 1965 年提出。他们认为寒武爆发是由于地球大气的氧水平这个物理因素造成的。他们认为，在早期地球的大气中含有很少或根本就没有自由氧，氧是前寒武纪藻类植物光合作用的产物并逐渐积累形成的。后生动物需要大量的氧，一方面用于呼吸作用，另一方面氧还以臭氧的形式在大气中吸收大量有害的紫外线，使后生动物免于有害辐射的损伤。

而一些生物学家则从生物本身的生态关系提出另外的假说。美国生态学家斯坦利提出的生物收割者假说最具有代表性。斯坦利认为，在前寒武纪的25亿年的多数时间里，海洋是一个以原核蓝藻这样简单的初级生产者所组成的生态系统。这一系统内的群落在生态学上属于单一不变的群落，营养级也是简单唯一的。由于物理空间被这种种类少但数量大的生物群落顽强地占据着，所以这种群落的进化非常缓慢，从未有过丰富的多样性。寒武爆发的关键是草食收割者的出现和进化，即食用原核细胞（蓝藻）的原生动物的出现和进化。收割者为生产者有更大的多样性制造了空间，而这种生产者多样性的增加又导致了更特异的收割者的进化。营养级金字塔按两个方向迅速发展：较低层次的生产者增加了许多新物种，丰富了物种多样性，在顶端又增加了新的"收割者"，丰富了营养级的多样性。从而使得整个生态系统的生物多样性不断丰富，最终导致了寒武纪生命大爆发。

对于"收割理论"科学家们如今还没有找到直接的证据来证明其正确性，然而，一些间接的证据支持了这一理论。间接证据之一来自于前寒武纪叠层石，这些由藻类组成的叠层石中保存了前寒武纪最丰富的生产者群落。今天，叠层石仅盛产于缺少后生动物收割者的贫瘠环境中，如超盐量的咸水湖中。藻类在前寒武纪地层中的大量存在，大概反映了当时收割者的贫乏。另外，生态学野外研究也提供了一些间接的证据，研究表明，在一个人工池塘中，放进捕食性鱼，会增加浮游生物的多样性；从多样的藻类群落中去掉海胆，会使某一藻类在该群落中占统治地位而多样性下降。

无论是非生物因素还是生物因素的改变，导致原来的生存环境改变，并有可能是一种相对持续了很长时间的改变，而这种改变所带来的持续增长的压力则极有可能类似于我们做的大肠杆菌的实验。正如在前面部分所介绍的那样，当我持续增加抗生素的时候，大肠杆菌的突变明显上升，而且是非线性的上升。一个相反的进化动力就是在某些特殊的环境下，比如十分稳定的环境，物种发生突变的概率也就会相反，会降低其突变的频率。在整个生物演化的过程中，生物的进化速率将因此而波浪式前进。

第四章

社会合作
——性的选择动力

　　我们相信文明之建立是为求生存而牺牲了原始
冲动的满足而来；我们也相信，当每一个体不断地
参与到群体中，一再地牺牲他本能的快乐以谋大家
的幸福时，文明才得以再创而延展。在那些被如此
利用之最重要的本能力量中，性本能也是其中之一：
它因此而升华了，这就是说，其精力从性的目标转
向其他目的，不再是性的意义，而是具有更高的社
会价值 [1]。

——弗洛伊德

1　弗洛伊德 著，罗生 译：《精神分析学引论·新论》，南昌：百
花洲文艺出版社，2009 年版。

严歌苓的小说《天浴》折射了这样一个基本的演化规律与事实：在被等级面纱所遮盖的权利和资源的控制下，性是廉价的，对人类而言如此，对动物而言同样如此。我们可以清晰感觉两点重要的选择规律：1)《天浴》中的文秀选择了供销员、场部其他人员，是因为她相信他们有能力与权力帮助她逃离那个让她痛苦的地方，显然雌性（人类的女性）无论是被动还是主动，更愿意选择优势地位个体；2）老金，这个被阉割的男人，没有了性功能，他显然十分爱文秀，甚至达到了疯狂的程度，最后极端地打死了文秀后而自杀。性交与繁殖，不是雄性选择的唯一形式。被阉割过的雄性（人类男性）仍然具有极强的雄性选择动力，只是他会通过其他的形式表现出来。

在人类的社会中，我们容易理解这样的结果。比如由于性功能障碍或者人为阉割，比如对性对象过于挑剔、过高期望或者无缘相会，比如因禁、拙于社交等物理限制而不得"美女"，这些因素都有可能使某些人难以有机会释放性的压力，从而转换为对其他方面的追求，反而可能提高自己的竞争力或者社会地位。最后结果，可能是自己身体很强健，事业很成功，却是离美女——距离真正的性越走越远，甚至完全忘掉了性。这种性动力被压制的个体可能更容易成就一个具有利他行为的英雄。其实我们看到很多成功的、具有显著利他性特征的哲学家、科学家，如尼采、牛顿，他们都是终身未婚。

另外一种英雄主义则是源于高的性激素表达。在一个种群中，个体之间的性表达程度是不同的。有些个体天生性欲强，而有些就是天生性激素分泌不足。性激素分泌太旺的个体，可能在很多方面表现的更为活跃或者攻击性增强。也表现为更加爱冒险、更加"英雄主义"，而不是仅仅表现为更加好色。这类个体也毫无疑问将可能经历更多的风险，尤其是那些更加亢奋的个体，因而也增加被群体淘汰的风险。但是这些乐于冒险的个体，则有更高的机会获得成功，成为社会或者群体的绝对霸主。

对于任何一个现实的群体或者种群而言，个体之间总是存在体型大小、攻击性程度以及"智力"等各个方面的差异。这些个体之间的差异最终将直接影响到其在群体中的地位或者竞争力。个体在群体中的竞争力越大，相应的分配到的资源也越多。这种资源既包括了像食物、空间等自然资源，也包括了像交配、赢取配偶等的优先权。群体中的这种社会等级制度则进一步巩固了群体中的个体之间竞争力的差异。这种竞争力之间的差异构成了群体内个体之间非对称性相互关系的基本特征之一。

在具有等级结构的群体中，等级高的个体甚至完全垄断资源，包括交配权。在蚂蚁、白蚁等高度社会性昆虫中，很多物种只有蚁后或者蚁王才具有交配与生殖的权利。而现代的研究发现其他工蚁并不像我们过去经典理论所理解的没有繁殖能力。研究发现大多数社会性昆虫物种，其工蚁或工蜂完全具有繁殖能力或者潜在的繁殖能力。在很多的蚂蚁、白蚁以及蜜蜂等社会性极高的物种中，当蚁后或者蜂王衰老或者死去后，群体中工蜂和工蚁很快就会自己繁殖。在正常的、健康的蜂群或者蚁群中，事实上工蚁、工蜂也会偷着繁殖，但是繁殖的工蚁或者工蜂一旦被蚁后、蜂王或者其他工蚁、工蜂发现，就可能被咬死或者赶出该群体。工蚁、工蜂所产的卵也会被清理掉，所以我们在健康、正常的蚁群和蜂群中很难发现工蚁和工蜂繁殖的情况。

对于群体中的优势个体而言，控制了资源就可以迫使那些相对弱势的个体为自己服务、与自己合作。这种强迫，不只是在物质层面占有优势的个体会如此，在精神，甚至发育、行为规范等方面有优势的个体也有可能按照自己的意志强迫弱势个体。在蜜蜂、蚂蚁等高度社会性合作系统中，蜂王或蚁后与其他工蜂、工蚁遗传上没有任何区别。而蜂王、蚁后则通过其分泌的信息素抑制其他的工蜂、工蚁性腺的发育。这种对工蜂、工蚁性功能的抑制直接影响到它们的发育，甚至特化为具有独特身体结构的兵蚁，完全丧失了繁殖功能。而大多数工蜂、工蚁在蜂王、蚁后老化或者死亡后，能够完全或者至少部分恢复其繁殖能力。

优势个体不仅仅为这些弱势的个体提供食物、空间等资源，也可能为相对弱势的个体提供类似"精神鸦片"的物质，这样可以牢牢控制住弱势个体，从而促使其积极主动地为自己服务，与自己合作。有一种白蚁会在肛门处分泌看似无用的液体，工蚁则很喜欢舔食。舔食后的工蚁则更加活跃，能更勤劳地工作。这些物质越多，工蚁则越勤劳，而这类使工蚁更加勤劳工作的物质就是多巴胺类的物质，能使工蚁神经兴奋的神经递质[1]。

昆虫的这些社会合作行为事实上跟人类的社会合作行为几乎相同。人类社会的优势群体也是先控制资源，然后通过资源分配的机制迫使相对弱势的个体或者群体合作，甚至主动地选择合作的策略。而弱势的个体或者群体选择了与优势个体或者群体合作则获得了生存的权利。优势的个体或者群体则允许或者直接提供给弱势个体以实物或者空间资源，甚至也为弱势方提供精神鸦片，而这也是弱势方所需求的。我们可以直观感受到在一个国家或者族群中，统治阶级为弱势群体提供信仰、崇拜，以期更有效地控制或者统治那些弱势阶层或者个体，而

---

1 Masaru K. H., Naomi E. P., Kazuki T. 2015. "Lycaenid Caterpillar Seeretions Manipulate Attendant Ant Behavior." *Current Biology*. 25, 2260–2264.

弱势的群体往往也很需要这样的精神鸦片以维持其生存下去的期望。

优势个体对弱势个体的压制会导致弱势方出现可能选择两种极端的策略。一些弱势个体在压制的情况下其体内多巴胺、激素分泌都会下降，出现慵懒甚至几乎寄生性的行为。在社会性昆虫中，不活跃的个体比例在有些物种中甚至达到70%。人类社会中，同样也存在这样的不活跃个体，从远古时代到高度现代文明的今天，这样的慵懒的人无处不在，只是比例不同。另外一种可能极端的情况就是这些被压制的个体多巴胺、激素水平可能还很高，但无处释放，这样的个体则将可能演化成高度利他主义的个体。在社会性的白蚁中，有些个体的多巴胺水平很高或者吸食了蚁后释放的含多巴胺的物质，这些个体会演化为十分勇敢的兵蚁。而对于人类社会而言，一些被边缘化的（社会的弱势个体）而往往又是未婚的活跃个体，演化为勇敢的侠士、武士，演化为哲学家、诗人等。日本社会武士道精神的盛行，其实就有可能与高度等级化的制度密切相关。

社会进步的代价——性的压抑与舍弃

每种动物，因此包括"哲学动物"，都本能地追求最有利于完全释放他的力量、达到最大权利感的诸条件的某种最优方案；在这条通向最优方案的道路上（——我所说的，不是通向其"幸福"的道路，而是通向其权利、行动和最有权势的行为的道路，而在绝大多数情况下其实是通向其不幸的道路），每种动物都同样本能地、带着一种"高于一切理性"的精细嗅觉断然厌弃一切出现或者可能出现的干扰和障碍。以此方式，哲学家断然厌弃婚姻，连同一切可能说服他结婚的东西，——干扰和阻碍他达到最优方案的婚姻。迄今为止，哪一位伟大的哲学家结了婚呀？赫拉克利特、柏拉图、笛卡尔、斯宾诺莎、莱布尼茨、康德、叔本华——他们都不是；不仅如此，人们甚至从来不能想象他们是已婚的[1]。

——尼采

人为什么要穿内裤？从小就作为被迫穿内裤的反抗，我曾经问过这个问题。然而，作为一个科学问题，我则是在博士期间听到的一个报告也提出了类似的问题。时任芝加哥大学进化与生态学系主任的吴仲义教授的一次报告中问了这样的一个问题：所有生物的交配行为都是公开的，为什么只有人类这个物种的性交行为却是很私密的。类似的问题是：为什么只有人类这个物种要穿内裤将自己的生殖器进一步私密化？正如在上节所述，生命的演化过程就是个体牺牲繁殖的代价而成就的社会性合作，尤其是利他性的合作。人类的这些文明行为，如内裤、隐蔽性性交的文化演化等就是抑制或者限制繁殖行为演化而来的一条路径，跟蜜蜂、蚂蚁等社会昆虫通过激素而抑制工蜂/蚁的繁殖一样，只是不同的路径而已。

如果将人类这类对性的避讳视为人类对性的抑制或者限制而促进文明发展的话，那么一个关联性的问题就是：如果被动地限制性行为，那为什么不穿内裤或者公开性交会导致个体自身的羞耻感。对于

1　尼采 著，赵千帆 译：《论道德的谱系》，北京：商务印书馆，2016 年版。

这个问题我们首先要回到羞耻感，更确切地说道德感是怎么演化过来的这个问题上来。道德本身属于权利的产物。对于比自己等级高的个体行为的模仿则是动物一种本能的优势行为。对于优势个体普遍行为的模仿，或者对人类而言就是行为准则的认同，会提升自己的社会地位，物以类聚的本性则是给予这样类似行为的认同而提高其适合度。道德感正是源于希望得到更高等级的认同而演化的情绪反应。我们用人类的其他行为则更能说明此机制。在中国，给老人让座，帮助老人属于社会普遍认同的道德。如果年轻人没有做到，至少在公共场所没有做到这样，就导致自己的羞耻感。可是对美国的年轻人而言，不给老人让座，不主动去帮助老人，直呼父母名字，都是理所当然，没有任何羞耻感，因为美国整个社会倡导平等，也包括年轻人与老年人的平等。如果美国的老年人接受年轻人的让座或者其他帮助，就会产生羞耻感。

对于人类社会而言，限制或者抑制弱势的年轻个体的过早繁殖行为，就可以促进他们对群体做出更多的贡献。这就是特里弗斯在其专著《愚昧者的愚昧：自欺与欺骗背后的逻辑》中称为亲代剥削的一种类型。在更为社会化的蚂蚁群体中，蚁后抑制其他年轻的蚂蚁（工蚁）的繁殖，工蚁就可能为整个群体服务而几乎完全放弃繁殖。对于人类而言，教育、文化、礼仪、制度等社会性机制也正是在发挥着类似蚁后抑制性激素类似的作用，通过不断限制或者延滞年轻群体的生育，使他们为整个社会的发展提供更多的服务。对于个体而言，延滞其生育年龄甚至放弃生育则更容易获得社会的认可，使他们取得更高的成就。尼采所言不虚，很多取得很高成就的人终生未婚。这些取得最大成就的人是最自私的，他们因此获得了最高的社会地位，获得了很高的收益；但是他们却又是最无私的，他们牺牲、甚至放弃了繁殖，其所有的成功最终又惠及群体所有个体，群体中人人都可能因此获益。你的山峰有多高，你的谷底就有多深，人性中的自私性与利他性，同样如此。

英雄与奸佞源出一脉，善良与罪恶任凭谁说

"人性本恶"——一切大贤如是说，以安慰我。啊，如果在今天，此话还是真实不虚，那就好了！因为，恶是世人的无上力量。

世人必须变得更善和更恶——这是我的教言。为了达到超人的至善，至恶是必要的[1]。

——尼采

白蚁和蜜蜂等社会性昆虫中，工蚁和工蜂虽然多数不能繁殖，但是这些工蚁和工蜂事实上有繁殖能力，只是没有繁殖的机会。他们的繁殖能力被蚁后和蜂王抑制住了。我们可以看到蚁群和蜂群中有些个体工作十分勤奋，而有些则很懒惰，有些则是完全投机。当发现群体存在投机者或者身患重病具有传染风险的个体时，群体中必须要有某些个体付出代价去惩罚那些投机的个体或者清除掉具有感染风险的个体。这就类似我们人类社会的志愿者或者见义勇为行为。当群体环境

1　尼采 著，黄明嘉 译：《查拉图斯特拉如是说》，桂林：漓江出版社，2007 年版。

波动大的时候，群体中的一些负责巢群觅食、建筑、打理、抚育等工作的个体就会有机会变成繁殖个体。我们自己的一项研究的发现很有意思：白蚁的工蚁中那些越慷慨大方的个体，比如越积极喂养其他工蚁（从尾部分泌物质），也受到更多其他工蚁的打理。这些显著慷慨大方的个体其体内性激素水平比那些"吝啬"个体显著要高，生殖腺也越发达。当群体的蚁后死去后，这些个体将首先转化补充生殖蚁。显然，这种投入成本越高去帮助蚁群，越有机会成为地位等级更高的补充生殖蚁（王储）或者蚁后，从而获得更高的生殖收益的现象，就是经济学里风险与收益成正比规律的生物学版本。

一个如影随形的现象就是另外一部分个体在这样高度等级分化的社会中则冒险采取投机的策略。这类个体采取了与勤奋合作个体一样具有高额成本，但是也会带来高额回报的策略。在这样一个高度非对称性的社会系统中，采取投机策略一旦被发现，将承受巨大的风险代价。

在一个具有高度等级性的社会系统中，这些投机的个体一旦投机成功，它们不用付出代价去帮助其他个体或者提供社会公益服务，就能拥有更好的发育和发展机会，轻而易举地获得高等级地位，其获得的收益也将无限大。在极端系统中，像一些蚂蚁、蜜蜂等社会性昆虫中，后和王几乎垄断所有的生殖机会。在人类的奴隶社会和封建社会中，一旦成为君王，几乎可以垄断国家的所有资源，拥有不受限制的后宫。

当称王的收益极高或者无限大时，那些暂时处于弱势地位的次级个体就可能接受优势个体的"压迫"而选择合作策略。首先生存下去，然后等待或者寻找机会繁殖。对于次级的相对弱势个体而言，在生存受到威胁或者压力时，则必然先牺牲繁殖这个充满不确定性的未来收益，避免受到惩罚。这种惩罚在很多昆虫的社会系统则会被直接杀死，像白蚁中的很多物种就是这样的。在蜜蜂种群中，偷懒的个体（没有携带花粉）则不允许进入蜂巢，而偷偷产卵的工蜂所产的卵一旦被发现，就会被其他工蜂吃掉。在一种高度社会性的裸鼹鼠社会中，那些不勤奋工作、偷懒的个体则会被王后拱出巢，这些离开了庇护所的个体则很容易被捕食者所猎杀。在这样的情况下，个体可能投入更多的有限资源到与生存相关的发展或活动中，比如使自己更强壮，从而更有体能上的优势；更多社交活动或者帮助其他个体，从而使自己在群体中地位得以提高。

称王的期望收益越高，个体越可能付出更高成本或者风险去赢得这个称王的机会。这种风险包括可能失去自己的生命。一个社会系统中，非对称性越高，称王后的收益也越高，冒险、甚至付出生命危险而去获得更高地位的概率也就越高。当然，这种付出生命风险的冒险行为也包括了可能牺牲自己生命而帮助别人的合作行为，我们称其为高度利他主义。

法国的社会学家埃米尔·迪尔凯姆1897年在其出版的《自杀论》中将自杀分为四种类型：利己型自杀、利他型自杀、失范型自杀和宿命型自杀。利他型自杀就是合作或者帮助别人的极端形式——牺牲自己的生命，这也是利他型自杀的本质动力。合作或者利他型帮助别人的期望收益越高，冒险、包括牺牲自己生命这样的代价去帮助别人的概率就越高。

在一个非对称性越高的社会中，在存在赢者通吃的情况下，冒险付出越高的成本，甚至自杀式的付出，所能带来的期望收益也就越高。同样，如果现实的收益太低，或者不能完全生存下去，冒险付出高额成本或者失去生命的风险（自杀性行为）去获取高等级地位从而控制资源，也同样有可能。人类社会中一些极端行为或者恐怖主义可以很好解释这个理论的推测。谭嗣同和汪精卫二人的行为和结果就是最好的明证。二人都认为晚清的政府已经不能领导华夏民族抵御外强，更不能领导中国走向复兴，所以需要变革或者推翻。他们二人都采取自杀式的方式来帮助自己的同胞。谭嗣同在维新变法失败后，有机会出逃而存活下去，但是他没有出逃，而是选择留下，但是在当时情况下，他应该很清楚会被清廷处死。而汪精卫也是选择自杀的方式去刺杀当时清朝摄政王载沣。这类刺杀行为在当时几乎没有存活的机会，汪精卫心里应该很清楚。但是最后二人的结局出乎意料地完全不同。对于谭嗣同，清廷没有出现意外的仁慈，处死了谭嗣同，但谭嗣同成为万人敬仰的大英雄。而汪精卫因刺杀摄政王载沣而被捕，并写下了："慷慨歌燕市，从容做楚囚。引刀成一快，不负少年头"著名诗句。本应被处死，他却意外被释放了，他也成为当时万人敬仰的大英雄。至于后来汪精卫后来叛国投敌，则是后话了。

让我们再来分析一下现在谈之色变的恐怖主义。恐怖主义是具有严重道德偏见或者歧视的词汇，其实恐怖主义其行为本身却是一个很古老的现象。其本质是弱势群体通过自杀式袭击其他群体的一种极端行为。"二战"期间的"神风敢死队"可谓是恐怖主义最高形式，只是从来没有人把战争中自杀式袭击称为恐怖主义。在"二战"后期，日本为了抵御美国军队强大的优势，挽救其战败的局面，利用日本人的武士道精神，按照"一人、一机、一弹换一舰"的要求，对美国舰艇编队、登陆部队及固定的集群目标实施自杀式袭击。这样的攻击模式曾经对美国等盟军造成巨大的威胁。这是典型的弱势方通过极端的方式试图扭转整个群体颓势的恐怖主义实例。"神风敢死队"成员如果有人侥幸成功而存活下来，他一定是整个民族拥戴的大英雄！

自杀恐怖主义不仅仅发生在不同民族、不同信仰或者不同国家之间，也同样发生在同一民族的不同群体之间。过度的压迫，很容易诱发被压制的弱势方中部分个体的强烈"英雄主义"情结，这些具有"英雄主义"情结的个体试图通过高风险的行为，也包括自杀性行为，来成就这些个体的"帝王"梦想。

　　中国富士康公司在2010年不到一年内连续14起跳楼的自杀性案件更能体现一些绝望跳楼自杀的人心中的英雄主义情节。在刚开始发生这种连环跳楼自杀的时候，媒体、舆论以及各类官方组织都在谴责这些跳楼自杀者，认为他们不珍惜自己的生命、没有家庭责任、社会责任。这种传染式的跳楼自杀事件在当时引起社会和政府的高度关注和担忧，但是当时的媒体机构并没有给予公众一些真实、客观的原因分析，而只是一味谴责这些跳楼自杀者。

　　我当时试图跟富士康发生跳楼事件的工厂接触，想看看是什么原因导致这样的具有传染性质的自杀事件发生。但当时条件下，外人几乎没法进入工厂。通过富士康员工发帖子这个线索，后来我进入了富士康员工的一个QQ群。通过聊天，我发现富士康当时基层的员工认为他们干着与机器人类似、简单而枯燥的工作，管理人员完全漠视了员工的人格需求，没有尊重、没有沟通；员工看不到自己的发展前途，而且管理极其严格，很少有机会跟外面的世界交流。人人似乎都想宣泄这种压迫感，可是又没有机会。连环的跳楼自杀就是希望引起社会的关注以改善他们的工作环境。社会对他们铺天盖地的责难，反而让富士康员工更加压抑，有话没处说。当时在聊天中，我提到了王国维、老舍这些社会名流、著名人士也是选择了自杀，这些自杀者非但不是懦弱者、现实逃避者，而是极具英雄主义情怀的人，他们选择自杀事实上是在为同样处于压抑的人争取权益，其实是一些最有尊严的人才会选择这种主动的自杀行为。同时，我也谈到富士康连环跳楼事件已经引起社会的广泛关注，而且部分学术界人士已经认为这类具有传染性质的自杀事件绝不是员工某些个体缺乏责任感、不珍惜自己生命的个别行为，肯定跟富士康、整个社会的制度、机制有关（当时温家宝总理也提到这类极端行为有其存在的社会根源）。我建议他们在这个阶段应该立即团结起来，集体与富士康、政府对话，提出他们的诉求。在这个阶段，他们更容易受到重视。QQ群里的一个员工后来说，他本来计划也是接着跳楼，跟我聊天后，他决定放弃跳楼自杀，不管未来结果怎样，他决定要向政府部门和相关组织反映他们的现状。

那个聊天群很快被发现而关闭，我就再也找不到跟他们联系的机会了，我们因此再也没有联系了。后来政府、工会和非政府组织介入进来，政府公布的调查结果发现富士康的管理确实存在过度的压制等较大的管理问题。随着制度的改善、员工诉求部分得到解决，富士康跳楼自杀的"传染病"得以遏制，至少近几年富士康没有发生跳楼事件了。

在一个高度非对称性的社会系统中，如果等级太森严，处于弱势的群体感觉完全没有机会参与资源分配或者成就其"成王、成后"的梦想，也就是如果弱势群体完全绝望，那些具有"成王、成后"基因的弱势个体就可能选择包括自杀这类风险极高的策略，而且这种行为很容易引起连锁型的放大。非对称性程度越高，等级越森严，这种冒险行为一旦成功，其"成王、成后"在这样的高度非对称性社会中获得的收益也越大，选择冒险的概率也就越大。而在相对对称性的社会中，显然，冒险成功后，收益也没有高度非对称性社会中收益那么高，因而选择这类高风险的行为概率也相应比较低。

亚洲国家的政治更能说明非对称性将可能导致更高的冒险性行为。在亚洲，部分极具集权主义传统的国家和地区实现了民主选举，但是我们可以发现一个选举乱象：选举期间各个政治人物为了成功，很容易出现不择手段，甚至直接采用军事政变的方式夺取政权。即使通过选举赢得政权，民主国家的民主协商制度随后也被直接抛弃，或者用民主躯干撑起一个集权的头颅，而后又出现高度集权，腐败横生。在泰国、韩国、巴基斯坦等相对较晚实现民主选举的国家中，我们可以清楚看到各个政治家在选举过程中不惜代价，甚至直接发动军事政变夺取政权。这显然违背了民主选举的宗旨。

　　在不是完全民主选举的国家中，这种非对称性程度相对更高。在政权更替过程中，获取政权争斗的过程更加剧烈。在极度集权的朝鲜，政权的更替都伴随着部分的派系失势；而在更为民主化的泰国，情况温和一些，但是军人政府与民选政府领导之间的冲突经常引发大规模的民众游行示威，社会动荡一直伴随着政权的更替。相似的历史事件不断重复出现，这说明有其内在共性。

　　在非对称性社会系统中，通过极端的竞争方式展现自己的实力，实现更高的竞争地位，并因此获得尊重和地位认可从而实现更高的收益，是进化的一种表现特征。而利他性帮助别人，同样也可以获得群体的尊重或者认可，并因此将可能获得更高的社会地位。这种利他性行为的进化与自私性的直接竞争的策略如同左手和右手一样，源于同一"成王"基因的操控。

　　在我们研究的社会性昆虫白蚁中，我们的观测发现这样的极端利他行为与白蚁社会的等级（社会性）程度密切相关。在白蚁的社会中，会有一些个体不小心感染上致命的螨虫，如果不及时清理掉，很快就会死去。但这些感染的白蚁个体自己不能清理，需要其他的工蚁用触角将螨虫从其身体上刷掉。但是这样帮助清理的工蚁就容易被感染螨虫，而且感染的概率很高，在 80% 以上，可以说几乎是自杀性地帮助这些感染的个体。我们观测发现，在等级分化越显著（社会分工程度高）的白蚁物种中，这类冒险前来帮助感染工蚁清理螨虫的就越多，而在等级分化不是很明显的物种中，当个体感染螨虫时，其他个体极少或者几乎不来帮助它们清理，通常直接将被感染的个体杀死掩埋掉。等级分化越明显，利他性、直至自杀性行为越多。

这种完全利他性、甚至自杀性行为正如尼采在其《狄奥尼索斯颂歌》中所描述的那样[1]：

> 就这样赴死，
>
> 像我从前看见他死去那样——，
>
> 那位友人，曾把雷光闪电
>
> 神性地投向我那黑暗的青春。
>
> 蓄意而深沉地，
>
> 战斗中的一位舞者——，
>
> 战士中间最快乐者，
>
> 胜利者中最沉重者，
>
> 在自己的命运上矗立一种命运，
>
> 冷酷、瞻前又顾后——：
>
> 为自己的胜利而战栗，

1　尼采著，孙周兴 译：《狄奥尼索斯颂歌》，北京：商务印书馆，2016 年版。

为自己的赴死获胜而欢呼——：

他在死去时下达命令

——他命令人们去毁灭……

就这样赴死，

像我从前看见他死去那样：

胜利，毁灭……

你的地位决定你的收益

权利意味着以某种方式来驾驭别人，它或许是政治上的，

或许是财务上的，或许是宗教上的，或灵性上的[1]。

——奥修

在高度非对称的社会系统，优势方垄断了更多的资源，从而统治、压迫那些相对弱势一方为其服务或者合作。显然，面临资源短缺或者优势方的直接压迫，弱势方只有屈从，才能获得生存下去的机会。在这样的情况下，竞争的压力越大，弱势方将资源分配给繁殖的越少，甚至可能完全放弃繁殖，更多地分配给生存。在情况好转时，也许有机会再将资源更多地分配给繁殖。而对于优势方而言，资源的绝对控制，将可能导致繁殖和生存策略完全改变。对于像鬣狗、狮子、猴子等社

---

1 奥修 著，林国阳 译：《沙的智慧》，上海：学林出版社，1996年版。

会性动物而言，它们如果获得高等级地位，就可以控制资源，或者具有资源享受的优先权。但是它们的社会行为具有极大的弹性，各个阶层的分化没有固化，因此猴王、狮王需要极高的成本去维护地位，随时可能被其他强壮的个体打败而失去其高级地位。因此，在这样的社会群体里，猴王和狮王在生存与繁殖之间存在权衡的问题。一些研究发现，在这样的情况下，高等级的适合度和低等级的适合度也许差不多。尽管前者繁殖的概率要高些，但是高等级的个体为了维护其高等级，不得不花费大量精力和体力去维护特权，因而更容易早衰或者早死。一项对高度社会性的非洲野狗多年的观测和统计的结果表明：处于王权地位的非洲野狗由于需要花费巨大的精力去维持其王权，很容易早衰或者早死，而那些低等级的个体，尽管繁殖交配的机会比较少，但是其寿命可能更长，偷情的机会更多，最终高等级的非洲野狗与低等级的非洲野狗在后代数量上相差其实并不是很大 [1]。

而对于那些社会身份固化程度比较高，因而个体之间身份相互转化的概率比较低的社会性物种而言，高等级和低等级个体在繁殖与生存之间可能存在完全不同的平衡问题。蚂蚁、蜜蜂等高度社会性昆虫，各个层级间的分工、分化出现了高度的固化。比如工蚁／蜂虽然有可能转化为蚁后或者蜂王而繁殖，但是这个概率很低，几乎是零，而有些工蚁或者兵蚁，他们则是完全不能逆转，身份完全固化。这样看来，蚁后、蜂王生存的压力就很低了。在生存压力小，而且资源又是极端丰富的情况下，蚁后、蜂王这样的高等级个体就不存在繁殖与生存之间的平衡问题。他们既可以延长寿命又可以提高其繁殖力。如果完全

1　Creel, S. Creel, N. M. & Monfort S. L. 1996. "Social stress and dominance." *Nature*. 379 : 212.

没有生存压力，蚁后和蜂王最好的策略就是克隆繁殖或者自己长生不老。最理想的情况就是蚁后不繁殖而自己长生不老，但由于工蚁会死，就会出现没"人"服务，最后还是会出现资源短缺。对于蚁后而言，生存的压力比较小，而且资源丰富，就更多繁殖雌性，而少繁殖雄性的个体。

地位越卑贱者，其成王、成后的动力越大，地位低贱如工蚁，反而有更强大的动力期望成就宇宙之王。工蚁受到高等级蚁后的压迫，甚至被固化，比如特化为兵蚁，完全丧失繁殖能力，而不能发生逆转。工蚁事实上也是很大程度上被固化了，其性腺发育被抑制了，但是其体内的性激素仍在分泌，仍然具有繁殖的潜力和动力。尽管如此，工蚁事实上还是鲜有机会繁殖。在高度等级化社会中，工蚁受到压迫而投入较少资源繁殖，或者甚至完全放弃繁殖而首先维持生存。显然，这就是存在胁迫的情况下工蚁的优势策略。那工蚁为什么还要活着，还要勤恳地劳动？她们是在等待机会。当蚁后死去或者衰老，那些年龄越大的个体，就越容易转化为繁殖的蚁后。弱势的个体是机会主义者，而导致弱势个体的机会主义行为正是强势个体强势所为。

环境越稳定，异性的吸引力越小

显然在环境比较优越的情况下，通过延长寿命的这种比较确定性的投入更能有效提高其适合度，或者通过无性的克隆方式，能更快地提高自己的适合度。如果环境优越到可以长生不老，我相信没有人愿意选择养育后代。我们人类一个奇特的现象就是越富裕的国家或者越富裕的家庭，生养的小孩越少，不生育的比例也随之而提高。这在其他生物系统同样如此。大熊猫，在人工圈养过程中，享受着皇帝一样的优越生活，其结果就是不繁殖了，对交配失去兴趣。同样，植物在营养丰富、环境稳定的情况下倾向于克隆繁殖，而不是有性生殖。在有性繁殖的意义降低的情况下，两性之间交配的意义也将因此而降低。在这样的情况下，异性吸引的意义也将降低。

两性繁殖的本质动力就是降低系统内部的熵值，也就是提高生物个体或者种群的遗传多样性。在不稳定的环境中，两性繁殖降低了系统的熵值而增加了遗传多样性，从而提高了种群应对环境变化的能力。显然，个体之间差异越大，基因或者信息之间交流的动力才越大，价值也越高。就如同两瓶液体，其浓度差异越大，相互之间的融合动力也就越大。显然个体或者物种之间，如果其非对称性越高（差异越大），通过交配或者基因交流则更能有效降低其系统的熵值。比如雌雄个体之间交配，病毒与其他高等生物之间的质粒转移和基因渗透。而在稳定的环境中，应对环境变化的动力降低，熵减的动力下降。在更为稳定的环境中，系统内部将会自发熵增，更为对称性两性个体的比例将会上升，系统内部的紊乱性将会增加。相似性更高——更加对称性的特征之一，就会更容易被两性交配所选择下来。男性女性化、女性男性化，这也是我们现在审美选择的倾向性，在稳定社会中，成为演化和选择的趋势。

这样我们可以看出一个清晰的演化动力：越是对称的物种，系统越容易达到均衡状态而进入死寂，而容易导致物种灭绝或者死寂的对称性物种存在另外一种力量来对抗熵增，这就是物种的基因流或者信息流。更加对称性的物种，种间基因或者信息流更容易发生，以此实现系统的熵减。在低等的更加对称性的原生生物或者更加对称性的植物中，种间交配或者质粒转移就更为普遍，更频繁。对于非对称性更高的物种，如果生活环境不稳定，其降低熵值的动力很高——这是因为这类物种需要内部多样性来适应环境的多样性。由于非对称性物种的演化需要更高的路径依赖，通过种间交配的熵减通路被截断，这类物种只好通过种群内的个体差异实现其熵减，比如很多种蚂蚁和蜜蜂的雌雄个体之间就存在巨大的差异。

而在更为稳定的环境里，能够提高个体适应性的系统熵减动力将减弱，选择更加相似的个体的交配动力将会自发提高。不同物种间交配带来的信息或者熵减的作用最大；而在同种个体之间，差异大的雌雄之间交配熵减的作用也更大。更加相似的雌雄个体之间的交配熵减效果将降低，而相似性很高的同性之间的交配，其熵减效果就较弱。自然界中，在比较低等的动物如贻贝、线虫，以及植物中更普遍存在雌雄同体现象，其交配形式就是同性之间发生。相似性的极端情况就是自身——完全相同，其特殊的交配形式就是自交，其熵减效应降为零。事实上很多植物如豌豆、水稻等我们常见的作物都普遍存在自交行为，而动物如贻贝、线虫的部分个体也同样存在自交。人类社会也是类似，在环境稳定的社会，相似性更高的同性配偶选择增加。同性恋、自恋行为在稳定环境中则是更加适应性的行为，其背后的原因就是环境稳定导致熵减动力的降低。在稳定性系统中，由于应对外界风险的动力下降，而更为对称性的交配则能提高繁殖效率或者延长寿命，提高效率的动力将诱使系统个体更倾向于更为对称性的同性交配直至自交。

更加对称性的同性交配或者自交使系统的能量耗损更小，因而在稳定环境中系统更易于自发地向该方向演化。非对称性、异交的系统，在环境多变的系统中能减低其熵值，因而能提高系统应对环境变化的能力，个体也能提高存活能力，这也就使整个生物系统在进化的过程中，将会从对称性的自交系统向非对称性的异交系统演化。在更加稳定的环境中，同性恋和自交将更加繁荣，但是在持续稳定的环境中，包括同性交配和自交在内的自发机制将增加系统的熵值，最终也将导致系统的崩溃。

基因交流、两性繁殖与熵流

一个让我，也是让进化生物学家迷惑的问题：生物为什么要那么大费周折地两性繁殖，而孤雌生殖或者无性繁殖完全可行，而且被证明能更加高效地将自己的基因遗传下去。尽管追求男朋友或者女朋友确实是件让青年男女身心愉悦的事，但是这种男女之间的相互追求除了玫瑰、时间等待等成本以外，还有很多看得见和看不见的成本。对于雄性螳螂而言，长时间追求女友，在享受性爱的过程中则可能被雌性一口咬掉脑袋而丧命，其巨大的成本是不言而喻的。两性交配的成本还表现在为争夺交配对象而付出的巨大代价上。骑士之间的决斗在为了荣誉的背后更多是为了赢得少女的芳心，其决斗跟两只公牛或者公羊拼死决一高低在激素水平上完全相同，只不过更含蓄一点——决斗是为了荣誉，而公羊或公牛的决斗则是更直接：在发情的母牛或者母羊面前，决斗不惜一切代价。事实上，很多动物在这样的情况下表现疯狂和不理智，动物经常在打斗或者交配过程沦落为其他捕食者的猎物，而在人类社会中，官员的贪污、腐败甚至战争行为很多同样是源于异性的魅力。

如果从进化的角度来看，两性繁殖不仅浪费时间、资源，而且带来巨大的风险。显然两性繁殖在进化过程中属于不经济的策略。而且"技术上"无论动物还是植物、更不用说微生物了，生物完全可以孤雌生殖或者克隆繁殖。而且很多物种实际上克隆或者孤雌生殖、有性生殖都可以。蚜虫，在环境优越时，就是无性繁殖，种群迅速扩大，而在环境变得恶劣时，则转化为有性生殖。无性繁殖时的种群增长速率要远远高于有性生殖。显然，有性生殖具有某种独特的优势，否则有性生殖就可能会被更高效率的无性繁殖所取代。

有性生殖一个公认的优势就是能够带来基因的交流。当一个卵细胞与精子结合的时候，其细胞内携带遗传信息的染色体会发生重组，来自母亲卵细胞内的染色体与来自父亲的精子的染色体将会融合，从而发生遗传信息的交流。这样的遗传信息的交流将会为新生的个体带来更多的新鲜的遗传信息。而如果只是克隆繁殖种群，无论其初始的母本个体多么优秀，最终将必将走向退化而可能导致种群的灭绝。这一点在植物的育种上表现的极为明显。很多植物，比如土豆的繁殖，我们的现代技术完全可以选育那些最优质的土豆母本，然后通过组织培养的方式，迅速获得大量优质的种苗。而且这样克隆繁殖土豆的方式可以迅速获得大量的优质土豆种苗。然而，任何一个有经验的土豆种苗公司都很清楚，通过克隆繁殖优质土豆苗的方法不能无限重复下去，因为土豆苗的品质在这样的克隆繁殖过程中会迅速退化。

一个克隆繁殖的物种必须通过某种方式实现基因的交流，否则将会由于这样单一的克隆繁殖而退化，这个过程实际就是物种在演化过程的熵增过程，从而将可能导致系统由于熵增而发生系统的崩溃。物种在克隆繁殖过程中最终将由于遗传信息随机漂变而导致种群灭绝，也就是系统崩溃。生物物种除了通过有性生殖的方式而在种内发生信息交流从而降低其熵外，同时也广泛通过物种间的质粒转移来交换遗传信息。其实，在大量的低等生物中，很多物种主要是通过无性繁殖的方式延续种群，但是这些物种广泛存在不同系统间的融合现象，这实际上就是类似有性生殖中的卵子与精子的融合。不同物种之间同样也存在类似这样的细胞融合现象。

低等生物很多是无性繁殖，但是，通过基因水平的转移而实现信息流（熵流），就可以实现系统的熵减，也就是实现信息流。对高等生物而言，则主要通过两性生殖而降低其熵。自交生物如果不能通过基因的水平转移而降低其熵的话，将可能由于熵增而导致系统崩溃，物种最终将消失。

病毒感染与扩散也可以促进不同物种间遗传信息的交换而降低其系统熵。生命现象的核心是遗传信息。作为生命形式的一种，病毒的扩散和传播本质上是遗传其遗传信息。病毒自身不能完成遗传信息的复制和遗传，必须借助宿主细胞。病毒进入细胞内则解体释放出核酸分子（DNA 或 RNA），借助细胞机器在细胞内进行复制和繁衍。病毒遗传信息的载体既可以是 DNA 也可以是 RNA，无论何种核酸类型，病毒的复制、转录和翻译需依赖宿主细胞。特别是有些病毒可以将自己的基因组（遗传信息）整合到宿主细胞，随宿主细胞进行复制和遗传。比如内源性逆转录病毒的基因组序列占整个人类基因组的约 8%。反过来，很多病毒也可以从宿主中获得相关的基因，从而使其具有更强的生存力。此外，作为另外一种生命形式的细菌，也可以通过水平转移等方式传递遗传信息，获得耐药性，增强其生存适应力。通过这些方式，遗传信息在不同物种之间或者同种不同个体之间进行交换，从而降低了物种或者个体的熵值，促进了生命系统的持续性生存。

一个颇具讽刺意味的就是我们人类本身的大融合和对其他"弱小"种族的欺凌、灭绝政策将导致我们人类不再存在熵减的储备库。历史上，全球人类曾经存在很多不同的人种，多个人种共存其实是常态。但随着智人每到达一个新的地点，无论是采取融合还是替代的方式，当地的原生人类都会很快被灭绝。在公元前 10000 年左右，地球还存在数千个人类文明。而公元前 2000 年，人类文明就只剩下数百个了。到了公元 1450 年，人类文明种类更是急剧下降，绝大多数的人类都已经紧密相连，生活在由亚洲、欧洲和非洲组成的"亚欧非世界"里。剩余大约一成的人口大致上还能够分成四种具有相当规模和复杂程度的世界。接下来的 300 年间，巨大的亚欧非世界吞噬了所有其他世界。1803 年，英国人在塔斯马尼亚岛上设了第一个殖民地，标志着最后一个原本独立的人类世界就此并入了亚欧非的影响圈。亚欧非世界在几百年的时间中逐渐消化了它所吞下的所有世界。今天，几乎所有人类都接受同样的地缘政治体系，使用同样的经济制度和法律制度，也采用同样的科学体系。经济上的货币秩序、政治上的帝国秩序、宗教秩序等三种秩序使得世界具有实现全球一家的可能[1]。

全球化的过程，导致不同民族、种族的迅速的大融合，将迅速降低不同民族、种族之间的遗传信息差异，完全实现均衡化。而在工业化过程中，甚至更早的农耕时代后期，优势民族或者国家对人类大多数少数民族或种族的侵略、屠杀或者间接排挤、剥夺，事实上已经导

1　尤瓦尔·赫拉利 著,林俊宏 译:《人类简史: 从动物到上帝》,北京: 中信出版社,2014 年版。

致人类整个物种的遗传信息或者多样性急剧下降，已经消失的种族或者民族数量可能远远高于我们现存的种族或者民族数量。而人类医疗技术的进步，已经很大程度上阻止了病毒等其他物种跟人类基因融合的可能性，而抗生素滥用和食物单一化，将进一步降低肠道微生物通过肠道与宿主发生基因转移的可能性。

人类社会的熵增将自发性地加剧，而降低熵增的制约力量正在被人类自己削弱。如果我们人类一定要死亡的话，那一定是我们人类自己丢失了熵减的原动力，其原因正是我们人类自身所谓的进步，这些所谓的进步即包括科技与文化进步，也包括了我们现存种族的种群竞争优势。

对称性与熵

如果没有外界信息的交换，也就是熵流，更加对称性的物种将会更容易由于熵增而导致种群系统走向均衡，从而进入死寂的状态。一个更加对称性的生物物种，其基因表达或者其他功能发挥对路径依赖的程度要低一些，基因之间或者各个功能器官相互依赖性也会比较弱，甚至可以独自发挥其功能，也就是说基因的表达或者器官功能的发挥较少依赖其他基因的表达或器官的功能发挥。在更加对称性的系统里，熵增更容易发生。但是这些更加对称性的物种则演化出了一种对抗熵增的机制，那就是更容易与外界或者其他物种发生熵流，或者说这些对称性的物种更容易发生信息交换。从简单的物理结构来说，标准的球形结构，是完全的对称结构（辐射对称）。单细胞生物因此从物理结构上看（仅仅是表象上更加对称），则是更加对称性的生物。它能够快速而高效地与外界进行物质和能量交换，而且不同种细胞或者同种细胞之间容易发生质粒转移，甚至两个细胞直接融合为一个细胞。这些机制增加了细胞之间或者细胞与外界之间的信息交流。进化到更加高等的生物后，其对称性则被逐渐打破，非对称性增大。对于大多数高等植物与高等动物而言，植物更加辐射对称，因而多数植物也是更容易发生物种间杂交。

对于进化而言，其实质就是一个对称性破缺的过程，或者说非对称性增加的过程。在非对称性增加的过程中，由于演化存在路径依赖的问题，非对称性越高的系统或者物种，越难跟早期分化的物种或者系统发生熵流。也就是说，非对称性越高，物种间就越难发生种间交配，而更倾向于种内或者亲缘物种交配。同理，通过病毒、质粒转移方式发生种间交流的概率也会随着非对称性程度的增加而降低。但是，非对称性高的物种或者系统由于环境波动的驱动，因而需要更高多样性诉求，这又是驱动物种或者系统熵减的动力，将推动物种间或者物种个体之间的基因流动。增加个体之间的异质性，通过病毒、微生物发生质粒转移或者信息交换，并因此增加其基因流也是非对称性物种熵减的策略之一。

全基因测序结果发现：非对称性程度很高的高等哺乳动物之间事实上也存在大量的基因交流。而我们都知道牛、羊等高等动物是完全不能种间杂交的，即便是人为控制其杂交，其后代也是不育的。如驴与马杂交，生出的骡子是没有繁殖能力的。尽管这些高等的哺乳动物是如何实现如此广泛的基因交流目前仍然不清楚，但通过种间的基因流实现其熵减的途径显然是真实存在的。现有证据中，多数学者认为高等哺乳动物间的基因流是通过历史上种间交配实现的，而相对更加低等的动物或更加对称性的植物则更多地是通过质粒转移或者其他方式发生的基因流、信息流。显然，高等哺乳动物更难发生种间基因流。

对于一个身体结构（仅仅表象上）更加非对称性的物种而言，其基因、器官等功能表达存在更强的路径依赖，不同基因或者器官功能表达顺序将可能导致完全不同的行为、个体特征，甚至不同物种。其个体组成的种群特征同样存在类似的效应。这样的路径依赖的表达将减少基因、器官、个体之间的竞争，从而提高了整体的效率。由于其强烈的路径依赖，不同物种之间发生基因交流的概率因此降低，种间差异增大。同样，同一物种内不同个体的表型行为或者甚至遗传基因的表达也存在路径依赖，个体之间的差异也将因此变大，比如雄性和雌性，不同等级或者不同分工个体之间的差异也将可能因此增大。种内个体之间差异越大，基因或者信息之间差异越大，种群内部个体之间熵流或者信息流也就越容易发生。

从某种意义上说，生物的进化过程本质上就是一个对称性破缺的过程。物质或者生命的自发过程就是熵增，熵增使系统走向均衡、对称化。系统在完全均衡、对称状态下时就会崩溃，生命走向死亡或者无机化。而生命的演化动力就是对称性的破缺，降低其熵值的过程。物种或者个体的非对称性越高，其演化过程或者基因、行为表达过程的路径依赖越强，相对效率也越高。生命进化过程实际上就是这两种作用相互博弈的结果。

他是谁？她是谁？——它是一个男人与女人的复合体

男性的性器官产品，精虫及睾丸，乃是男性的表征；卵子及产生它的器官及有卵的生物，即为女性、雌性。在这两性里，器官完全是为了性功能而形成的；他们很有可能是从同样的"内在"倾向性发展而成为不同形式。除此之外，其他的器官、身体形状及组织，皆显示出个体差异的影响；不过这并不是永恒固定不变的，反而是有许多变异的。这些就是我们所知道的第二种性征。科学尚会告诉你们，和你们所期望的相反的事物，而这一切很可能会使你的感觉发生混乱。他引起你们注意到这一事实，即男性的部分性器官，也在女性的身体上出现，虽然是以萎缩的状态出现；同样的，反之亦然。这表示他们之出现，乃是有"双性化"的现象，仿佛一个人并不全是男人，也不是女人，而是两性兼有——只是在其中某一性别成分比另一性别成分多。于是你们会要求你们自己，弄清楚下述的观念：即男性与女性成分，在个人身上的混合比例，有非常大的变动起伏[1]。

——弗洛伊德

生命形成之初就是一个精子与卵子之间结合，两个相互独立的个体细胞融合到一起形成一个新的独立个体。这就像夫妻形成一个家庭

---

[1] 弗洛伊德 著，罗生 译，《精神分析学引论·新论》，南昌：百花洲文艺出版社，2009年版。

一样，两个独立个体再次组成一个新的有机单元。一个受精卵与一个家庭的形成在演化动力上是相同的，差异就是其个体单元之间的紧密程度存在差异。受精卵内精子与卵细胞实现了相互嵌入式的融合，而家庭里男人和女人的融合则更多地保持了个体的相互独立性。但是自然界也存在类似精子与卵子完全嵌入式的雌雄组合的新家庭。生存在海洋中的角鮟鱇类就是类似机制。在繁殖期间，雄性角鮟鱇必须寄生在雌性角鮟鱇的下方，雄性成年个体的消化组织完全失去功能。雌性角鮟鱇比雄性大 40 倍，雌性会放出特别的气味吸引在暗不见光深海的雄性，雄性会随气味找寻雌性角鮟鱇，并咬住雌性角鮟鱇的下方，两条鱼的组织血管会逐渐相通，体型娇小的雄鱼就靠着雌鱼的营养过活，而且雄鱼的身体器官会逐渐消失（除了精巢之外），变成雌鱼身上的一个肉突，基本上可以视为雌鱼身上的生殖器（这也是雄性鱼唯一的作用）。另外，一只雌性角鮟鱇是可让数只雄性角鮟鱇寄生。角鮟鱇雌雄个体之间完全嵌入式结合形式和机制跟精子与卵子结合几乎完全相同。

如同一个男人跟一个女人组成一个新家庭一样，精子与卵子形成一个新的受精卵，无论是在细胞阶段还是受精卵的发育过程，还是独立个体男女阶段，以精子表征男性的特征和卵子表征女性特征这两部分，仍然像家庭中的男女一样各自保持其相互独立性。只是"男性"与"女性"在受精卵细胞、婴幼儿和成年个体中所占比重不同而已。在精子与卵子融合的过程中，其实精子和卵子同时在斗争——导致精子和卵子通过斗争方式确定主导权。这个过程实际上有时候是残酷的，其斗争的结果可能导致融合的失败。

在婴幼儿发育过程中，"男性"与"女性"合作成长为一个正常的生命个体，同时也在为各自的利益而斗争，"男性"与"女性"也在为谁是这个机体的主导者而斗争。其争斗的表征是个体的性征发育和体内雄性、雌性激素分泌权衡。如果代表"女性"的卵细胞这边在激素、性征发育调控上占据优势，其个体就发育成典型的女性，其雌性性器官发育良好，雌性气质明显；反之亦然。而如果在发育过程中，一方没有很好控制另外一方，体内的"男性"与"女性"属于相对更加对称性的均衡关系，则将出现两性特征同时等量表达，体内"男性"与"女性"将因此存在剧烈的对抗。医学上有一些案例发现某些女性个体同时也存在男性性器官，比如发育良好的阴茎和睾丸。而部分男性则乳房发育良好，跟女性乳房无异，在气质上也是更加女性化。而人类通过后天人为调控激素，则可以使男性完全女性化，"人妖"就是这样的典型案例。

我们男人、女人就是一个类似 U 字形的连续体。雌性激素占优，就倾向于女性特征，而雄性激素占优，这就使雄性特征占优。两性表型或者激素非对称性表达，则性别特征显著，性别的熵流动力就大，相对应的是两性之间引力加大，更倾向于融合，两性交配的倾向性就会增强。而如果一个人体内两性表型或者性激素更加对称性表达，则体内雌雄二者的对抗加大，个体之间的熵流动力减小，两性的结合融合引力就小，两性个体间融合的可能就越小，体内"雄性"与"雌性"之间的竞争和斗争加强，个体更倾向于对异性不感兴趣，更倾向于向两性人方向发育。部分动物如贻贝、蝴蝶中就存在雌雄同体现象；而植物界中雌雄同体则是很普遍。而雌雄性功能的非对称性表达不仅仅受遗传的影响，显然同时受到环境等外界因素的影响。在更为稳定的环境中，系统将会自发向对称性演化。更加中性、甚至两性人在稳定的社会系统其频率将会增加，甚至显著增加。

正如我在前面章节所述，非对称性对于社会合作系统而言是有利于合作和保持系统稳定性的，但是极端的非对称性将会导致系统突变和创新的丧失，也将会导致系统的崩溃。对个体内雌雄两性的表达同样如此。非对称性的雌雄两性的表达有利雌性、雄性个体健全其人格、气质，以及身心发育，但是过高的非对称性表达同样引起机体的疾病或者机体的畸形发育。

第五章

自由竞争到社会分工，是合作也是奴役

现在，要不把德国和意大利或者俄国等极权主义的国家看作不同的世界，他们事实上是我们共享的自由主义所发展的结果。……，这些国家在极权主义体制兴起之前的那些年的历史所表现的特征，跟我们自由主义体制下所表现的特征并没有多少差异。外在的冲突是欧洲这些国家思想转变的结果……[1]

——哈耶克

这就是灵魂的秘密：只有在英雄离开灵魂时，才有超英雄在梦中走近灵魂[2]。

——尼采

---

1 弗里德里希·奥古斯特·哈耶克 著，王明毅、冯兴元 等译：《通往奴役之路》，北京：中国社会科学出版社，1997 年版。

2 尼采 著，黄明嘉 译：《查拉图斯特拉如是说》，桂林：漓江出版社，2007 年版。

完全自由竞争——通往奴役之路

设想在一个完全自由竞争的种群中，个体之间的竞争能力毫无疑问地存在差异。每个人具有的遗传禀赋也是千差万别的，有些更具有体力上的优势，而有些人则更具有智力上的优势，有些个体在嗅觉上更灵敏，而有些个体则在听觉上更灵敏。当然，很多个体遗传禀赋也存在天然的竞争劣势，很多个体甚至存在先天性的生理缺陷而缺乏竞争能力。这是身体机能、生理过程等方面的差异，而竞争能力强弱还强烈依赖于个体的社会属性和自然机遇。一枚蜂卵，如果碰巧被工蜂放入王巢，则由于幼虫期摄入的营养不同，便会发育成蜂王，而其同胞姐妹则由于主食是花粉而不是王浆，最后发育成工蜂。工蜂和蜂王在遗传上没有任何差异。同样，出生在王公贵族家庭的小孩，从小受到良好教育与训练，同时更有可能继承更多的遗产，相应地则更容易成为社会的高等级阶层，成为社会的领导者；而出生平民或者贫困家庭的小孩，则难以从小接受良好教育和训练，则更容易成为社会底层的劳动者。

在其他高等动物里，家庭出身也同样极大地影响到个体未来的竞争能力。在具有严格等级关系的鬣狗群中，女王的女儿得到了更好的照顾，包括进食的优先权、外敌威胁时得到更多群体的保护等，女王的女儿在未来的王位争夺中，继承女王的概率比其他个体的后代明显高了很多。这就类似于人类封建王朝君位继承制。显然，我们不能仅仅从遗传品质上来界定一个个体的竞争能力。正如我们人类的个体一样，一个人能否取得成功，除了自身具备优秀的品质外，机遇、出身等其他因素也能决定他的未来。

个体竞争能力的提高不仅仅依赖自身的品质、资源占有能力和机遇，它同时强烈依赖其群体的竞争力和自身的社会关系。未成年的雄性狮子在还未夺取王位之前，通常都要几个结伴成群，共同捕食。捕食成功的概率显然依赖伙伴能力大小和伙伴个体数量。这里就存在着群体大小与食物分配之间的权衡。结成联盟的狮群数量越大，捕食成功的概率也越大，但是猎捕成功后平均分配的食物也越少。因此，结伴组成的群体并不是越大越好。如果可以轻松获取食物，也可以轻松应对外界其他选择压力，比如捕食等，单个个体生活则显然是优势选择策略。而外界选择压力越大，越是需要更大的群体应对。群体越大，选择的优势也越大。猎物大小不同，狮群大小也不一样，就能很好地说明这一策略形式。以体形较小的角马为主要捕食对象的狮群，个体数量明显较少，而以野牛为主要捕食对象的狮群，其群体个体数量就显著较多。

　　对于狮子而言，如果捕食压力或者群体间的竞争压力不是很大，独自可以轻松获取食物，也能很好保护自己的领地，那么独自生活应该是一个更好的策略。事实上，生活在同一地区的猎豹由于捕食的是更小的动物瞪羚，更容易独自捕食，因而选择独自生活而不像狮子那样群居生活。对于未成年的雄性狮子而言，我们可以清楚看出他们如何形成一个合作的联盟来应对捕食压力和群体竞争的。当这些未成年雄性狮子在原来狮群首领被更替而被赶出原狮群后，由于他们尚不具备独自捕食大型猎物的能力，只能猎捕一些小型动物，甚至以腐烂的食物维持生存。在游荡的过程，他们会逐渐与其他游荡的个体相识，逐渐共同捕食，并形成稳固的联盟。等到长大到成年后，这个因捕食而形成的联盟并不会解体，而是共同去抢夺其他雄狮的领地，抢夺它们的妻妾。这种联盟在其获得了领地和雌性狮群后，也不会解体，而是联盟合作保护其领地不被其他雄性狮子抢夺。

人类社会合作联盟也存在类似的机制。在一个自由竞争的社会，如果一个人联合其他人结成一个合作的同盟，他们会提高各自的竞争力，在与其他个体的竞争中将获得优势。显然，这种行为将会被其他个体学习，被复制。这样不同的联盟之间将会出现竞争，如果群体越大，其群体在与其他群体间发生竞争的时候越容易获胜的话，群体间竞争的军备竞赛效应将导致群体越来越大。然而，群体的变大，也会导致竞争获胜的资源分配给个体的平均量降低。因而群体大小与个体的平均收益之间将存在这样的微妙平衡问题。

对于种群内部而言，个体之间也存在竞争能力的差异。这种差异将会导致系统内部的等级差异的演化。群体间竞争越大，种群内部个体间相互合作的收益也越大，互惠程度因外部的竞争而提高。群体竞争失败的代价也是群体性的，失败会导致群体个体收益的减少。由于信息的不对称性，竞争获胜方对失败方的惩罚也是群体性的。群体竞争的失败对群体内的个体也存在差异。对优势个体而言，群体失败带来的相对损失要比弱势个体高，其地位等级越高，相对损失也越高。因此，群体内的优势个体要比弱势个体有更高动力维持其合作关系的稳定，以期提高群体间的竞争能力，获得更高的收益。

对于群体内部个体之间的相互关系而言，互惠程度的提高，相互合作的概率也越高，背叛的概率也会因此而下降。在这样的情况下，优势个体对背叛或者投机个体的惩罚的可信性也将会因此而提高。这种惩罚的可信性同时还依赖于群体内个体的扩散能力或者从群体内退出的成本。显然，群体内个体越难以扩散出去，或者退出成本很高，优势个体对弱势个体的投机、背叛惩罚就越可信。优势方通过惩罚弱势方的投机、背叛行为而直接或者间接提高了群体内的合作效率。系统内部的非对称性的等级性与群体间的竞争力因而形成了军备竞赛。个体之间的竞争越大，形成群体联盟的可能性就越高，也同样会导致群体之间竞争的加大。群体间竞争越大，群体内部的等级越森严，群体内部的合作效率也越高。

人类社会出现极端独裁的演化过程类似于生物社会合作系统的等级进化过程。在第一次、第二次世界大战前，全球性的产能过剩，导致国家间的竞争加剧。而各个国家内部就更需要凝聚力量以对抗外部的竞争。因此，相继出现德国、西班牙、意大利各个国家更加独裁的政治，在逐步博弈过程中，英国、美国等具有相对自由传统的国家中，丘吉尔、罗斯福也追随了希特勒和斯大林的独裁脚步[1]。在"二战"期间及其以后一段相当长的时间内，全球各个国家都在某种程度上向更加独裁的方向演化。这种更加集权的政治（非对称性）有利于国家整合力量，以应对更加剧烈的外部竞争。

"二战"结束后，由于战争的巨大消耗，产能过剩问题得以缓解，国家间的竞争相对减弱。国际政治的走向也开始逐渐转变，独裁的政治逐步转向自由的政治。代表自由主义思想的哈耶克思想开始成为主流。欧美国家从 20 世纪 60 年代开始，相对主张自由主义的政治家逐渐在各个国家执政。而具有几千年中央集权主义传统的中国，在 70 年代末、80 年代初，也迈进了更为自由、民主的历史时期。

在完全自由竞争的社会中，竞争的加剧会引起竞争群体之间的军

---

1 弗里德里希·奥古斯特·哈耶克 著，王明毅，冯兴元 等译：《通往奴役之路》，北京：中国社会科学出版社，1997 年版。

备竞赛。群体间的军备竞赛如果得不到遏制，最终这些参与竞争的群体在竞争能力上的差异就会显现出来，强弱分明。最终将形成一强多弱的格局，甚至弱小的群体完全丧失其群体特征而以个体身份加入大的群体。在中国的春秋战国时期，这是一个几乎完全自由的竞争社会，但是，正是其完全的自由竞争，社会在春秋战国后期导致国家向独裁与垄断方向演化。在全球范围内，情况也是类似。国家之间的竞争，跟黑社会一样，没有强有力法律和仲裁机构来制约这类自由的竞争，当空间或者地理障碍随着科技的进步而消失的时候，世界将被一个国家或者集团统一起来 [1]。绝对的自由必将导致绝对的竞争，而完全的竞争必将导致群体内部的合作以获取竞争的优势。集权与独裁能够有效提高群体的合作效率，从而增强群体间竞争能力。为了生存，群体内的个体将会自愿放弃自己的发展机会、甚至繁殖权利，选择与优势个体合作，直到完全被奴役。

在一个高度合作的社会系统中，资源会被垄断，等级差异将会逐步被固化。而文化、制度、秩序、道德，甚至宗教在人类社会中则是扮演着巩固、强化这种垄断或者等级型的社会秩序的角色，社会内个体之间等级差异将因此进一步被强化。

等级制度对行为的固化将导致各个阶层个体行为的单一性。这种单一性会提高个体的行为效率。这种等级的固化事实上就是社会行为的分工。如同在工厂里一样，各个群体的分工越细，公司的整体效益与个体自身的收益都将因此而提高。在人类社会系统中，由于个体或群体间或者国家之间的交流障碍被打通，分工不再在群体中的个体之

---

1   Thomas Crombie Schelling: *The Strategy of Conflict*. Harvard University Press. 1960.

间，而是在整个人类社会里展开，各个行业间的分工在整个人类社会中急剧提高了整个社会效率，爆炸式地提高了人类自身的竞争能力，成就了地球生命系统独一无二的霸主。在蚂蚁、蜜蜂等昆虫系统中，社会分工更加细化与固化。一些工蜂只是采水，采蜜和采集花粉都由不同个体完成。甚至繁殖与劳动也分化为只有蜂王繁殖，而劳动则只能是由工蜂完成。这种分工行为使蜜蜂的种群增长能力得以提高。但是，蚂蚁、蜜蜂等动物的社会性系统中，由于不能在不同蚁、蜂群发生资源交换，其分工演化只能在同一群体内发生，而不能在不同蚁、蜂群之间发生分工。因此，其分工在提高其社会效率方面要远远低于人类社会。

人类的基因改造与人类超级有机体

人类的进化历史也就是人类生活群体不断扩大的过程，这种群体的扩大直接促进了社会分工，而社会分工促进了效率的提高，这是人类社会进步发展或者人类这一物种种群扩增成功最为关键性动力。全球化的过程中，人类这一物种最终将演化为一个群体，群体内个体之间的分工将达到最高形式，整个人类种群就像一个超级有机体，彼此难以离开其他个体或者群体而独立生活。这个过程是缓慢的，但是人类从其诞生就一直沿着这条路径艰难而缓慢地前行，工业革命后，其前进的步法开始加速。

人类社会早期的分工实际就是由于群体或者氏族的扩大导致了个体对资源控制的差异化，进而实现社会的基本分工，通常地位等级高的个体控制更多的资源。随着部落和原始国家的形成，社会中的贵族或者社会统治阶层控制整个社会的主要资源，并进而规范社会价值、道德、法律、教育等，进一步巩固其社会分工与等级。这是一个缓慢而且部分可逆的过程。统治阶层要想使不同阶层的人群自愿接受这样的等级分化，不仅仅要编造皇帝是上天之子这样的谎言，还要通过强大的政权力量在人们的脑海植入社会礼仪与道德规范。儒家典型的道德规范"君使臣以礼，臣事君以忠"就是这种对社会等级道德化的一个典范。

随着社会分工的加剧，人类个体之间相对的不平等性也在加剧，这样的不平等性的加剧反过来进一步加剧社会的分工。在农耕时代，一个个体一生可能同时从事多个角色或者功能。比如一个农民可以种地、育种、修理工具，当然也包括了家庭大厨，而这个大厨则除了需要掌握做饭的功能外，还需要磨面、打谷、杀猪、杀鸡多个功能。而进入高度工业化时代，要找到农耕时代这样全能的农民，在概率上几乎比找到大熊猫都难，尤其是在发达的国家。在自由、民主道德的大旗下，资本家在国家政权的帮助下，将相对自由的农民、无政府主义者（游离政府管辖之外家族、部落）变成无产者，国家与资本家直接管理个体而不再需要家族、部落来代言。无产者在资本与国家双重力量下，失去了独立生存能力，而主动进入更加精细分工的企业，终生可能就只是从事某项单一的技能，比如汽车打磨、面点制作，或者科学实验与思考。离开这些企业或者其独特的社群，没有多少人能够像鲁滨逊那样可以独自在荒野生存下去。而在原始采集社会或者农耕社会，则是人人都能像鲁滨逊那样独自在荒野生存下去。

分工的程度随着人类掌握的科学技术的进步而急剧加速。资本主义初期，资本和国家对个体的直接管控过程是将部落、家族与家庭的个体成员直接纳入一个更大单元——企业或者国家。而在全球化的时代，资本和国家则是将个体直接纳入整个人类种群这样一个大单元，国家在整个全球化过程中出现分工。每个国家、个体都享受这样的由社会分工带来的简单而舒适的生活，而道德则将这样精细分工上升为职业精神，人人乐而为之。

正是在这样全球化大分工的背景下，社会效率急剧提高，整个人类社会才能投入更多的财富和人力从事科技创新活动。技术的进步不仅仅使我们通过机械的力量让我们的脚步达到无与伦比，到达曾经幻想神仙居住的月球和火星。生物技术的进步，则完全可能将我们自己改造成无所不能的神或者魔鬼。自从多利羊诞生后，通过生物技术改造甚至创造一个人类个体，在技术上完全成为可能。中国南方科技大学的贺建奎将一个经过编辑的胚胎植入了一名女性体内，通过基因组编辑切断了细胞感染艾滋病（HIV）遗传途径，成功诞生了两个女婴。这正是在个体医疗救助这样的道德大旗之下开始了人类自我改造序曲。显然，通过基因改造的方式我们可以克服某些疾病，同样，我们完全可以根据我们的意愿来改造我们的后代。比如需要智力超群，我们就可以改造某些影响智力的基因；需要身体技巧独特的，我们同样也可以按照这样的意愿来改造我们的基因。这样的人类定向改造最初在宗教、道德和传统惯性的影响下，也许不会被广泛使用，但是地下展开则是可能的，这可能比地下洗钱和毒品交易所带来的收益更高。当这样的基因改造被广泛接受后，我们通过遗传改造的方式实现更加精细的分工将是一件很时髦的事。人类社会将会看到如同蚂蚁的社会一样，有些个体只会给幼虫喂食，而不会打扫卫生；而有些个体只会打扫卫生，而不会生殖或者防御。

　　通过基因改造而加速实现社会分工听起来是很残酷无情的。然而，人类在演化的过程中其残酷无情的一面确实被完美地保留下来。在原始社会，同类相食就是常态，并且在一些民族中保留到近代。而父母通过定向改造子女的方式以期望获得更高收益从古至今都被视为理所当然的事。在中国的古代，父母可以将自己的儿子阉割送进皇宫做太监，而且被很多家庭认为是很荣耀的事。贫穷人家甚至一些达官贵人争相将女儿送进皇宫做宫女，尽管存在渺茫的希望被皇帝宠幸，但事实上几乎跟太监一样终生难以享受完美人生。这实际上就是一种被父母规划了的极端分工形式而已。然而，现代社会很多被我们鼓励且完全认为是个性自由选择的生活行为，在本质上与极端分工没有任何区别，只是没被我们剖析而已。

　　在我们现代社会，没有人认为人妖、相扑手存在不妥，同样没有人认为佛教徒、修道士属于异类，甚至我们十分仰慕那些为艺术、科学而放弃结婚成家的艺术家、科学家。而基因改造带来在某些特殊领域独特的技术、生存技能或者赢得的欢迎和尊重，更重视眼前利益而不是人类未来利益，人类有什么理由不欢迎这样的科技进展呢？而当基因改造被普遍接受后，反对基因改造的人将被视为传统的卫道士，第一个改造人类的将会获得诺贝尔这样的荣誉都将成为可能。通过基因改造加速，我们的社会分工将急剧加速，社会被精英群体控制得更加严密，任何个体离开其群体都将无法独立生存，整个人类群体将演化为一个超级有机体，人类个体如同人体内的单一细胞。最终，我们失去了自我，成就了社会，最终失去人类。

　　如同人类的社会活动一样，分工导致的效率提高是一把双刃剑。

分工的细化与固化也同样导致人类社会合作系统内个体行为的单一性，个体独自存活能力将可能因此下降。对于生命系统而言，系统内各个阶层的分工细化与固化将降低个体行为的多样性，而这种行为多样性的降低将反过来导致其遗传多样性的降低。行为和遗传多样性的降低，必然会导致该物种的个体或者该物种在多变的环境条件下的适应能力降低，物种因此灭绝的风险将提高。

过度社会分工将会导致物种或者种群的局域灭绝可能会被质疑。生物学家很容易举出反面的例子：双翅目白蚁和膜翅目蚂蚁、蜜蜂等社会性昆虫，其社会分工程度很高，但是其进化历史也很长，并且其物种的竞争力很强，是目前生态系统中最具有竞争力的物种之一。历史上经历如此众多的环境变迁与动荡，这些物种为什么反而没有灭绝？两个机制也许可以解释：1）昆虫在进化的历史中属于起源比较早的物种，遗传或者行为上特化程度不是很高，因而遗传或者行为具有较大的可塑性。一个特化的高度社会性物种即使在环境变迁的过程中灭绝，其他物种也能够快速进化出类似的这种高度社会性物种，来填补生态位上的空缺。2）高度社会性的昆虫，其分工、行为上的特化和固化提高了种群的竞争能力和种群增长能力，相对更加容易扩散到不同的地理空间，一个过度社会化的局域性种群的灭绝，很容易被其他地方的种群填补，因而从全域角度看，这些高度社会性昆虫的种群又是稳定的。

全球化——超级有机体与冗余群体的演化之路

在传统的农业、工业时代，人与人之间的合作关系主要是限定在部落、国家、特定区域内的公司等相对较小单元系统内部，直接的合作关系高于间接合作。而现在的全球化过程，其本质就是将合作关系向全球人类拓展的过程，最终演化成一个超级的合作体。在走向这一超级合作体的过程，全球化分工也同时在加剧，效率进一步提高。正如我们前面的论述，随着社会分工加剧和合作程度的提高，非对称性的等级秩序也在加剧，资源分配的不均衡性将进一步扩大。这绝对不仅仅是一个理论预测的结果，现实社会财富的分布实际上已经为这样的理解提供了强有力的证据。我们如果将一个国家内部的贫富差距、基尼指数做一个比较，同时把各个国家在全球财富的比重做一个比较研究，显然的结果就是随着全球化的加剧，财富的分配无论是国家内部还是国家之间，分布更加不均衡，富的更富，而穷的则更穷。

全球化的过程总体提高了社会的生产效率，增加了社会总财富。但是也加剧了部分"社会精英"对整个社会的控制。财富的集中与效率的提高，极大增加了社会的富余人员，人类社会"冗余人员"（完全不用工作）将因此急剧增加。"冗余人员"在其他高度社会性的昆虫或者哺乳类社会动物中也大量存在。在蚂蚁、白蚁的社会性群体中，有时不活跃的个体高达80%。而在大的狮群或者猴群中，经常可以看到一些老弱病残的个体。在一个非社会性群体中，尤其是当资源处于紧张状态的群体，这类"冗余个体"几乎是不可能得以存活。

对于人类社会而言，全球化的过程使社会分工更细，非对称性程度提高，因而财富分配愈加不平等，具有垄断权利的"精英群体"则更有能力来廉价地豢养更多的"冗余人员"。由于科技的进步和禁忌、伦理底线的不断突破，人类个体生活成本不断下降，甚至我们可以工厂化生产人类。在发达国家，国家或者资本家可以免费给贫穷的百姓派送食物和基本的生活物资，领取食物的百姓过着甚至加热都不用的便利生活而获得足够的卡路里；至于食物本身，只要味道足够好，则根本不予关心其成分和营养。廉价食物的味道从婴儿出生就开始驯化，从单一的牛奶到工厂化饲养的鸡、鸭、猪、牛等。我们食物的加工技术也足以满足人类虚荣的胃，现在的技术手段，使完全禁忌的马肉、病死的鸡肉、树皮、骨头都可以加工成可口食物，而且还可以让普通民众感觉像神仙一样舒适享用。

单一化和廉价化的食物会像鸦片一样引诱着社会精英生产更多的食物，培养更多的对自己具有强烈依赖的臣民；同样也像鸦片一样麻醉平民大众的神经，享受这从来没有比较的美食，像女王一样享受不劳而获的安逸生活。仔细比较，这跟现在人类饲养的猪、牛、鸡又有多大的区别？平民百姓在被奴役，我们的平民百姓更是在"享受"这种社会合作所带来的奴役。

这种类似工厂化生产的人口行为极大地降低了人力生产成本，反过来进一步加大了"冗余人口"的数量比重。这种大量的"冗余人口"比重也并不是表面看到的"毫无用处"。一方面当群体遭遇剧烈的环境灾难或者外敌入侵时，社会需要大量的新增人员补充，这些"冗余人员"此时就扮演者维持系统可持续下去的关键性因素。这就如同军队的作用，在和平年代，国家养了大量"无用"的军队人员；但是一旦遇到战争，这些平时"无用"的军队才是保障国家安全的关键性力量。另一方面是为精英阶层输送人才或者基因。正如我们前面提到了，越是成功的阶层，个体越趋于保守、惰性，而越低级阶层，其行为多样性越高，创新能力也越大。当"精英阶层"老化或者腐朽的时候，这些被豢养的平民阶层中的少数"突变"个体则将进入精英阶层，为精英阶层输送新鲜的血液或者管理方法，或新思想。

"春江水暖鸭先知"，普通民众和中小企业最先感受到全球化过程所带来的变化。由于全球化导致大企业的垄断性增强，个体创业或者小企业获得市场的机会急剧下降，全球的社会财富的分配差距加大。我们经常可以从媒体的报道中看到印度或者瑞典农民、中小企业主等普通大众走上街头或者在政府首脑会议前抗议全球化。无论你在印度、中国等正在工业化的国家还是在美国、英国等后工业化高度发达的国家，在乡村、小城镇你会发现传统的手工行业、小的农场主、加工企业都在急剧萎缩、消失，甚至家庭日常生活中烹饪、庭院蔬菜种植也在中国的农村逐步消失。在中国农村也很少能看到日出而作、日落而归的劳作场景，而看到更多的是大家无事可做，在路边闲聊，或者只是打麻将和扑克。全球化，导致全球人的行为、需求的同质化，也因而降低普通大众差异化需求。大型公司或者跨国公司提高效率而降低成本的方式最终将地方的小公司扼杀掉。

人类全球化导致整个人类的同质化，并且个体、团体、国家之间的联系更加紧密而彼此相互依赖。这样的同质化的超级群体带来一个可能致命的缺点，那就是对外界或者环境的扰动的抵御能力下降，甚至可能一些小的事件或者扰动导致整个人类种群剧烈波动，甚至灭绝。在同质化过程中，人类的一些遗传基因将会丢失，部分小的族群的独特遗传信息在融合进大种群的过程中会丢失。这些独特特征、甚至可能属于"有害"的基因，在有些特殊情况下却可能是有利的，甚至就是拯救人类的诺亚方舟。尤其是人类有意识改造自己的基因过程中，大量"不好"的基因将被筛选掉。而环境变动，同质化的整个人类种群可能无人能幸免此类环境变动带来的灾难。或者环境突变出某种超级病毒，同质化的人类种群可能全部感染，则同样可能导致整个人类种群的灭绝。

第六章

我们存活的意义

大多数经济学家理所当然的解释理论能够追溯到一个共同的信念，即著名的 17 世纪物理学家艾萨克·牛顿成功解释太阳系内星体相互作用的牛顿力学原理。牛顿的解释是：太阳系处于一种力学平衡，一种完备的、理性的均衡。因此，我们知道了所有的事实，在既定的力学定律下，通过普通的理性论证，我们就能决定均衡状态中的所有特征（位置、速度等等）。牛顿所谓的成功哲学导致了经济学家相信：所有的经济现象都能够相对该种均衡得到有效解释。

……在 19 世纪末，牛顿力学在解释所有物理现象方面（包括磁力）的最终失败明显起来了。……直到 20 世纪早期，物理学家才认识到还有另一种"理性"的反应，允许对牛顿力学的替代。这种新的替代观点的一个版本是用可称之为"自然概率"的概念取代"自然原因"或"力"[1]。

——劳伦斯·博兰德

1　劳伦斯·博兰德 著，张秋红、肖前进 等译：《经济学方法论基础：一种波普尔主义视角》，长春：长春出版社，2008 年版。

存活价——适合度定义的局限

一个生命个体存活下去的意义究竟是什么呢？这是生命科学家和社会学家孜孜以求的问题。从事古典经济学的人可以很明确地给出答案：人们一切行为活动的目的就是为了利益最大化，甚至可以简单到就是追求财富／利润。这样简单化的概念确实有助于我们理解人类的很多社会和经济活动，但是这样简单化的概念并不能帮助我们理解人类活动的全部。利益最大化的概念就很难解释人类的生育与养／敬老行为、宗教行为，以及让人谈之色变的恐怖主义行为。

生物学家提出了一个更为有效的概念——适合度。生物学家认为任何个体追求存在两个方面：一个就是存活的时间，另外一个就是繁殖更多的后代。这二者之间存在一个博弈，繁殖越多，个体的存活时间可能就会越短，反之亦然。个体的适合度就是追求两方面利益之和的最大化。生物学适合度相对于经济学利益而言，是一个更有效的概念。生物有些物种或者个体可以牺牲自己当前的部分利益，甚至折寿而生育或者保护自己的后代子女。同样，生物个体也可以减少繁殖而延长自己的寿命，其总的适合度增加就可以提高生物个体的适合度。适合度的概念乍一听起来似乎是一个完美的概念，但是如果我们仔细想想，这个概念仍然有其难以解释的现象。

在一个高度社会性的蚂蚁、蜜蜂系统中，蚁／蜂后寿命可以几年，甚至十几年，而且几乎垄断了繁殖的权利，而工蚁／蜂生命比较短，通常是几个月或者一年左右。一个显然的悖论就是蚁／蜂后的适合度显著大于工蚁／蜂的适合度。在一个生态系统中，同样如此。通常是某些优势物种在整个生态系统中种群占据优势地位，而且优势物种的繁殖率也很高，而相对大多数的物种，其种群分布密度很低，并且繁殖率也相对较低。那些分布频率极低的物种，我们生态学家称为冗余物种，其生态功能至今仍不清楚。这显然难以用繁殖和寿命之间的平衡所能解释的。自然界和人类社会中的利他主义更能说明适合度的概念存在缺陷。我们人类的社会系统中，为救别人而牺牲自己的见义勇为行为在任何民族都存在，战争中的敢死队在危急关头视死如归的行为就是一个很好的例子。在生物系统中，蚂蚁和蜜蜂的工蚁／工蜂完全不繁殖而帮助蚁后／蜂王繁殖：显然，牺牲自己或者帮助其他人繁殖而自己不繁殖，其适合度就是零。适合度的概念也无法解释这类利他性行为。

广义适合度概念认为选择的单元可以是基因水平，而不仅仅在个体水平。蚂蚁和蜜蜂的工蚁／工蜂不繁殖或者牺牲自己生命而帮助与自己有高度亲缘关系的蚁后／蜂王，自己的基因通过蚁后／蜂王的繁殖而遗传下去，这是因为工蚁／工蜂与同胞姊妹的蚁后／蜂王具有极高的遗传相似性。帮助蚁后／蜂王繁殖，工蚁／工蜂的基因遗传到下一代的概率反而提高了。广义适合度的概念解释了为什么工蚁／工蜂主动放弃繁殖机会而利他性帮助蜂王／蚁后。广义适合度的概念认为生物在进化过程中的选择单元是基因，而不仅仅是个体水平，选择的动力不再是个体的生存与繁殖，而是提高其基因遗传频率。这就是新达尔文主义的核心思想。

广义适合度回答了为什么有些生物个体愿意牺牲自己而帮助他人，其实他们的基因仍然是自私的，这种利他性帮助别人的行为事实上提高了自己的基因遗传到下一代的频率。但是现代研究的发现，也给广义适合度这一现代进化生物学基本概念带来了一些致命的冲击。正如前面章节所述，现代的研究发现几乎所有的社会合作系统中，都存在投机、不合作的个体，甚至合作的个体转化为不合作或者投机者。在蚂蚁、蜜蜂、白蚁等高度的社会性系统中，那些被认为勤劳工作的工蚁/工蜂事实上不是不会繁殖，而是有些个体在偷偷地繁殖，在蚁后/蜂王衰老后，几乎所有的工蚁/工蜂都会繁殖。正常情况下，这些会投机的工蚁/工蜂个体一旦被发现，就会被其他的工蚁/工蜂杀死，或者其繁殖后代会被蚁后/蜂王或者其他工蚁/工蜂杀死掉。这些发现就给广义适合度（亲选择理论的核心思想）带来了致命的冲击。如果工蚁/工蜂帮助蚁后/蜂王繁殖能提高自己的基因遗传频率，其收益将增加，那为什么这些个体会冒险去偷偷繁殖呢？而且，更矛盾的是：具有最高亲缘关系的母子、父子关系也会出现激烈竞争，甚至出现人类的杀父弑母行为。这是亲缘选择和广义适合度概念完全不能解释的理论悖论。

经典经济学和生物学在讨论人类或者个体的进化的动力时，其关注点就是：个体是如何提高其生存或者繁殖的效率的。显然，效率越高，其竞争力也越大。社会分工的进化，将会促使效率的提高。如果我们要制造一样很复杂的东西，有时依赖单独的一个个体是无法完成的，比如，单纯依赖某一个人可能完全无法造出一辆汽车或者一架飞机，如果真能造出来，其效率一定是极为低下。但是如果每个人只是做其中一道或很少的几道工序，则很快就可以造出一辆汽车或者一架飞机。这种社会的分工显然可以显著提高个体的效率。但是这种分工提高效率的代价就是单个个体对全面技能和技术的无知，以及个体之间高度的相互依赖，从而降低了其独立生存能力。

在生物学中，个体功能的分工趋于单一化，比如社会性昆虫中，繁殖、防御、清洁等工作在逐步分工、细化，其各自的效率将得到提高。但是高度社会性动物的单个个体则几乎无法独立生活、生存。在一个复杂多变的环境条件下，这种个体行为、功能的多样性丧失，也将可能导致物种系统性崩溃。在特定的、稳定的环境中，分工提高了效率，提高了种群的增长效率，分工协作也提高了群体应对环境变化的能力，但是在多变的环境中，这种分工和效率的提高也将增加生物个体、甚至物种灭绝的风险。正所谓成也萧何败也萧何。

显然，生物进化过程中，效率总是其演化的动力，但是功能、行为多样性同样也是其演化的关键动力，功能和行为的多样性将提高生物个体抵御环境变化的风险能力。我们可以用适合度来度量效率，而生物所携带的遗传信息可以度量生物个体的功能、行为方面的多样性。信息多寡则可以用一个更为严格的物理学指标"熵流"来度量，熵流除了可以度量生物系统所含信息的多寡外，还可以度量外界环境如何影响其内在的熵增或者熵减。这样，生物进化的动力就可以用适合度和熵流二者之和来度量，我们称之为存活价。个体生存的进化选择动力中就存在适合度与信息量之间的一个平衡问题了。在物种或者个体的生存环境比较稳定，不需要随时面对更多不确定的环境变化时，显然，提高其生存的效率而减少其行为或者遗传多样性，即提高适合度在进化中就具有选择的优势。然而，如果该物种或者个体生存在复杂多变的环境中，显然单一的行为或者遗传多样性会导致其难以适应复杂变化的环境，适应性将降低，从而可能导致其灭绝。因而，在复杂多变的环境中，选择降低其适合度而提高其信息量，反而可以提高其总的存活价。这里的信息量应该不仅仅包括遗传、表型／行为的多样性，也包含了习得性知识多少、遗传或者表型／行为可塑性大小。

但是在外界更为稳定的环境中，种群各个群体间的竞争增加，生物个体应对外界环境变化的资源分配降低，而将更多的资源用在群体间的竞争。群体内社会合作与分工将提高其群体间的竞争能力。分工可使其个体在各个层面的相对效率提高，如生殖能力强的，其生殖效率就会更高，采食能力高的，其采食效率也会更高，防御能力强的，其防御能力将会更强；而其他能力就会减弱。这种各个单项功能效率的提高就会降低整个系统的能耗而增加熵减，群体内系统稳定性增强。

　　而在外界动荡环境中生活，个体需要应对这些变化而额外付出更多的能耗。在动荡的环境中，生物种群只有提高其遗传及行为的多样性才能应对这样多变的环境。反过来，环境的波动也会影响到生物个体的基因或者种群在空间状态的多样性，增加其遗传和行为的多样性。动荡的环境中，个体在外界输入的能量与系统自身耗散的能量都要比环境稳定的系统大，也就是说在动荡的环境中，系统其内在的熵流将会提高。而在稳定的环境中，能量输入、输出而言比较小。由于种群增长的加速，环境容纳量将会更容易饱和，系统内的熵将因此显著增加，导致系统更接近均衡状态。在环境稳定时，有利于提高其适合度，但是其信息量／熵流则可能降低，其总的存活价在各个物种之间差异相对较小。比如在热带雨林系统，很多物种特化只是适应独特环境，其存活率或者繁殖率提高了，但是也因此而丢失了其很多环境适应性特征。而生活在剧烈变动环境中的物种，其适应性很强，其行为、遗传多样性很高，但是其资源利用效率或者繁殖力因此可能降低。二者之间的均衡决定了其存活价总和大小。

　　对于生物种群而言，个体之间存在包括繁殖能力、资源利用效率、身体强壮程度等各方面的差异。有些物种或者个体，存活率或者繁殖力比较强，而有些物种或者个体则可能是应对环境变化能力比较强，其包涵的信息或者熵流较大。这些特征将在进化过程中被选择下来，而且得到不断强化，甚至在某一特定条件下，在短暂的时间尺度下，通过其表型或者行为方面将这一特征迅速强化。比如有些物种的繁殖力很强，在某些特定进化的过程中能迅速扩大其种群，从而在一个生态系统中获得竞争优势，这种能力的增强就将可能削弱其他方面特征，比如寿命或者免疫力等。与我们生活紧密相关的蚊子就是这种策略的极端成功者，其繁殖力很高，但是其寿命很短。大象是另外一个极端策略的成功者，其生存能力极强，但是繁殖力却很低。还有一些物种，其生存力很低，繁殖力也很低，在一个生态系统中种群分布极低，几乎没有竞争力，但是保留了大量的遗传信息，在生态系统中扮演至关重要的角色，这就是生态系统中的冗余种。这类冗余种的生态学或者进化意义就是当生态系统出现动荡或者毁灭时，也许能够为该生态系统保存一些血脉。其进化的意义则被严重忽略了。

对于种群或者人类社会而言，也存在类似情形。在一个相对稳定的环境中，个体应对环境风险需求降低，因而个体行为、遗传特征方面得以特化，从而提高其效率。然而，这种特化的效率存在一定的惯性，也就是路径依赖演化，可能导致其过度的特化，从而出现异常的行为。比如身体变得更加强壮，更具有攻击性，在战斗中更容易胜过其他个体。这样的行为在一定程度上能够提高其生存能力，但是如果过度发展这种特征，就可能损伤其繁殖能力，最后可能特化。就像蚂蚁中的兵蚁，最后甚至丧失繁殖能力。这种效率的提高跟其承担的风险收益是密切相关的。只有在稳定的环境中，效率才能够不断地提高，但是其应对风险的能力也会下降。其他的行为或者遗传特征也将随之丧失或者退化。在蚂蚁的社会系统中，蚁后高度特化，在有些极端的物种中，蚁后除了繁殖几乎没有其他功能，完全失去了独立生存能力。其兵蚁、工蚁也是类似，各自提高了其攻击能力、采食与服务能力，但是其他功能如繁殖能力也是严重退化甚至丧失。

人类自身的情况更能说明这样的进化动力。在我们享用每一份面包的过程时，我们可能想不起这份面包究竟是怎么生成的。大量不同产业的工人分工协作，才能使小麦从种子变成一份面包。从育种、土地耕种、肥料生产、施肥、小麦收获，到面粉加工、面包的烤制整个过程，涉及到很多产业方向的分工协作，我们生产面包的效率得到了提高，但是，我们现代人几乎没有一个人能够像古代农耕社会的农民一样，独自一个人可以完成从小麦种植到面包制作的全部流程。现在分工社会使我们失去了古代农耕社会一个农民所掌握的全部技能。虽然农耕社会农民具有这种全面的能力，但是其工作效率很低，一人劳动也许仅仅能养活其家人，没有太多的剩余。但是，如果我们一个现代社会分工的产业工人把他独自流放一个荒岛，给予他小麦种子，他几乎没有可能独自生产出面包。生存的概率可能远远低于一个农耕社会的农民。这些类似技能信息的获取或者丧失都存在极大的可塑性，这种可塑性长期而言将会影响到其遗传和进化特征。

人类的食物加工文化演化与生活习惯同样也可以帮助我们理解生物演化过程中的路径依赖原理。最初，生活在北方和南方的人对其主要食物小麦和水稻的加工也许没太大的差异，但是随着时间的推移，以水稻为主食的地方发展了一系列的水稻加工方法，并因此以水稻为主食的其他文化也随之而发展起来，诸如黄酒酿造文化、诗词歌赋等文化活动，甚至人体内的肠道微生物及其个体行为的表现特征可能因此都受到影响而走向不同的演化方向。北方以小麦为主食的人的很多食物加工方法、途径将沿着不同的方向演化，并因此形成了不同于以水稻为主食的文化。在游牧民族和农耕民族中这种差异就更大，甚至导致完全不同的社会分工形式和分工程度。

这种类似的效应同样存在于生物物种演化过程中。其最初完全相同的种群由于分布在不同的地理区域而沿着不同的路径演化，最终形成完全不同的物种或者演化系统。这就像高速路上，类似于演化过程中的不可逆性，车辆在不同的高速出口离开，最后就可能到达完全不同的目的地。这种路径依赖的演化过程其本质的动力就在其信息和熵的不同。在生物系统的演化过程中，不同的信息状态或者熵值，同样将导致不同的演化结局。

熵流——统一自然选择与中性选择的桥梁

现实生物系统中，适合度，这个被广泛视为生物进化过程中的收益（社会、经济学使用的利益这个术语），存在很多难以解释的生物现象，尤其是生命系统中广泛存在的利他主义现象。理论逻辑分析，将生物演化的动力归结到适合度提高同样也存在其难以回避的悖论。适合度是静态的、均衡思想发展而来的概念。一个物种或者个体的适合度就像是一座静态的山峰，只要你爬上这座山峰的顶端，你的适合度就能实现。对人类的经济或者社会行为来说，适合度就是动机或者动力与利益之间存在因果关系，而对于生物物种或者个体来说，就是其遗传基因与表现型／适合度之间存在因果关系，二者之间存在近似的线性关系。但是这样的一个根深牢固的思想却是隐藏着一个巨大的逻辑悖论。

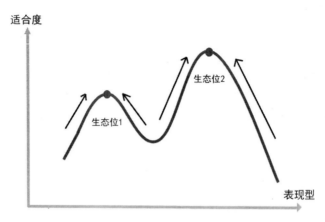

静态适合度景观。如果生物个体或物种的某个性状特征或基因突变所期望的适合度是静态的，则生物个体或物种将向适合度高的方向演化。

　　首先看看我们自身社会、经济活动是否存在这样的因果关系。我们以高中生填写高考志愿为例。我们知道，在高考的时候，需要根据未来就业、收入或者学生自己的发展来确定自己未来的学习领域或者方向。我们假定考生只考虑这个行当未来的收入来确定自己的专业方向。而考生则只能参照这个领域现在的平均收入来确定自己的专业，比如在高考当年计算机领域的平均收入是最高的，所以考生就选择了计算机这个专业。可是我们都知道，一旦这个考生或者这批考生进入计算机专业，这个群体的收益那就可能发生变化了。比如计算机公司会觉得未来人才队伍库足够大，因此将可能降低对计算机人才竞争的预期，同样计算机公司也可能会觉得大量计算机人才的加入会带来更多的创新和市场前景而加大人才引进。同样，或者这批考生进入计算机专业也会影响到现有计算机学生群体和自身对未来行业的期望，类似地既可能导致对未来期望收益上升，也可能下降或者不变。显然，我们假定的这个计算机行业未来收益是静态的、稳定不变的前提并不存在于现实世界。

对于一个生命系统而言，尤其是生态系统，适合度的概念同样存在类似人类利益所面临的悖论。对于一个物种而言，某个特征如果更有竞争力，当该特征在种群扩散的时候，由于生态系统中的其他物种会同时与现有的群体发生相互作用，比如竞争、捕食或者互惠合作，显然这些特征在群体中的扩散将会直接影响到其他物种的适合度，反过来也就影响群体自身个体的适合度。同时，一个特征在群体的扩散，也会产生密度依赖的作用，这种密度依赖的作用既可能是密度促进效应，也可能是密度制约效应。这样的效应在种群遗传学中同样存在，只不过这类效应发生在基因之间的相互复杂作用过程中，而种群的密度依赖效应则可能是生态系统不同物种之间。

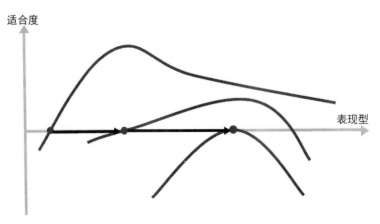

非平衡态的适合度景观。如果生物个体或物种的某个性状特征或基因突变所期望的适合度是动态的，其期望的适合度将有可能随着时间或空间的变化而变化。

利益或者适合度只是一个瞬时的概念，在短暂的静态环境下，或许是存在且合理的，但是在长时间角度下考量，一个静态的目标期望收益可能并不存在。那么在进化的过程中，物种演化究竟走向何处或者目标是什么呢？正如前面章节所分析，达尔文的自然选择理论实际上是假定生物在进化过程中的压力是无限大的或者系统内熵流很小的时候，在这样的情况下，选择最优的路径就能使其收益或者适合度实现最大化。当系统内熵流很高，物种所面临的选择压力不是很大的时候，生物在演化的过程就存在选择多条路径的可能性，而不仅仅是选择收益或者适合度最大的那条路径。在存在多条路径的情况下，自然选择实际上就是路径频率的选择。也就是说，生物进化的过程中各条路径都有存在的可能性，差异就在于选择各条路径的频率存在不同。

　　这就好比办公楼前有一块巨大的草坪，而草坪对面有一个公交车站，从办公楼走到公交车站要穿过草坪。长期下来，草坪上形成了多条通往公交车站的小路。但是显然各条小路的印迹并不相同，有些小路走的人多，而有些小路走的人却很少。其中某条走的最多的那条小路，可能就是行程最短的路，也就是最优的那条路。自然选择因此可能不是选择收益或者适合度最高的，而是一个路径频率的选择过程。某些路径频率可能被选择的更多，而另外一些路径则可能被选择的频率低一些。但是这些路径都存在被选择的可能性，随着演化压力的增大，最优的路径选择频率将会提高，但选择的结果不是只存在一条最优路径，而可能是多条。

非平衡态下的熵变——自然选择过程中那只看不见的手

熵是一个统计物理学概念，表示系统内混乱程度的一个变量。一旦将熵这个概念引进，在讨论系统性质时，我们都是指该系统处于非平衡状态之中。对于一个开放系统，熵值的变化由熵流和熵产生组成。熵产生的过程，就是系统紊乱度自发增加的过程，随着系统的演化，系统的熵值总会自发的增加，这一过程是沿着时间箭头不可逆的。而熵流则是由外界流入系统的熵，当然流入的可能是正值也可能是负值。以狼捕食羊为例，熵是从狼流向了羊，因此对羊来说是熵增，羊群将更加紊乱而无序；但是对于狼而言，则是能量的净流入而带来的熵减（负熵），负熵越高，系统越有序。对于整个生命系统而言，我们接受了太阳光，因此熵值是恒负的。对于一个生态系统而言，当一个物种或者多个物种在生态系统形成优势，这优势种群将会对其他物种构成强大的吸引力。其吸引力大小将依赖于两个物种间的相关系数的大小。关系系数越高，吸引力就越大，形成一个具有独特功能的生态系统或者群落的可能性就越大。一个具有独特功能的更高层面的选择单元也将因此形成——生态群落或者生态系统。系统内的熵流大小将是决定系统内部各个物种能否形成密切联系从而演化成更高层级选择单元的关键。内部熵流越高，其相互交流就越多，系统演化成一个超级有机体的可能性就越高。

由于熵在时间箭头上永远是自发增加的，因此理解生命系统演化过程中非平衡状态的关键就是搞清楚哪些因素会影响熵流。熵流大小显然与能量的输入与输出密切相关，输入和输出越大，其熵流就越大。熵流，类似河流中水的流量，水流量越大，河流中的水分子越接近于随机流动，而不像在细流中受到极强的选择压力而定向运动。在自然生命系统的演化过程中，熵流越大，系统内信息量就越高，遗传、行为或者物种演化路径就越多，因而多样性也就越高。如果一个系统内熵流无限大，系统内部信息因而也是无限大，内部多样性也是最高，系统内部个体的基因型、种群内的个体行为或者生态系统的物种分布将近似于随机分布，这就是中性选择。而如果熵流比较小，系统内部个体的基因型、种群内的个体行为或者生态系统的物种将受到强烈的选择压力，自然选择最终将决定其分布。优势的基因、个体或者物种将存在更高的适合度，形成各自的生态位。

我们可以用河水的流动来说明自然选择和中性选择非平衡状态系统的分布条件。在一条河流中，水流的水分子类似于生命系统的基因、个体或者物种。只有靠近两岸的水流才受到强烈的岸边的选择压力，而在河道中间的水流则并没有受到岸边的选择压力。在生态系统中，实际上只有在环境压力无限大的时候，物种才会受到环境的选择压力。而大多数情况，类似河道中间的水流，物种所生存的环境并没有受到如此强烈的环境选择压力。因此，其多样性只有在受到很高的选择压力的情况下才会出现自然选择所预测的每个物种都具有自己的竞争优势和生态位。

水流受到的压力与落差、河流宽度密切相关。显然，落差越大，河道越窄，受到的选择压力就越大。生命系统也可以此做一个类比。在同一纬度不同海拔，太阳能输入在不同海拔差异不是很大，但是由于温度的不同，能量的损耗在高海拔地区要显著高于低海拔地区。这里能量的输入和输出之差就相当于河流的落差，当河流宽度相同的时候，河流落差越大，水流速度就越高，河流受到的选择压力就越大，水流动的方向性就越可预测。而降水量、土壤营养等相当于河床的宽度，同样也会像河床宽度影响水流速度和流量一样，影响该地域的熵流。在热带地区，很多地方海拔高度不同，高海拔地区由于其能量损耗要比低海拔地区高很多，因此即便是其降水量、营养物质完全相同，高海拔地区的熵流要低于低海拔地区，其生物多样性也要因此低于低海拔地区。在中国的云南，随着海拔的上升，在几乎相同的纬度上，你可以看到热带雨林数以千计物种的复杂系统到高山雪线处单一苔藓系统。类似地，从不同纬度梯度，从热带雨林到极地，其生物多样性也是存在这样类似的现象。

在热带雨林地区，我们认为其内部的熵流接近无限大，其内部物种分布和产生将是完全随机，因而其物种分布更接近于中性选择理论。而在极地或者寒带、温带，由于其熵流相对比较小，受到比较强的选择压力，因而自然选择的力量更能体现出来。中性选择与自然选择本质的差异就在于其熵流的不同。根据熵的定义，熵值既和能量流动有关，又和物质流动有关，因此熵流大小既受到能量输入又与降水量、营养元素的丰富度等这些物质环境相关。

非对称性与物种共存——达尔文恶魔的消失

在一个非平衡状态的系统中，个体适合度存在不同，生态系统各个物种之间的种群丰度也存在极大的不同。在进化的过程中，其演化的动力并不是各个个体的适合度或者物种种群最后都相同而达到所谓的平衡状态。生命系统的有序事实上属于一种非平衡态的定态。为了维持系统的熵处于一个非极大值点的定态，整个系统的熵要变为零，只要决定系统熵变的两个途径（熵流和熵产生）达到平衡，生命系统的有序就可以不因为达到熵的极值点而崩溃。因此在生命系统中，个体适合度或者物种的丰度既可能自发地向差异化扩大的方向演化，也可能向同质化的均衡方向演化。其演化的方向将极大地取决于流入系统的熵流大小。

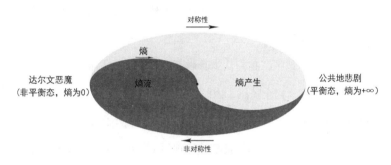

对称性与非对称性之间的相互转化类似于太极图所寓意的阴阳变化。

在熵流比较大的系统，其内部个体由于代谢的加快而更加活跃，系统内的个体或者物种等组分随机选择自己的演化路径或者策略，个体或者物种之间的竞争将会降低或者消失，对应系统内部的熵产生也会变快。另一方面，在熵流比较小的系统，个体或者物种之间的竞争会比较强，只有少量物种存在，此时对应系统内部产生的熵会比较慢。在熵流较小的系统中，系统内部各个个体或者物种之间的竞争将会加大，系统将会更容易向特定的方向演化。正如我在前面章节所比喻那样，在较小的河流或者细小水管里，其内部水分子将受到河岸和管子的较大的选择压力，水分子的运动方向随着河岸或者水管的选择压力加大而倾向于定向流动。在生命系统内，熵流，就类似河流的水流，将极大影响物种或者生物个体的演化。在熵流比较小的生命系统，其内部的个体或者物种将要面对更大的竞争压力，个体或者物种的演化路径或者策略之间将可能存在竞争或者比较优势，在这样的系统，竞争力大或者具有比较优势的个体或者物种将取得竞争优势，最终将排斥相近生态位或者其他同质化的个体或者物种。这样的演化趋势如果没有力量阻止其前进的方向，最终一个生态系统将会只留下一个物种，一个种群只会留下那个最强的个体。这样的具有极大竞争力和极高适合度的物种或者个体就是达尔文恶魔那个超级生物。这样的情况理论上来说只会在系统的熵流极小或者降低到零的情况下才能发生。

对于一个系统而言，如果其系统内熵流接近无限小，其信息也就接近零，那么，这个系统几乎是一个完全封闭的系统。而我们知道在完全封闭的系统，其内部熵将自发上升，最终达到均衡状态而导致系统进入死寂状态。理论上说如果达尔文恶魔出现，该系统的熵流就接近零而其熵很快会演化到最大值，整个系统的有序性会崩溃。达尔文恶魔事实上不能真正存在，但是在熵流越小的系统，达尔文恶魔这样倾向性的生物越容易获得其生存的土壤。

第三篇

社会合作秩序维持

第七章

合作系统的分久必合与合久必分

强大的社会是普世的；弱小的社会是狭隘的[1]。

——塞缪尔·亨廷顿

话说天下大势，分久必合，合久必分。周末七国分争，并入于秦。及秦灭之后，楚、汉分争，又并入于汉。汉朝自高祖斩白蛇而起义，一统天下，后来光武中兴，传至献帝，遂分为三国[2]。

——罗贯中

---

1 塞缪尔·亨廷顿 著，周琪 等译：《文明的冲突与世界秩序的重建》，北京：新华出版社，2012 年版。

2 罗贯中 著：《三国演义》，北京：中国戏剧出版社，2007 年版。

对于一个社会合作系统，其系统内部个体之间或者构成单元之间存在合作与竞争的博弈，同时，系统与系统之间也存在合作与竞争的博弈。国家内部各个利益集团之间的关系与国家之间的关系更能说明这样的复杂关系。在一个国家内部，各个利益集团或者个体之间存在合作关系，同样也存在竞争关系；而作为一个整体，国家与国家之间存在合作关系，同样也存在竞争，甚至战争关系。而国家之间关系将毫无疑问地影响着国家内部各个利益集团或者个体之间的关系，反过来，国家内部各个利益集团或者个体之间的关系结构也会影响到国家之间的关系，也就是其外交走向。无论是人类的社会系统还是蚂蚁、蜜蜂等昆虫的社会合作系统，系统间的熵流，或者更容易理解一点的术语——信息流，将会直接影响到系统内部关系的演化，也会影响到系统之间的相互关系——合作还是竞争。

在社会合作系统中，系统内的高等级或者优势个体会限制系统内部成员的扩散或者与其他系统的交流，这样将有助于维持其内部的合作关系。在人类的社会合作系统中，比如国家（由优势群体控制的专政机器）会限制其民众自由移民，任何国家都存在或多或少的限制，尤其是处于激烈竞争或者战争时期。在公司或者社会团体中，通常都设置了一些特殊的政策、制度，比如限制股权转让或者工资、福利、退休金等跟服务年限挂钩等，通过这些机制限制员工自由转移。而在自然界，生物合作系统也存在扩散的限制机制。在蚂蚁、蜜蜂等社会性合作系统，蚁后、蜂王会释放某种信息素，以此区别自己群体的工蚁／工蜂与其他群体的工蚁／工蜂，工蚁／工蜂一旦加入其他群体，则可能会被直接杀死。而像野马、羚牛等社会性的大型哺乳类动物，领头的野马或者羚牛对自己群体的成员"管理"则是严格限制其远离自己的群体，一段发现某些个体离开自己的群体太远，头领则会将其驱赶回自己的群体。而人类文化中有关血统、民族的纯正性等，正是主导文化话语权的权贵们为阻止群体交流这一兽性基因在文化上的体现。事实上，没有任何科学证据显示血统或者民族的纯正性存在遗传的优势。

群体内部优势个体限制群体内其他个体扩散到别的群体属于普遍存在的行为，弱势方的合作行为，某种程度上也是被奴役行为，显然对群体内的优势方或者领头者更有利，因而群体内的优势方或者领头者更愿意付出代价维持其群体内部社会合作关系的稳定性。而对于社会合作内部的成员来说，扩散和交流是其自发的行为。扩散可以增进不同群体间的基因交流，寻找新的商业或者事业机会。不同群体之间的交流和融合增加了系统之间的信息流，并因此而将促进系统之间关系的有序性和稳定性，群体间的竞争或者战争概率将因此而减少。而当群体间的交流、融合达到类似群体内部个体之间交流程度时，不同的群体就彻底融合，不同的社会合作群体将演化成一个统一的社会合作群体。

对于社会合作系统内部各个成员而言，在群体之间的交流融合中优势方与弱势方就存在一个博弈。对于优势方而言，减少这样的群体间交流有助于维持其内部社会合作关系的稳定性。增加交流的障碍、维持群体之间的紧张关系有助于维护优势方的统治或者利益保证。我们可以看到猴群与猴群相遇的时候，首先是猴王表现得更加紧张，通常首先发起战争信号，优势等级的个体作战也更加勇敢，而地位比较低的个体在猴群之间的战争中经常是虚张声势，并没有积极主动参与作战。人类的社会合作组织比如国家，也经常出现类似的情况。比如为了维持国家民众的凝聚力，国家之间故意就某些本不重要的岛屿、岛礁甚至某些伟人、圣贤的名誉而挑起国际争端。

对于社会合作群体内部的弱势方个体而言，积极与其他群体交流，不仅会带来新鲜的遗传基因，避免遗传上的近交衰退，还可能给自己找到新的资源、利益交换的渠道。但是，同时也增加了失去原来群体的庇护所带来的风险，以及有可能不被对方群体接受的危险。在猴群中，那些离开原来群体而游离在外的个体，很容易被豹子等猎食动物捕获而丢掉性命。尽管扩散、交流、融合存在一定的风险，但是系统内部自发的扩散、增加信息流对于系统的弱势方而言也存在较大的自发动力。我们看到在自然界的社会生物系统比如猴群、狮群中总会有些雌性个体冒险偷偷地与其他群体的雄性个体偷情，甚至直接加入其他群体的情况。一般而言，社会性程度越高的群体，其群体优势方对群体的控制就越严，其群体内个体则有越小的几率能够扩散到其他的群体。

对于一个社会生物系统而言，信息的流入，则能促进系统内部熵流，促进系统的全域稳定性。这种信息流对人类的社会系统而言，既可能是人口流入带来的基因交流，也可以是文化、艺术、科学和政治治理模式等文化方面的交流融合。在中华民族的每次伟大复兴的过程中，我们可以清楚地感受到外来信息或者文明的力量。大唐盛世之初正是由于外来的文明或者基因为其发展奠定了基础：在魏晋时期，中国的文明不仅仅表现在制度上士族化而缺乏活力，民众的体质也走向虚弱；整个国家缺乏活力与竞争力。而在南北朝时期，北方外族，尤其是鲜卑族的入侵，给中华民族无论是生物基因还是文化基因上都带来了新的信息流，从而为大唐盛世奠定了基础。同样，在五四运动前后，西方大量的科学技术以及文化思想的引进，为中国现代的大统一与复兴奠定了基础。

在生物学中，外来信息的引入，同样是一个种群繁荣发展的基础。

对于任何一个生物系统而言，如果完全封闭，将很容易由于近郊交配而导致种群衰落。当然生物系统的信息流不再仅仅是交配而发生基因信息交流，通过交配而发生的基因交流绝对是生物系统内信息流极为狭隘的概念。单纯就基因交流而言，除交配之外，不同物种之间的质粒转移目前已经被证实广泛存在于几乎所有生物系统之中。还有一个可能被严重忽视掉的信息流，就是生物个体或者物种相互间的信号交流、行为模仿与排斥等类似人类文化一样的"软"信息流。事实上，生物个体之间，尤其同种个体之间，都普遍存在模仿、学习行为，而这类行为又可以通过遗传的方式被固定在遗传密码之中（表型可塑性）。在生态系统中，各个物种之间也同样存在类似于种内相互学习的过程，甚至外界环境的变化也会引起生物复杂行为反应等，而这些过程也会通过遗传方式固定在遗传密码之中。这些过程都是生命系统的信息流，而最终通过这种方式影响系统内部的结构和系统稳定性。

如果群体之间信息流动的障碍消失，那么不同群体之间的个体之间的相互作用就类似于系统内部个体之间的相互作用。不同的群体之间将实现完全的融合，不同的群体因信息流加大而自然融合为一个群体。而如果不同群体之间的信息流动障碍比较大或者存在巨大的障碍，不同的群体或者系统之间将更可能通过博弈或者战争的方式而试图融合对方，不同群体之间的融合将更可能通过兼并的方式实现。

拳头、影子与骰子

在一个系统内，如果个体或者群体之间的信息交流没有任何障碍，信息达到理想化的最大状态，也就是说在完全信息状态下，那么个体或者群体的行为都将是确定的、可预测的，系统的个体或者群体将处于充分融合的状态。然而，当不同群体或者系统之间的信息交流不再通畅时，通过信息流的自发流动来实现不同系统的融合就难以实现。群体或者系统之间在信息交流比较低的情况下，则更有可能通过包括战争在内的博弈方式来实现不同群体或者系统的融合。在此情况下，群体之间相互信息处于极大的隔离状态，因而相互间的博弈更多属于不完全信息的博弈。当个体之间或者群体之间的信息流存在障碍，双方只是部分或者完全没有信息交流，那么双方行为可预测性就比较低，个体的行为或者表现特征将因此存在波动。

在科技不发达的古代，各个国家或者国家集团间的信息流比较低，更能说明不完全信息状态下各个国家或者国家集团是如何相互博弈的。各个国家或者国家集团之间的格局与关系既存在时间尺度上的波动，也存在空间尺度上的波动，而且时间和空间尺度上的波动还存在叠加效应。同时，随机因素也将会影响到国家或者国家集团的时空波动。在时空因素以及随机因素的影响下，各个国家或者国家集团的特征将表现为：1）时间尺度影响下的历史文化与体制形式的波动；2）空间尺度上代表各个国家或者国家集团实力的波动；3）内在随机波动或者环境波动，如自然灾害、瘟疫、疾病等随机因素，这些随机因素将直接影响到各个国家或者国家集团的人口、社会舆情等方面，进而影响到各个国家或者国家集团之间的相互关系。

正如我们在前面章节所述，生态系统现存的生物多样性格局受到三个尺度因素的影响，即物种空间的竞争力、时间尺度的进化路径依赖性的惯性力量和随机因素的波动，国家或者国家集团构成的政治生态系统同样受到这三重动力，在不完全信息状态中同样表现的三重波动，而且这三重波动会相互产生叠加效应。在时间尺度影响下的历史文化、体制的波动与空间尺度上国家或者集团实力的波动，将会导致国家或者集团内部的关系结构发生改变，而这种国家或者集团内部关系结构的改变反过来又会影响到国家或者集团之间关系的波动。而内在或者外在随机波动性也将与历史文化、文明和体制的波动产生叠加效应，同样也会与空间尺度上的经济、军事等方面的实力波动发生叠加效应，而这三种波动所产生叠加效应将会导致国家之间关系的不确定性。在文化、文明、制度的时间尺度上，当其波峰与空间尺度上的经济、军事等综合实力上竞争力的波峰重叠时，其国家或者国家集团的竞争力将呈非线性增加；如果其波峰错开，则相互间的影响会相互抵消，其波动将相对比较平稳；而如果其波峰刚好是高峰和低谷相互抵消，则其竞争力就可能平淡无奇；而如果是文化文明的低谷与现实竞争力的低谷重叠，其国家或者国家集团的竞争力将呈非线性下降。

对于一个国家或者统治集团来说，国家政权统治阶层与社会的统治阶层这两种力量的波动存在错位，也存在叠加。如果这两种动力是错峰波动，那么两种力量将表现为竞争关系，一方将试图吞并另外一方。而如果两种动力存在叠加效应，则两种力量将是合作关系并合二为一。这两种力量中的一种是显性的，而另外一种则是隐性的。显性的是国家政权或者暴力机构的实力，有点像生物遗传的显性基因，而隐性的则是国家内部的社会统治阶级，这种力量是隐形的，有点像我们生物遗传中的隐性基因。这二者共同作用才构成了我们现实所看到的国家或者集团的表现行为。与生物个体的行为表现或者表型特征同时会受到遗传漂变这样的随机因素影响一样，在人类的社会演化过程中，国家或者集团的行为特征也受到了外界或者内在的随机因素的影响。

与生物演化类似，国家在时间尺度特征上的波动存在跃迁或者非连续性。生物演化过程从一个物种演化到另外一个物种，或者演化出有区别的特征，其遗传特征显然是非连续的，但是在物种的形成过程中却又是连续的，很类似物理学中的电子跃迁现象。而人类社会的国家统治阶级从不同的阶级过渡到其他的阶级，其波动也是非连续的，但是在一个统治阶级过渡到另外一个统治阶级的过程中也同样存在连续性。而代表国家"硬"竞争力的因素也同样在新政权形成的过程中存在连续性，而在政权之间却又是非连续的。

当国家政权统治阶层与社会统治阶级在演化方向存在错位的时候，或者不是同一阶层或者阶级的时候，双方就必然发生冲突而导致混乱。两种力量融合后，新秩序也就重新确立。中国历史上比较长的动荡时期基本上都是统治阶层过渡时期而导致的双方剧烈冲突所致。而当两股力量融合后，政权的更替时间相对比较短，社会波动起伏相对要小一些。而在两股力量错峰波动的时候，随机因素可能与上述两种波动产生叠加效应，起到推波助澜的作用。而当两股力量融合后，随机因素相对比较平稳的波动，不会对演化方向产生太大影响。

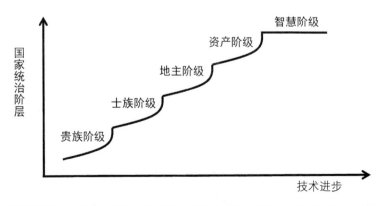

随着技术进步，信息流增加，国家的统治阶级将从极少数贵族、士族阶级向代表技术与智慧的精英阶层转化。

在生态系统中，大的种群在时间尺度上的演化惯性力量要大于小种群，种群越大，其种群受到遗传漂变的影响就越小，而其种群越小，其种群受到遗传漂变的影响也越大。这类似于一个匀速滚动的球体，球体的质量越大，外力就越难改变该球体的运动方向，相反，如果球体的质量很小，则很容易受外力作用而改变运动方向。人类的社会行为演化也是遵循了几乎相同的规律。对于一个大的民族或者国家而言，其演化主要受内在的演化规律所驱使，随着社会分工加剧和信息交流增加，国家统治的核心群体触及的距离会因此而增大，其国家的社会统治阶层也从贵族逐级向资产阶级演化。这是社会发展的内在趋势。而如果这个民族体量比较小或者国家相对弱小的话，其社会统治阶层很容易由于外界因素的干扰而偏离其内在的演化规律，国家政权统治阶层则会经常在贵族、军阀与社会统治阶级之间来回扰动。

魏、蜀、吴三国的博弈——集权与联盟的博弈

陆逊挨整，因为他是士族。虞翻挨整，因为他是名士。张温挨整，则因为他既是士族又是名士。孙权与陆逊、张温、虞翻的矛盾，实际上就是他与士族、与名士的矛盾。这其实也是曹操、刘备、诸葛亮遇到的共同问题。也就是说，魏、蜀、吴三大政权，都与士族有冲突。三国的主要领导人、也都要同名士做斗争。实际上，在大一统的汉、唐帝国之间，有一个三足鼎立的三国时代，接着又有半统一的两晋和分裂的南北朝，都与这个矛盾有关。因为士族和名士代表的，乃是一

股上承东汉下接两晋的政治力量。这股政治力量在与曹操、刘备、孙权相冲突相斗争的时候，由于并未掌握政权，因此是"逆流而上"。但是，由于他们毕竟代表着历史发展的必然趋势，因此曹操、刘备、孙权也是"逆流而上"。正是这两种意义上的"逆流而上"，就决定了魏、蜀、吴有着不同的建国道路，而且最后都要同归于晋[1]。

——易中天

当国家政权统治阶级与社会统治阶级这两种力量错峰波动时，这两种力量的特征就能比较清楚地体现出来，而随机波动因素在错峰波动中也体现得更加明显。这里我就用中国古代三国时期魏、蜀、吴之间关系来分析这三种力量波动过程的特征。三国时期，就当时的交通、兵力投送、政治影响力而言，天下的世界也只有中原及其周边区域。然而，随着科技的进步，现在的天下已经囊括整个地球。就国家或地区之间的沟通便利和频次而言，中国古代三国时代的各国之间，甚至郡县之间的交流都不可与现代同日而语。整体而言，各个国家之间如果维持相对稳定的合作关系，世界整体上将趋于平衡、稳定。而如果大国之间趋于竞争、甚至战争，国际的政治、经济系统则将趋于紊乱、崩溃。

三国时期是从东汉末年张角领导的黄巾军大起义开始，持续近百年的一段从混乱到统一的历史时期。黄巾起义二十年大混乱后，整个原东汉版图逐渐被魏、蜀、吴三个大的军事集团为主的势力所割据。台面上是魏、蜀、吴三大军事集团之间的博弈，但背后却又是士族阶

1 易中天 著:《品三国》，上海：上海文艺出版社，2015 年版。

层所代表的文化、文明软实力与军阀代表的军事力量的硬实力之间的斗争，而偶然的随机因素又在这两种力量的斗争中导致其策略或者建国路径的差异或者多样性。正如包括易中天在内的大多数史学家都认为，三国时期三足鼎立的状态是贵族统治的秩序被破坏，而新的士族统治的秩序又没有建立起来的混乱所致。

在三国时代，由于代表国家或者集团硬实力的军事力量被非士族力量所控制，而控制国家或者集团软实力文明、文化力量的士族并没有真正掌握政权，因而二者之间的矛盾显著存在，两种力量的波动没有同步而是错峰分布。而在这两种错峰的波动过程中，由于随机因素而选择了三个人格魅力截然不同的军事集团领导人，导致了不同的建国路线。曹操不是士族，他出生于士族最憎恶和蔑视的宦官家庭，他最初建立的政权就是在大汉政权基础上建立起来的军阀集团，跟士族的矛盾根深蒂固。曹操杀孔融、杨修等名士，就是曹操军阀力量与士族代表的文化力量较量的结果。而出身寒微的孙吴军阀集团的领导人同样属于士族的敌对力量，而且孙权逼死士族代表陆逊同样也是以孙权为代表的军阀实力与士族代表的文化、文明力量之间争斗的结果。在蜀汉，诸葛亮也被迫对士族实力进行打击，废士族名士廖立、来敏为庶人，而诛杀益州名士彭羕，也是由于蜀汉的军阀实力派与士族之间矛盾激化所致。

这些军阀集团在与士族阶层的争斗过程中，演化出了不同的建国策略。

北方的曹魏是最强大的，它本身的军事、经济实力也是最强大的，而且通过其军事、政治的影响力与北方多个军事集团联盟，因而具有比较大的优势。同时，奉天子以令诸侯，在话语权上具有道德的优势，因而具备了天时之利。吴国当时以长江的天险在地理上跟北方的魏国划开，同时，吴国具备比较大的战略延伸地带，即南下到荒芜或者蛮夷地带，甚至延伸到台湾、日本等岛屿地带。其经济实力强于蜀国，但是弱于魏国，其军事实力可能要远弱于魏国，略弱于蜀国，但是其占据长江天险，且战略缓冲地带比较长，因而总体实力可能弱于魏国而强于蜀国。而蜀国的战略纵深相对比较小，理论上蜀国当时可以向云南，甚至东南亚国家延伸，但是在当时的技术条件下，人类难以克服四川、西南高山险阻和热带雨林的毒虫猛兽。而且当时西南地区人口不是很稠密，热带雨林几乎就是人口分布的沙漠。

从黄巾起义形成军阀割据时代开始，各个诸侯之间的竞争加剧，因此各个诸侯之间的沟通融合程度就比较低，而北方曹操通过一系列的夺权与战争，以天子的名义统一了北方，而北方内部各个利益集团相对于吴、蜀而言更加均衡，北方曹魏事实上实行了相对于吴蜀更加民主的政治体制，更接近于各个集团的利益联盟。其内部不仅仅存在士族利益集团，也存在诸如孔融，甚至自己的重要谋士荀彧为代表的复兴汉室的政治派系。所以曹操在几次远征，战争还未分胜负的时候，就撤军回去，就是其内部矛盾未曾解决，急忙撤军就是担心内部分裂。但是，由于曹魏相对实力更大，未来的统一或者赢得战争的可能性这一期望收益更大，因此尽管内部各个利益集团之间矛盾很大，却能够在这一未来更大回报的利益诱惑下维持其整体政权的统一。在曹魏政权，士族的力量相对更为强大，其相对宽松、自由的文化基因为曹魏政权的最终统一中原奠定了人才、资源与文化的基础，但也是其政权后期被司马集团窃取的原因所在。

长江以南的孙吴占据长江天险，形成了一个以经济、政治利益为主要凝聚力的实用主义集团。从孙策用大汉天子的传国玉玺换取袁术三千兵马逃回江南，再到孙权为了收回荆州而向曹魏称臣，以现实利益追求作为政权稳固与维持的宗旨形成了孙吴集团。这种以利益驱使而维持的团体，其政治上或者制度上存在极大的弹性，没有那么刚性，很容易吸收其他诸侯或者国家文化或者文明制度。但是这种缺乏强大文化或者文明基因的集团或者国家却容易失去其凝聚力而分裂或者被其他集团取代。孙吴历史上发生过多次宫廷和军事派别之间的仇杀，正是这种文化基因在现实政治中的体现。

而地处西南的蜀国则是在极其强大的"匡扶汉室"道义大旗下凝聚的政治集团。刘备把一支极其弱小的军事力量在短短数年内发展成为一个三分天下的集团，其背后最大的力量就是维持大汉的正统，而将曹魏丑化为背信弃义的窃国大盗。蜀汉用道义或者文化的感召力凝聚了一个具有号召力的集团。其政权内部也是由不同的利益集团构成，但是在"匡扶汉室"这一道义大旗和外部威胁加剧的双重作用下，其内部不同的派系或者力量最后逐步被整合而实现了完全以刘备、诸葛亮为首的荆州集团的统治。在蜀汉，我们更能清楚看到历史演化所形成的道义、文化在政权维持的时间尺度上的波动对政治格局的影响。

从历史上的蜀汉政权内部关系的演化中，我们可以清楚地看到实力最为弱小的蜀汉在外界的压力下，国家内部更加集权。以集权主义为主要特征的非对称性程度加强，这种非对称性加剧反过来会导致系统内部的创新／突变能力的下降，最终导致经济、社会财富、文化等代表国家实力的各项指标开始下降。在蜀汉政权创建早期，其内部结构十分简单，基本上就是刘备这一个单一的集团或者派系，而在吞并益州后却形成了以"刘璋旧部"李严为代表的东州集团、"本土势力"

的益州集团和"刘备亲信"的荆州集团三大集团。但随着接连的主动对曹魏的战争,益州集团、东州集团逐渐被削弱而基本丧失博弈的能力。在蜀汉政权内部,随着其集权程度的加剧,政权的稳定性相对曹魏和孙吴则是更加稳定。蜀汉领导人从刘备到诸葛亮再到姜维,则是主动通过各种方式刺激外界的压力,使其压力更大,反过来促进内部政治资源的团结与整合,外界的压力与内部集权之间存在一个类似军备竞赛的游戏。这种相互间不断的强化作用,甚至不惜通过战争来强化外界的压力,导致国家内部转向集权主义直至极权主义。

但是,随着集权的加强,其经济、军事和文化创新等代表国家实力水平的各项指标在达到一个阈值后就开始下降。"蜀中无大将,廖化为先锋"就是人才匮乏的写照,而文学、艺术方面更是难以跟北方的曹魏媲美,甚至跟孙吴也是差距很大。曹魏在艺术方面一片繁荣;孙吴在文学、艺术方面相对较弱,但是其航海科技等在当时已经十分先进,史料记载当时吴国的大船已经能够到达台湾和日本了。高度集权主义为蜀汉政权的稳固和高效的对外战争提供了动力,但付出的代价却是人才成长、经济活力和文化、艺术、科技等方面创新能力的下降。集权制导致社会整体创新能力的下降,反过来导致其经济、国家竞争力的下降,最终导致社会、经济体系的崩溃或者更替。三国中,蜀汉政权是最先灭亡的。

与蜀汉对照的是北方曹魏政权。曹魏政权是在原有大汉政权班子基础上建立的,因而整合大汉政权的力量就是曹魏的选择。这种基础上的政权就天然要求其具备包容性,而曹魏政权的竞争实力为团结这些力量提供了强大的动力。跟一个最具实力的集团结盟,其潜在的收益显然也是巨大的。在相对更为强大的北方曹魏政权中,联盟或者民主的程度更高，其内部的包容程度也更高。曹魏以士族阶层为代表的文化、艺术、经济等方面相对要比孙吴和蜀汉繁荣很多，整个国家的竞争实力也强大很多，这就为其后来统一整个中原奠定了社会、经济和军事基础。但是这种相对更加对称均衡、民主、联盟性质的政权内部关系也导致了其中央集权能力的削弱，相对更容易导致政权在不同的利益集团之间转移。司马家族后来取代曹氏家族，以及曹氏家族内部不同家庭之间相对更为和平的权利转移就是这种政治结构的延续。

孙吴政权属于在集权与民主／联盟之间左右摇摆，在跟曹魏和蜀汉结盟与抗争中摇摆不定的政权，其文化或者立国路线属于高度现实主义的策略。这就注定了其路线与方针的摇摆不定。跟曹魏和蜀汉相比，其政治路线、方针，以及文化、思想导向等方面具有相对较高的弹性。其文化、思想以及政治制度的惯性力量相对比较小，也能及时调整自己的路线。孙吴历史上发生过多次政治偏离，也发生过宫廷政变，但是国家还是回到延续的路线上来了，并没有发生一个利益集团取代另外一个利益集团的政权变更或者国内大规模的战争。无论是内在的随机扰动还是外在的随机扰动，孙吴政权都相对稳定地沿着自己既定的方向演化。其现实主义和弹性的策略为其三分天下奠定了基础。

无论是魏、蜀、吴三国还是我们现代国家体系，国家内部关系结构与外界的压力或者环境扰动是密切相关的。而国家内在或者国家外部环境的波动性则可能对文化、文明的时间尺度与国家实力空间上的波动产生叠加效应，加速或者延缓时间尺度文化／文明的波动，也会加速或者延缓空间上国家竞争力的波动。对于一个国家而言，强大了就相对更加包容，就会向更加对称性的关系演化，而在外部压力很小或者没有外部压力的情况下，关系更加对称性的民主联盟将可能走向分裂；而弱小的国家在外部强烈的压力下，国家则更可能走向集权主义，甚至走向极权主义。

三国时期，既存在各个军阀集团之间的竞争，同时还存在各个军阀集团与其共同的"敌人"士族阶层之间的博弈。在博弈的早期，以军阀实力体现的空间波动与以文化、文明演化方向的时间尺度上的波动存在错峰现象，随机因素在决定魏、蜀、吴鼎力的博弈中属于关键性参数。仔细分析魏、蜀、吴建国的过程，很多随机因素都可能导致未来完全不同的政治格局。而曹魏采取陈群的九品中正制度（由士族管理国家政权），使士族阶层所代表的文化/文明波动与军阀政权力量的波动实现同步，也就是士族完全接手军阀力量而管理国家政权的时候，魏晋统一了中国。在这样的两种波动重叠所带来的巨大动力下，随机性因素相对扮演较小的角色，国家统一也就相对迅速实现。

效率是集权的产物，而创新诞生于民主

前面分析魏、蜀、吴三国的竞争格局，我们仅只是根据对称性与效率、创新之间相互关系来做出的假想性推理。社会效率是国家之间竞争是否获胜的关键性指标。但是，当我们在讨论效率这个概念的时候，经常忽略掉了社会合作系统的效率实际存在两个相互矛盾的方面，那就是个体效率和社会的整体效率。我们前面讨论的适合度和存活价的概念事实上只是讨论了个体的效率，而对于社会合作系统而言，社会整体效率跟个体的效率存在矛盾，这就是社会合作行为的悖论。按照达尔文和亚当·斯密的理论，如果每个个体自私的行为实现了其个

体利益或者效率的最大化，那么整个社会或者系统的收益也就最大化了。正如我们在囚徒困境的故事中所描述的那样，两个纵火犯如果采取合作的抵赖策略，实现了总体收益最大，但是对个体而言，采取坦白的策略反而收益最大。这就如同我们治理全球污染或者气候变化一样，大家都减排，实现可持续发展对整个人类社会而言是最优的，可以实现社会利益的最大化。而对各个国家而言或者个体而言，减排和降低发展速度则是不利的，因为这样将导致其在世界竞争的丛林法则中失去优势。我们前面提到的各种理论都是在试图解决这二者之间的悖论。

个体与社会效率之间的悖论可以通过对称性破却来解决。也就是说，如果采用非对称性的思想来理解，这个悖论也许就迎刃而解了。正如前面章节所述，非对称性相互关系将会促进合作行为的演化，通过分工，提高了个体的效率。非对称性程度越高，分工越细，个体的工作效率也越高。在非对称性程度比较低的系统或者演化阶段，非对称性程度的提高将因此提高社会整体效益。但是，非对称性是一把双刃剑。在非对称性的系统中，优势方将可能对弱势方进行筛选，将有利于自己的留下，而去除对自己不利的。尽管这样的筛选由于信息的不对称性并不总是有效，但是随着非对称性程度的提高，筛选的效率也将提高。系统的非对称性程度越高，系统内部的多样性将会降低，对于人类社会而言，系统非对称性越高，一个显著特征就是社会的创新能力下降。从斯大林领导下的苏联到普京领导下的俄罗斯，我们可以明显感觉到这样的规律。多样性或者创新能力的下降反过来又会降低整个社会的生产效率。社会经济学里这样的案例比比皆是。最为显著的例子就是现在的俄罗斯。普京，从个人的角度来说非常成功，他成就了成为全体俄罗斯人偶像的梦想，甚至也成了美国总统特朗普的偶像。他的权力和影响力在俄罗斯无人能挑战。然而如果你去看看俄罗斯整个国家的经济状态，就会发现已经下滑到比中国广东省的 GDP 还要低的水平，你就会理解为什么非对称性程度太高，反而会降低社会的整体效益。清朝时期，康熙、乾隆皇帝个人在皇权上达到了顶级，但是清朝的综合国力却是从此一路下滑，现在的俄罗斯几乎就是我们曾经的清朝灵魂再现。

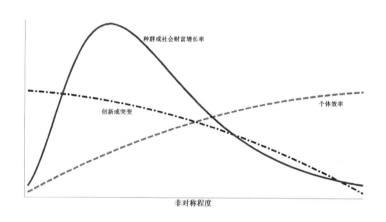

社会生物系统中，效率是集权的产物，而创新和突变则是民主的产物。非对称性与社会系统的多样性/创新能力存在长期的博弈过程，因此将影响到社会整体效益增加或是降低。由于个人效率与社会多样性（创新性）之间存在平衡，社会总效益将随着非对称性程度的升高先增加，然后下降，呈现抛物线形式（见上图）。单纯就社会总效益而言，非对称性存在过犹不及。实际上人类社会总是在非对称性（集权制度）与对称性（自由主义）二者之间波动与选择。社会总是存在惯性，各个国家的制度总是在二者之间波动与徘徊。没有任何一个国家采用绝对的集权主义，同样也没一个国家采用完全自由主义制度。

一山不容二虎，除非一公一母

　　基于非对称性——效率高和对称性——创新性高之间的平衡，我们可以简单推理一个国家或者社会群体的竞争力。国家之间或者社会群体之间究竟是竞争还是合作关系，同时也取决于环境的影响，或者更大一个选择单元所面临的选择压力。比如说，一个国家内部党派之间是竞争还是合作，是一党执政还是多党执政，将可能受到国家这个更高选择单元所受到的选择压力的影响，而且其选择策略还存在强烈的路径依赖关系（历史因素）。这类似于共存于一个生态系统的各个物种之间是合作还是竞争的关系，其所处的生态系统所面对的环境选择压力将会极大地影响到系统内的物种相互关系。

　　中国有一句谚语：一山不容二虎，除非一公一母。在一个复杂开放的社会和国际关系系统中，这种整体的趋势仍然是很类似的。世界的政治格局可能存在两虎共处一山的情况，在双方的势力范围或者战略生存空间存在比较大的可塑性的情况下，二者之间的关系将是波动性的共存。但是共存的稳定性比较脆弱，很容易转化到只剩一极。在一极的情况下，系统相对更加稳定。在社会性的动物或者昆虫中都会发现存在这种类似的情况。蚂蚁、蜜蜂等高度社会性昆虫系统，都是只存在一个后或者一个王的情况，在我们人类的近亲灵长类的猕猴社会系统中，我们也是只看到一个王的情况，几乎没发现几个王的情况。

　　然而，有些社会性昆虫比如少数白蚁种类，情况就比较例外。白蚁也是高度社会性昆虫，大多数种类也是只有一个蚁王或者蚁后。但是有些种类在自然条件下，存在多个蚁王或者蚁后。这让我们最初很是迷惑。后来的观测发现在存在多个蚁后的群体中，其内部生存的空间被各种隧道和腐烂的木头分隔成了很多小的王国，每一个小的群体事实上是独立的王国，只要一只兵蚁堵在隧道口，其他小群体的个体就无法进入它们的群体。这有些类似于古代的各个氏族部落，由于古代的军事、技术上的制约，人们还是难以克服山川、河流等地理、物理障碍，因此一个部落的个体难以入侵到其他的部落，因而很容易形成多个独立王国的共存。当我们把白蚁群的空间障碍打开，让这些蚁后和不同群体的白蚁生活在相同的空间，这些蚁后开始有些争斗，但很快就和谐共存了。有意思的是，在这些个体还没有发育成蚁后，在其还是王储阶段时，如果我们就把它们置于没有空间障碍的同一环境下，则这些王储打斗得十分厉害，最终只有一只王储能够存活下来，其余王储可能都被打败而死亡。在同质的空间条件下，无论是社会性的昆虫，还是人类，唯一的王或者霸主将是最可能的选择结果。

我们可能会注意到狮群，有些只是一只雄性狮子统治一个狮群，但经常出现两只雄性甚至偶尔三只雄性狮子，甚至报道有五只雄狮子统治一个狮群，而不是一雄独霸，但是狮群的合作系统仍然很稳定。这种情况的发生可能是因为占据统治地位的雄狮的公共资源——雌性狮子完全是共享。雌性狮子通常在发情时会跟多只雄性狮子交配，而不存在排他性，因而对于雄性狮子争夺最重要的公共资源而言——雌性狮子，不存在剧烈的竞争。另外，群体间的竞争在狮群也是极为激烈。在这样独特的情况下，对公共资源的竞争反而并不剧烈。对于雄性狮子而言，主要是雌性捕获的猎物多少和群体间的竞争，反而可能是最重要的竞争资源。这样多少雄性狮子可以共存在一个狮群将依赖雌性狮子的多少或者其捕获猎物能力的大小，如果狮群能够捕获的食物越多、越容易，相应统治狮群的雄性狮子就越多。同样，群体间的威胁越大，多个雄性狮子统治一个群体的可能也越大。不过，一个值得注意的情况就是这些同处一群的雄狮，地位上是存在差异的，只是其差异没有像蚁后与工蚁之间差异那么大而已。

这种情况也发生在人类社会。在民主选举的国家我们会发现一些有趣的现象：国家执政的政党在很多国家都是两党或多党轮流执政，而不仅仅是一党执政。为什么这样的政治格局能够形成呢？而不是演化到只有一党执政的独霸格局呢？对于竞争性的政党而言，其主要竞争的最关键的公共资源就是民众的支持，而民众的政治倾向性大多数并不具备绝对忠诚性——类似于雌性狮子的交配权这一公共资源一样，民众的政治倾向性完全是共享的。谁能获得民心、为大众谋福利这一虚伪道德大旗反而成为党派之间竞争的关键性资源。相对而言，在一党执政或者相对独裁执政的国家，执政党如果不是要考虑如何实现向外扩张的政治主张或者文明延续，而是要考虑面对强大的外部压力，如何整合内部资源，从而高效应对外部压力，在这样的情况下，内部民众的支持在各个政党之间更具有排他性。外部压力越大，国家内部政党之间斗争的排他性越大，弱势党派更容易屈服，最终也更容易形成一霸独大的格局，演化为高度集权的格局。

在世界政治格局中，政治影响力或者公共资源的控制权是难以真正被国家之间共享的。在这样的排他性竞争中，当空间的物理隔离被打破而演化成一个地球村后，最终的格局将会只有一个村长，而不会出现两个村长，唯一例外的可能性就是高度互惠关系，也就是说两个村长是类似一男一女的夫妻之间的互惠关系。这种互惠关系的维持通常需要外部强大的压力或者制度性惩罚。否则，很容易一方违背契约或者游戏规则，将另一方打倒，而回到一党执政的传统当中。

统一与分裂的博弈，也是效率与创新的博弈

《三国演义》开篇就概括了国际关系的演化趋势：天下大势，分久必合，合久必分。国家政权的实力与国家或者集团的文明/制度存在相对较大的惯性作用和不连续性，这也是导致其出现波动的原因。在一个相对更加对称性的体制、文明、文化中（其主要特征体现在社会结构或者社会关系），其内在的创新（生物系统中就是突变）概率就会上升。需要强调的是，生物的突变是一个中性词，突变可能有"好的"也有"坏的"。这里的好坏是相对生物个体或者生物系统而言，对种群增长有利的，我们就认为是"好的"突变，而不利于种群增长，就是"坏的"。但是，创新这个词就是典型的具有价值偏好的词了，我们通常的创新概念就是对整个社会有利的突变。事实上一个社会有多少有利于社会的正面突变，就相应有多少"负面"突变。而相对更加对称的社会结构中，对"负面"突变创新的包容事实上就是鼓励了正面的有利创新。在人类科技史上，有许多"负面"创新最后又对人类产生巨大的正面促进效应。核技术的发展最初是为了制造杀人利器，而当其应用到发电领域就会给人类带来巨大的收益。降落伞则直接是关在监狱里的犯人试图越狱而产生的发明。

在非对称性程度比较高的集团或者国家，也就是政治学中的集权主义社会中，其内部资源或者社会关系集中到集团或者国家所面临的最为紧迫的问题或者威胁上。这样的内部社会结构将有利于提高整个群体的竞争力，而其目标的同质化，就像社会分工一样，能够提高整个群体的效率。但是这样的社会结构却难以包容不同方向的突变或创新。这类不符合群体目标的突变或者创新将得不到相应的资源或者社

会关系，尤其是"错误"难以得到包容，社会整体的创新能力将因此而下降。在外部竞争压力很大的情况下，集权主义有利于集中资源或者社会关系获得自己的生存空间；而在外部压力降低的情况下，集权主义将自发转向更加对称的民主主义。但是由于体制、文明/文化的惯性力量可能会向极端方向演化，如果随机因素的波动刚好同步，极端集权主义或者自由主义就可能发生。

三国的蜀汉政权曾经制定和实施过禁酒令，曾经发生过家里有酿酒工具而被定罪的案例。但是如果没有酒这类"糜烂人心"的刺激，就不会产生如曹操、李白这样的诗人，同样也不会诞生奇思怪想的祢衡。蜀汉政权从其诞生起就是相对最弱小的力量，高度集权有利于蜀汉获取自己的生存空间。由于外部的压力一直未能消除，其集权主义惯性从刘备延续到诸葛亮，直到蜀汉灭亡时的姜维。其凝聚内部力量的"匡扶汉室"的政治旗帜（也就是文化凝聚力）更具刚性而缺乏相应的弹性，则进一步强化其集权主义。这种力量长时间地持续最终导致其社会、经济、文化也包括军事实力实质下降，最终导致蜀汉成为首先被灭掉的国家。

蜀汉其最初的弱小与狭隘就已经很大程度上决定了它最先被吞并的结局，而与孙吴的联盟滞缓了曹魏对其吞并的进程。蜀汉从其创始人刘备开始就以恢复汉室为其政治目标，刘、关、张是其核心成员，而赵云这样劳苦功高的创始人也没进入他们的兄弟圈，后期其他集团的加盟，事实上也没有真正进入利益集团的核心，而诸葛亮由于没有真正自己的势力而被接纳进入核心集团。整个蜀汉政权没有真正形成相对更加对称的内部结盟关系，其同盟军或者自身力量因而就比较弱小，而集权化的加强更进一步削弱了集团的包容性，因而直接导致了蜀汉政权的实力或者势力范围萎缩。

蜀汉在建立自己的政权后如果没有继续强化其集权主义，也没为进一步凝聚人心和巩固其政权而对曹魏主动发动战争，而是采取更加包容的、均衡的内部社会关系结构，那么蜀汉也许可以在人才、经济和文化等社会发展方面营建一个更加包容的环境，三国演化的结局可能完全就是另外一个故事。蜀汉完全可以采取类似曹魏的策略，积极向西南、甚至东南亚发展，开发、拓展这些未开垦地区，扩大自己的战略缓冲地带；同时，改善其内部成长的环境并营造更为包容的社会环境，这样无论是军事人才，还是文化、经济、艺术人才都能够成长起来，为未来的发展培养和储备众多的人才。正如诸葛亮《隆中对》所言："将军既帝室之胄，信义著于四海，总揽英雄，思贤如渴，若跨有荆、益，保其岩阻，西和诸戎，南抚夷越，外结好孙权，内修政理；天下有变，则命一上将将荆州之军以向宛、洛，将军身率益州之众出于秦川，百姓孰敢不箪食壶浆以迎将军者乎？诚如是，则霸业可成，汉室可兴矣。"[1]可惜刘备入川后忘记了《隆中对》设计的战略，诸葛亮也忘了自己最初谋划的战略蓝图，最后导致了蜀汉政权的迅速崩溃。

孙权和刘备两个相对弱小的集团早期在曹操的强力压力下形成了联盟，而孙吴和蜀汉的联盟致使曹操的吞并行动受阻而停滞。面临外部强大的压力，相对弱小的就必须团结来应对是自然选择必然的结果。曾经有科学家用一种小鱼做了一个实验：把两条小鱼养在同一个鱼缸里，这两条小鱼会各自玩耍甚至经常为取食而打架，但是在隔着玻璃的另外一面放进一条捕食性鱼类的时候，这两条小鱼立即就团结起来

1　陈寿 著：《三国志》，北京：中华书局，2006 年版。

了，总是在一起游而且相互间很少发生冲突。而一位有经验的农民则讲述了另外一个故事：如果两头驴老是在一起打架，那么拴一条狗或者狼进去，两头驴就会团结起来。人类或者社会集团跟自然的生物特性类似，外界强烈的压力会导致弱势方迅速团结形成联盟。试想，如果曹操当时不是步步紧逼孙刘两家，而是继续采用郭嘉对付袁绍之子袁尚、袁谭的策略，停止施压，最后让袁氏兄弟反目成仇而大打出手，那么孙刘两家是否也会相互争夺地盘而大打出手呢？如果孙刘没有形成联盟，那么曹操也许可以采用联合一方抑制另一方的策略。

孙吴的体制、文化和其立国的策略更具备弹性，属于典型的现实主义策略。孙吴在面临北方曹操的强大压力下与刘备集团联盟，最终在赤壁大败曹操，从此获得了自己的生存空间。但是，也正是这种现实主义惯性，使孙吴为夺取荆州而与蜀汉为敌，导致孙刘联盟解体，继而孙吴为了减轻蜀汉的压力而向北方曹魏称臣。这种现实的、投机性策略为孙吴赢得了生存空间，但是孙吴同样也为其"短视"行为而付出了代价。试想，如果孙吴暂时放下与蜀汉的荆州之争，支持蜀汉与曹魏持续战争，同时积极与曹魏、蜀汉展开经济、文化、人口方面的相互渗透融合，鼓励蜀汉和曹魏人口流动到南方去开发南方的蛮荒之地，这些收益将远远大于一个荆州。等到曹魏、蜀汉相争而实力大大损失后，自己采取与蜀汉结盟，同时又能向曹魏称臣的弹性策略与体制，只要时机成熟，孙吴又未尝没有机会统一三国。

北方的曹魏在三国中实力最强，也是文明／文化、制度相对最具活力的集团，其中体现其思想、文化发达的一个重要特征就是其人员的多元性。曹魏无论是在军事人才还是文学、国家智库人才都远远胜出于孙吴和蜀汉。相对而言，曹魏的社会、经济、文明／文化发展更加平稳，社会的波动相对比较小，正是其人才和智库更加成熟，决策机制也相对更加成熟，出错的概率要比孙吴和蜀汉相对也更小。我们从三国时期三个集团各自内部出现的战略性大错误上就可以清楚地看出这一点。蜀汉政权在关羽丢失荆州而被杀害之后，轻率而冲动地动用全国力量去复仇，这足以说明蜀汉没有足够的纠错力量和机制避免如此之大的战略性和方向性的错误。再看看曹魏政权，曹操几次想铲除异己力量如孔融、祢衡这样相对小的"错误"都能被及时制止，这不能仅仅归因于君主的开明和智慧，还应该归因于曹魏内部存在多个利益集团之间的制衡，同时有更多的人才库帮助其给出适时而合理的建议。

曹魏在后期采取向北发展而统一北方，同时将重心放在内在发展而不再主动发起对孙吴和蜀汉的战争策略，就是郭嘉思想的延续。北方的其他部落或者军事集团，与曹魏相比实力悬殊，因而更比较容易统一整合，更为重要的是这样做稳固了自己的大后方。曹魏政权建立后，没有主动发起过对孙吴和蜀汉的战争，而蜀汉和孙吴只有在曹魏的压力下才能维持其联盟。没有了曹魏的压力，蜀汉和孙吴内部的矛盾就会上升为其主要矛盾。曹魏智库人才成熟的重要特征就是积极主动示好孙吴，致使孙吴错误地发动对蜀汉的战争。曹魏的民主/联盟制成就了曹魏整个集团的人才、创新和经济复兴，并因此形成强大的纠错机制和力量，进而建立健全了其相对更加稳定、可靠的政权决策机制，为其高效的外交和国家健康发展提供了有效的保证。

然而，曹魏政权相对更加民主、联盟的性质却为其后来政权被司马家族篡夺埋下种子。曹魏政权这样相对松散的中央权力结构导致其实施自己战略抱负的效率低下。曹操在出兵汉中征讨张鲁的几次战役都是因为后方不稳而中断的。如果曹操解决了其内部的相对分权的机制、并彻底地消除汉室皇族、孔融等士族集团的制衡，也许曹操可能会先于刘备而夺取川蜀地区，其统一中原则可能大大提前。同样，曹魏政权民主、联盟制度的强大惯性，导致在曹丕上台后，被迫放弃了唯才是举这一成就曹魏政权的基本国策，而实行士族集团的世袭制度，这是直接导致曹魏政权最终丧失控制力的主要原因。

　　对曹魏而言，其内部强大的民主、联盟制度和文明／文化基础产生的巨大惯性是曹魏政权，以及统一后的魏晋政权最后走向衰落和分裂的根本原因。曹操在稳定政权后，曾经试图整合其内部力量，从民主、联盟转向集权主义，他努力了，清除了代表士族利益的孔融，甚至自己早期最重要但是政治理想不同的盟友荀彧，但是由于其文化／制度的强大惯性，曹操没能通过实现各个利益派系的力量整合而实现其相对集权的目标。主动对外发动战争，借助于外部压力从而实现内部力量整合是一种重要途径，蜀汉就是以这样的方式实现了对内部益州集团的打击。但曹魏内部力量整合失败了，其主要原因是因为其制度或者文化的惯性力量，而没有外界压力促使曹魏集团内部实现集权也是原因之一，其最有权势的曹操的过早去世这个随机因素则进一步阻止了曹魏内部集权的实现。这种民主、联盟制度惯性或者惰性随后致使统一中原的后曹魏政权的更替，其惯性在魏晋继续前行，最后导致同一个魏晋再次走向分裂。

　　中国有句经典格言：物极必反、过犹不及。对个人成长如此，对国家或者群体也是如此。自然界生物物种的繁衍、生存同样如此。三国时代，蜀汉的集权主义，曹魏的民主／联盟，孙吴的现实主义，成就了魏、蜀、吴各自三分天下的制度、文化和军事优势，在其强大惯性下，再加上随机因素的加速作用，在情势发生改变后反而成为其走向衰落的诱发原因。魏、蜀、吴最后统一于魏晋，有其实力和文化/制度波动的惯性作用，而随机因素或者外界环境的扰动则加速或者滞缓了这样的演化过程。某些随机的事件或者因素也可能诱发整个世界格局的重组。在一个竞争激烈、神经高度紧绷的环境中，这些小的事件或者因素也许引起连锁反应，即通过所谓的蝴蝶效应，从而导致世界的混乱，最后再次实现世界政治、经济秩序的重新组合，游戏规则重新确立，世界再次恢复到一个有序的状态。

一个真正的进步，一定是逆惯性行为而演化的结果，这往往只能借助于强大的外力才能发生。对于生物个体如此，对人类的社会行为同样如此。对于生物个体而言，顺惯性而无尽的演化，必将导致系统的均衡状态，从而导致系统的崩溃，而对于人类社会而言，随惯性而为，必将导致系统的惰性而失去竞争与创新能力，社会将因此走向衰落。克服这种强大的惯性，需要非凡的自我否定的勇气。更多的情况下，靠内在的本身力量是完全无法克服自身的这种惯性的，往往需要强大的外力才能推动系统逆向而行。

第八章

全球格局中的竞争与合作

在我们竭尽全力自觉地根据一些崇高的理想缔造我们的未来时，我们却在实际上不知不觉地创造出与我们一直为之奋斗的东西截然相反的结果，人们还想象得出比这更大的悲剧吗？[1]

——哈耶克

1　弗里德里希·奥古斯特·哈耶克著，王明毅，冯兴元 等译:《通往奴役之路》，北京: 中国社会科学出版社，1997 年版。

世界各个国家或者集团之间在军事、政治和经济等实力层面的竞争或者合作的表象之外，各个国家或者集团的影子——文明和文化，这个隐形的参数同时也在左右国家或者集团的行为，而随机因素，就像投骰子一样，也在难以预测的情况下改变着国家或者集团的行为。类似于复杂的生态系统，生态系统中各个物种的分布格局不仅取决于物种自身的空间竞争能力，同时还取决于该物种时间尺度下（即历史）的演化路径和遗传特征，而这两种因素又受到随机环境波动的影响。就好比物种的种子，是落在牛粪上还是贫瘠的石头缝里，受随机因素影响，物种的分布格局将可能因这些随机性而呈现完全不同的格局。世界的政治生态格局在上述三种力量影响下，同生态系统的物种分布格局一样，将存在极大的随机性和不确定性。然而，存在随机性和不确定性，并不意味着整个政治格局就没有规律可言。

　　在人类社会演化过程中，整个社会的人群逐步阶层化，在生物学中称为重层社会，而在人类社会则称为阶级或者阶层。人类社会随着社会分工的细化和信息交流的便利化，社会结构从原始部落的家庭式的议事制度逐步演化为国家的贵族统治，再到士族、地主的统治，再到资产阶级的统治。而这些统治阶级随着国家或者集团的人群数量的增大，需要用一些虚构的概念来凝聚整个人群。这样，所谓的文明或者文化、国家等概念就应运而生了。而社会统治阶层正是通过控制对文明或者文化的发言权，来壮大、凝聚国家人群。并以此与国家统治机构博弈。当国家统治阶级与社会的统治阶级完全融合后，则国家这两个阶层属于合作的关系，双方的力量波动的叠加效应，促进了国家或者集团的稳定团结；而如果这两个阶层存在错位，则双方对抗的可能性就增加。上一章节分析的魏、蜀、吴三国就是三国政权统治者在与士族阶级这一共同的对手相互博弈过程中而演化出的三种不同建国策略或者路径。

在当今世界政治格局中，社会的统治阶层是资产阶级这个阶层，它控制着社会的文明或者文化、道德发声权和经济社会活动。但是，正如我们在分析中国古代魏、蜀、吴三国的博弈时所说，掌握国家政权的控制者在很多情况下跟社会的统治阶级，并不具有相同的利益诉求或者演化趋势。当今世界，只有美国等部分西方国家的国家政权统治阶级跟资产阶级大体融合，其他国家或者文明共同体，其国家政权的掌控者跟社会的统治阶层都存在错位，其国家或者军事集团的统治者跟资产阶级这一社会统治阶层存在矛盾，或者说，在非西方国家中，国家政权统治者所属文明、文化基因与资产阶级这一统治阶级存在冲突。

亨廷顿在其《文明的冲突和世界秩序的重建》一书中认为，世界的冲突将从国家暴力机构之间的冲突演化为文化、文明而凝聚起来的集团之间的冲突。亨廷顿认识到了国家冲突背后文化与文明的影子，但是他忽视了同一文化与文明的集团内部为了实现统一而发生的剧烈冲突，这种冲突的强度往往比文明／文化之间的冲突更为剧烈，在历史上国内各个军阀或者派系之间的惨烈战争案例比比皆是。当今中东各个国家同属同一文明，但是其内部战争不断，足以说明同一文明集团内部各个国家为了霸主地位而可能发起更为剧烈的争斗。在同一文明集团内部，亨廷顿同样忽视了文明的统治阶层与国家政权统治者之间的合作与竞争关系，而这些因素将直接影响到各个文明集团之间的关系，这也是现实中很多冲突难以在文明层面探讨的原因。并不是所有个体或者阶层都有对文明或者文化的发声权，文明或者文化往往只是某个阶层拥有的独特权利。

人类活动能力的扩展、技术的进步和分工的细化使人类社会内在的统治阶层在国家层面上逐步由贵族、地主阶级演化到资产阶级，而这一演化过程中，人类的群体结构的统治阶层从金字塔的顶端逐渐转向底层。正是这一社会合作规模的扩大并蓄积了更多的财富，统治阶级才能够供养更多的冗余人员，这也许才是科学技术得到加速发展最重要土壤。

　　现代的流行观点认为是基督文明的土壤才孕育出了科技进步，但事实上，工业革命之前，基督教存在了千年以上，但实际上没有产生其所谓的科学技术。或许有人会问，那为什么现代科学技术诞生、发展在西方？其实这也许是个错误的理解。科学技术在中国古代早都有自己的萌芽，像勾股定理，九章算术等，而北魏时期的《齐民要术》更是显示了中国古代科学技术已经有了一定的发展水平。科学技术本身只是我们人类社会维持或者进步的一个特征，而不是全部。而科学技术在中国发展滞缓仅仅是因为中国封建王朝的高度集权制抑制了这条路径的发展，而基督教文明的国家由于主张人人平等和批判，这刚好就是科学技术进步所需要的土壤。科学技术这颗种子刚好落在人人平等和批判这堆牛粪上，有了它所需要的营养，所以蓬勃发展起来。有了人人平等和批判这堆牛粪上，而后才有科学技术这颗种子的萌发和发展。

　　科学技术的进步更进一步加强了人类群体间的信息交流或者熵流，也同时增强了整个人类社会这个"大群体"内个体之间的相互依赖性，而减少了家庭、社区、宗族、甚至国家"小群体"内部个体之间的相互依赖性，从而导致小群体内优势阶层对弱势个体的奖励和惩罚的可信性降低，小群体内部凝聚力下降。正是在这样的演化趋势下，集权的封建贵族、地主阶级统治逐步转向底层的资产阶级的统治。而在西方世界，资产阶级大革命时期逐步完成了这样的由地主、贵族统治到资本统治的过渡。所以在西方集团内部，国家的政权统治者跟社会的统治者资产阶级的矛盾相对较小，这个层面导致的社会波动因而就比较小。

在资产阶级大革命时期，西方资产阶级在那个剧烈动荡时期完成了资产阶级与国家政权统治阶层的融合。而世界其他文明系统的国家，相对而言，国家政权统治阶级与资产阶级这一当今社会统治阶层之间存在错位。包括政治上属于西方集团而文明属于东亚儒家思想体系的日本，其国家的政权统治者也不完全是资产阶级这个阶层，而更像是士族大家族或者政治世家，但是社会的文化、舆论、社会形态和经济等却又是被资产阶级所控制，这两个阶层之间在日本既存在合作也存在竞争。在外界更为强烈的压力下，如美国对其军事、政治等方面的控制、缺乏自己常规军事力量而承受的他国的军事、政治威胁等，日本国内国家政权统治者和社会统治阶层这两个层面之间的矛盾被削弱而没有显著表现出来。

而其他几个主要的文明体系的国家，国家政权的统治者与社会的统治阶层之间存在显著的错位波动。在非洲以及中东地区，部分国家政权完全是由宗教领袖或者军阀所控制，而作为社会发展实际控制力量的资产阶级只能依附这些宗教领袖和军阀。在其他文明体系的国家中，也存在类似的情况。在一些国家，由于这两个阶层的矛盾，国家政权的控制者通过打击经济、金融寡头或者强制性的经济国有化，实现对社会、经济系统控制阶层——资产阶级的打压。这与中国古代三国时期十分类似，由于当时三国内部都存在政权实际控制者军阀与社会经济的控制者士族阶层之间的矛盾，魏、蜀、吴三国的国家政权控制者都通过杀伐、削职等暴力手段来打压士族阶层以维持其内部稳定性。

资产阶级——不同文明与国家共同的敌人与朋友

在世界的政治生态系统中，国家之间存在全球范围内的竞争与合作的博弈。与生态系统内物种之间的相互关系类似，国家之间的博弈，其背后同样存在一个或者多个影子。当今世界政治博弈中一个共同的影子就是社会的统治阶层，即资产阶级。而文明或文明集团则是国家这个虚拟概念的进一步放大而已。国家这个概念严格地说属于一个虚无的概念，在中东或者非洲，多数人心里只有其生活的部落或者部族，而没有国家的概念。在古代亚洲国家，普通大众也更是忠于自己的宗族而不是国家。随着国家政权对民众控制和教化能力的提高，国家的概念才逐步被固化。不同国家构成的文明体系则是国家这一概念的进一步延伸，并因此增强其军事、政治或者经济的竞争力。某一文明集团内部如果有一个强力的领导，它就会向国家的性质演化，形成更为紧密的军事、经济和政治实体。

随着技术的进步和人类分工的细化，国家之间以及国内个体、群体之间的交流就更为频繁，也就是人类系统的熵流随之增加。正如前面章节所论述，如果各个子系统或者国家之间的熵流，也就是信息流很高（这里信息流是指广义的信息流，也包括人员、商贸、文化、制度以及资讯等在内的所有相互交流），则各个子系统或者国家之间会自发地向有序方向演化，也就是子系统或者国家之间自发地走向统一或者形成稳定的秩序。增加熵流正是社会的统治阶层——资产阶级的利益所求。更多的交流与交换，意味着资本的更高收益。

随着社会系统内部熵流或者信息流的增大，社会系统的统治阶级在社会金字塔结构中的位置发生变化。社会的统治阶级从金字塔的顶端转向到了社会的底部，而社会的贵族阶层或者暴力机构控制者则往往逆流而上，不愿意将国家暴力机构或者国家政权交给资产阶级。正如前面章节所述，在社会性动物群体结构中，维持社群结构稳定性的顶层优势个体将阻止系统内个体迁出，阻止其与其他群体交流。在存在退出成本的系统中，优势个体对弱势个体不合作的惩罚更加可信。对于弱势个体而言，扩散或者迁移到其他群体或者独自游荡的收益更高：独自游荡生活可以不用付出为君王服务的代价，加入其他群体则有可能增加自己的基因或者文化的多样性而提升自己的社会地位。社会合作系统内部弱势个体与优势个体的演化动力并不完全相同。社会的文明与道德体系历来都是社会统治阶级的特权，而国家暴力机构需要文明和道德的外衣使其暴力合法化，但也可以不要这层外衣而通过直接的暴力来控制社会，二者内在动力的错位，正是国家或者集团的统治者与社会统治阶级之间矛盾的根源。

在一个国家内部，跟其他社会性动物一样，统治国家政权的军事或者政权力量倾向于阻止国家内部民众自由扩散，阻止民众在国家之间自由流动，自由流动不利于对不合作个体的惩罚。而国家内部相对弱势地位的民众则是倾向于自由扩散，自由扩散有助于他们逃脱"犯错"而可能受到的惩罚，同时增加了其翻身的可能性。一个国家内部总是存在政权统治者与民众之间的博弈。而人类社会进化的一个总体趋势就是不同群体、部落或者国家之间的交流的增加，我们在学术上称之为信息流或者熵流。正是这种看不见的熵流或者信息流，促使社会统治阶层从贵族和大家族逐步演化到地主和资产阶级。而这种统治阶级的变化，不仅导致国家政权的统治者与民众之间关系的变化，也导致国家暴力机构统治者与社会的统治阶级之间关系的变化，同时还深刻地影响到国家与国家，或者集团与集团之间的关系。

国家之间的关系在很多特征上与国内各个集团、派系或者军事集团关系类似。国内各个派系或者集团之间通过联合而增强其竞争实力，国家之间也通过联合方式实现集团化，以增强其竞争实力。在联合过程中，如果既没有持续的外界压力，也没有共同的巨大利益期望的时候，这样的联合往往就比较松散；即便在某个特殊时期实现了联合，一旦共同利益消失后，其联盟很快就会解体。而如果外界存在持续压力，或者各个国家背后存在一个共同的利益阶层，其联盟就可能持续存在下去。在国际关系中，这种联盟的动力相对更加复杂。相同的文明背景或者共同的利益阶层是我们当今世界国家集团化的主要动力。

亨廷顿在其《文明的冲突》一书中将世界的文明划分为七个主要的文明集团，即中华文明、日本文明、印度文明、伊斯兰文明、西方文明、拉丁美洲文明和可能的非洲文明，以及这七种主要文明之外的东正教文明。亨廷顿认为，以文明所代表的集团之间的竞争将是当今世界政治格局演化过程中主要的表现特征。毫无疑问，由于全球范围物理空间障碍的消失，以及自由主义理想的深入人心，全球性竞争程度在此背景下急剧上升，而不同群体或者国家构成更大的联盟将会提高自身的竞争力。在共同文明的旗帜下，团结更多族群或者国家，将促使具有共同文明的国家凝聚到一起，从而获取更大的竞争力。

但是，一个文明集团内部各个国家或者派系之间在没有形成一个有效的层级结构时，其内部争夺集团领导权的竞争在很多时候比跟其他文明之间的竞争更为剧烈。这类似于国内战争，很多时候国内各个集团之间的战争比抵御外族侵略更为惨烈。在当今世界主要文明集团中，有些文明集团在国际上并没有显示出很强的竞争力或者发言权，一个根本的原因就是文明内部没有实现统一而处于纷争状态。公认的伊斯兰文明、非洲文明和拉丁美洲文明在全球处于相对劣势的竞争地位，并不是其文明本身落后或者存在多大的问题，而是内部派系或者国家之间没有真正有效统一，内部的斗争削弱了整体文明的竞争力。而一个相对统一的文明或者集团（通常是具有一定制约性的军事联盟），在世界文明丛林中容易获得优势权。

而在文明集团内部或者国家内部实现统一的过程中，存在不同阶层利益的博弈。全球的演化趋势，正如前面所述，社会的统治阶层在从社会金字塔的顶部向底层演化的过程中，从贵族、士族统治转向资产阶级或者智慧阶层。而国家政权或者暴力机构的统治阶层有时是统一的，实现协同进化，而有时是错位的，双方将表现为对抗关系，甚至导致国家或者集团内部的分裂。

国际关系中的三国演义

在人类历史演化的早期阶段，由于地理、物理隔离和信息交流相对落后，一个国家或集团的构成往往是在某个特定的地理区域内形成。在全球化的今天，一个国家内部不同派系、利益阶层或者一个经济、军事集团的形成往往已经跨越了地理的限制，信息流或者熵流空前提高，国家或集团的构成在全球网络结构中将演化为一个更加虚拟的单元。当然，这些更加虚拟的单元同样需要特定的实体化组织结构。比如西方文明架构下的北约组织、世界银行等。这些实体化的组织结构往往又超越了文明等意识形态，经常是以更为现实的经济、军事、政治利益而形成联盟。现实格局中，构成一个国家或者一个集团背后的动力往往是多维的，不可能是某个单一因素。这就如同构成一个个体人的本体特征一样，一定是由多维、多重性格特征集合而成，绝不是某个单一特征就构成个体的行为特征。但是这些多维的影子动力并非随机的、均等分布，而是可能在某个时刻是 A 因素起主导作用，在另外时刻可能 B 因素起主导作用。

在社会的统治阶层资产阶级和知识阶层的推动下，全球化成为人类文明的一个自发趋势，而宗教、贵族、士族、军阀等掌握国家政权和道德、文明发言权的社会顶层对自由主义和全球化则是排斥的。完全自由迁徙、流动并不利于社会的稳定管理，而且也容易被其他更具竞争力的文明所同化，从而失去自己的统治权。只有强大的社会才是开放的，宣扬大统一的。而弱小的社会则是狭隘而封闭的。对于一个社会阶层同样如此。资产阶级宣扬自由主义，这不仅是其获取物质财富所必须的土壤，也是其由社会底层能够演化为社会的统治阶级的道德基础。

西方社会在 17、18 世纪中就逐渐开始了社会的统治阶层从贵族向底层资产阶级的转换，同时也带来了巨大的社会阵痛。首先英国爆发了资产阶级革命，并开启了资产阶级掌握政权的先河。随后在法国也爆发了轰轰烈烈的大革命，摧毁了封建专制统治，为资产阶级掌权开辟了道路。在英属北美殖民地,建立了新兴的资产阶级掌权的新兴美国，客观上推动了资本主义的发展。世界上主要的发达资本主义国家在第一次和第二次世界大战后，基本完成了国家政权统治者与社会统治阶层的融合，共同的社会统治阶层促进了西方集团内部各个国家之间的价值认同。而在应对共同的外在压力，尤其是苏联的压力，这些西方文明集团内部在相互的竞争与斗争中，逐步形成了以美国为首的西方文明集团。

在世界主要发达资本主义国家中，其国家机器的掌控阶层与社会统治阶层资产阶级实现了统一，所形成的叠加效应，使其社会、经济和军事实力得到加速发展，社会的主要阶层都在全球化的巨大收益的期望中而放弃斗争，内部实现统一，维持了相对稳定的秩序。这种叠加效应首先成就了"日不落帝国"时期的英国，但随着英帝国的世界霸权的巩固，导致其衰落的龙牙种子同时也被播下。成为世界的霸主，外部压力自然就减轻，国家或者集团联盟内部之间的关系将更加对称、民主，阶层之间也倾向于固化。正如前面章节所述，对称与民主降低了社会效率，而阶层的固化会降低创新，二者的叠加效应导致帝国的迅速衰落。

第二次世界大战后，成就美国世界霸主的原因同样源于更加对称性的民主自由主义，同样，导致美国现在走向衰落的因素同样也是成就美国世界霸主的原因。在美国展开战略收缩的时候，美国在世界竞争格局中的相对优势在下滑。在这样的背景下，主要国家之间的关系将演化为更加对称性的关系，其竞争将加剧。在一个更加均衡的系统中，各个国家或者集团之间的博弈将加剧，新的格局在彼此的博弈中将会诞生。

在各个国家长期的博弈过程与实力的此消彼长中，全球化后的世界整个政治格局形成了类似中国古代的三国关系。在三国时期，整个社会的统治阶层实际上被士族阶层所把控，魏、蜀、吴其实是军阀集团在与社会统治阶层——士族的博弈过程中演化出的三条不同的路径形式：蜀汉、曹魏两个相对极端的集权、联盟政权和一个中间左右摇摆的孙吴。全球化的今天，社会的统治阶层——资产阶级与国家政权掌控者之间形成了类似三国时期的格局。沿着不同的路径，世界主要的国家或者文明集团形成了三个不同的政权制度模式，并决定着世界主要的竞争与合作的格局。

在三国时期，当时的交通、兵力投送、政治影响力、信息交流的便利性，与当今的世界完全不同。当今世界由于各个国家之间的高度相互交流融合，其相互间的信息流要远远大于中国古代的三国。当各个国家之间存在巨大的信息流，这种信息流（物理学称为熵流）增加将可能导致各个部分完全融合为一个整体，也就是各个国家将会由于信息流的无限增加而自发地融合一体，国家之间的竞争将因此而削弱或者消失，战争的风险也可能因此而降低。但是，尽管地理隔离等物理障碍导致的信息交流的隔离在今天削弱了，人为导致的信息隔离的可能性仍然是存在的。如果信息流在各个国家之间遭遇人为阻碍而减低，世界各个国家之间将可能向更加不完全的信息状态转化，国家之间的博弈加强。整个世界将因此可能从融合的状态演化到更为竞争的状态。

当今世界的政治格局与中国古代三国时期存在极大的相似性，这好像一个大土豆和一个小土豆一样，尽管其外形大小差异极大，但是其内在的发育机理却是完全相同的。三国时期由于地理隔离等交通、通讯的局限性，天下的概念也只有中原及其周边区域。然而，随着交通、通讯等科技的进步，现在的天下的概念实际就是整个地球。就整个地球各个国家、地区之间的沟通便利和频次而言，甚至比三国时代同一诸侯国内各个郡县之间更快，也更为方便。整个地球演化为一个地球村。我们如果将三国时代的国际关系跟现在的国际关系做个比较，也许会给我们一些直观类似的情景，为我们观察当今世界纷繁复杂的政治格局提供借鉴。

国际政治、经济体系的稳定性事实上极大程度依赖于国际上大国之间的相互关系是否稳定。各个大国之间如果维持相对的稳定合作关系，世界整体上将趋于平衡、稳定。而如果大国之间趋于竞争、甚至战争，国际的政治、经济系统则将趋于紊乱、崩溃。正如前面章节所论述，如果各个子系统或者国家之间的熵流，也就是信息流很高（这里信息流是指广义的信息流，也包括人员、商贸、文化、制度以及资讯等在内所有的相互交流），则各个子系统或者国家之间则自发地向有序方向演化，也就是子系统或者国家之间自发地走向统一或者形成稳定的秩序（在第九章还有详细论述）。如果各个子系统或者国家之间熵流或者信息流很小或者被阻断，则各个子系统之间或者国家之间的竞争将加大，通过竞争或者战争的方式试图整合各个子系统或者国家，从而实现更大的系统或者国家。在《三国演义》中，其开篇就概括了国际关系的演化趋势"天下大势，分久必合，合久必分"，这正是各个子系统或者国家之间统一与分裂的博弈。这些博弈的背后，存在这样的一个看不见的熵流或者信息流。

本章节中我将借分析世界主要国家之间的相互关系演化与格局，来阐释在不完全信息状态下，对称性与创新能力、非对称性与效率，以及演化过程中制度、文明路径依赖这三者之间的相互作用以及三者可能存在的叠加效应。与前一章分析魏、蜀、吴三国的演化格局类似，本章节再次分析世界主要政治集团特征波动及其叠加效应，其波动具体表现形式为：1）时间尺度影响下的历史上的文明与体制形式的波动；2）空间尺度上各个国家或者集团经济、军事等代表的实力波动；3）随机波动，这种随机波动既可能是国家或者集团自身的内在随机波动，也可能是环境变化的波动，如地震、自然灾害、瘟疫等随机因素的周期性，这些随机因素将直接影响到国家的人口、社会舆情等方面，因而将加速或者抑制国家或者集团文明或者实力波动的幅度和周期。

当国家之间的地理等自然障碍由于科技进步和交流增加而不再成为障碍的时候，现代国家国家之间的战争、贸易、经济与政治长期博弈过程，就几乎跟过去国内各大派系之间博弈一样演化成了全域的博弈，而不是局部的博弈。在全球范围内，最终典型的联盟和集权的国家形成两极，而左右摇摆于集权和联盟之间的实用主义形成第三极，世界的大体格局将由代表三个不同立国策略的国家所决定。采用这三种策略或者路径的国家逐步演化成类似河流的三条主干流，而采用其他策略或者路径的国家将类似河流的支流，其力量将汇聚到三大主干流，最终汇聚进入大海。这三个主要的国家或者军事集团并不是固定不变，而可能是动态变化的，一段时间可能是 ABC 这三个国家，而在另外一段时间则可能是 BCF 或者 AEF。但是这三个主要的国家或者军事集团实力或者竞争力并不相同，而是存在差异。为了方便说明竞争力存在差异的三个国家之间的博弈，我们用老大国家、老二国家和老三国家来表示。

在三足鼎立的世界政治格局中，这个世界的政治、经济系统内各个主要集团之间合作与竞争的演义十分类似三国时代。对于实力相对弱小一点的国家与集团而言，其受到的外部压力也越大，这将导致其内部更高的集权以应对外部压力。实力最弱的老三，将会选择更加集权的政治体制，而老三的领导人则利用外敌的威胁而不断集中权力。老三可能会同时受到老大和老二的压力，相对而言受到的压力要比老大和老二大。

在强大的外界压力下，其内部需要不断加强统一，协调资源分配，以提高其内部军事、政治和经济调控效率，实力较弱的老三只有选择高度集权主义政治体制才可能赢得自己的生存空间。如果采取相对民主的体制，各个利益集团相对更加独立的政治联盟体制，国家就可能被分裂或者完全放弃其强国的梦想而沦为老大的附庸。但是，高度集权主义也带来了负面的影响：虽然其内部异己的力量被削弱而使整个国家更加团结，相对对应的负面效应就是其集权主义越高（非对称性越高），其系统内部的创新性／突变率就越低。在高度集权主义体制下，其科技、经济、思想等创新也相应地被遏止。长远来看，其经济、社会思想等活跃程度的下降，最终可能导致其经济等社会的整体实力下降。

从中国古代历史上的蜀国到"二战"前期的希特勒时代，再到现在的集权主义国家，我们可以清楚地看到外界压力的增大，国家内部则更加集权、团结，然后经济、社会财富、科技水平等代表国家实力的指标在达到一个阈值后，各项指标就开始下降。而当经济、社会创新等代表国家综合实力的众多因素都下降后，国家内部就容易分裂。反过来也是如此，国家领导者则可通过刺激外界的压力，使其压力更大，反过来促进内部政治资源的团结与整合，外界的压力与内部的集权之间存在一个类似军备竞赛的游戏。这种相互间不断的强化作用，甚至不惜通过战争来强化外界的压力，国家内部则转向集权主义直至极权主义。

　　集权制导致社会整体创新能力的下降，反过来导致其经济、国家竞争力的下降，最终将可能导致其社会、经济体系的崩溃或者更替。中国历史上蜀国由于高强度的对外战争，其内部更加集权，在三国中成了最先灭亡的国家。

　　其实，无论是哪个集权主义国家，集权主义并不是这些国家天生的基因。在"二战"后，世界的基本政治格局确定，相对各个国家的地位和空间也得到确定，国家外部的竞争压力减小，内部相对民主化进程加快，一些曾经集权的国家也都开始了民主化进程。苏联和部分东亚国家，实际上曾经经历过了民主化过程，甚至一度出现了比美国、欧洲更加自由的戈尔巴乔夫和叶利钦完全市场化时代。这种民主化的过程，正如历史上汉唐鼎盛时期的开放和自信一样，也许跟西方世界的人权与民主的文化、道义没有多大联系。

　　实力最强的老大，其国家政治体制或者立国策略更倾向于民主、联盟制。强大的竞争力使其外部的压力相应较小，国家也更加自信。正如我们前面章节所述，外部压力减小，而期望的群体收益增大将会降低系统内部的非对称性，国家内部各个集团、派系之间将演化成更加对称性的关系。在更加对称性的系统中，系统内部的突变或者创新容易发生，也更容易得到发展。一个民主、联盟的国家，其内部的创新活力将可能得到激发，社会的经济、军事、文化等综合实力因此将得到增强。

　　然而，中国的古语说过"过犹不及"，对集权主义国家如此，对实行民主、联盟制度的国家同样如此。实行民主、联盟制度的国家在享受其民主、自由带来的个性自由发挥，以及文化自信的时候，其效率低下这颗龙牙种子已经种进了这些国家机体之中。如美国加州需要花费十年的时间辩论要不要修建一条贯穿加州南北的高铁。同样，美国各个州可以制定自己的法律，甚至这些法律跟联邦中央的政策相悖，而这个州的政府负责人可以不对其联邦中央领导负责，其相互制衡、制约机制在联邦中央实施其国家发展策略调整的时候将难以得到贯彻执行。尤其在竞争激烈的时候，内部各个地方州与利益集团将很容易因利益不一致而导致背叛和纷争，甚至可能由于内部矛盾而导致分裂。三国时期曹魏正是由于这样的内部联盟机制的不稳定性，导致曹氏政权旁落，最后导致魏晋国家的分裂。西方国家的自由与民主文化为西方国家带来了创新和繁荣，成就了西方世界的霸主地位，然而，也正是这过度自信的自由与民主，正在终结美国的世界霸主地位。自由与民主导致了西方国家的低效、国家体系的松散，从而失去在国际丛林战中的竞争优势。

实力处于中间地位的老二，往往会选择相对现实的左右摇摆的实用主义路线或者路径。集权主义与民主主义之间并没有严格的界限，大多数国家的制度都是在这样的两种制度之间波动。当国家之间的竞争加剧，老大相对力量下降，而国际秩序因此相对混乱的时候，处于老二地位的国家更多地是倾向于向中央集权制这个方向波动。集权主义相对而言，其效率显著高于民主联盟制国家。在具有民主集中制或者集权制传统的国家里，集中制不仅仅带来效率的提高，也更有利于政局的相对稳定性。

现实国家制度改革的实验中，一些国家的实验似乎更是证实了相对更加集权的政治制度在外部压力比较大的时候更有利于国家的发展。在集权的政府统治下，经济、社会发展更快，而在民主制度国家，国家经济发展反而下降，甚至出现政局动荡。巴基斯坦在长期与印度对峙过程中，军人通过"非法"强势获取了政府管理权，具有独裁性质的穆沙拉夫反而带领其人民获得比民主时代更显著的经济增长率；在国家关系比较混乱的非洲，埃及也表现得十分明显，军人塞西武力推翻了民选的政府，十分暴力地镇压了民主运动，但使埃及整个国家的经济得到快速发展。在中国的台湾，这样的对照则是更加显著：在两蒋时代，台湾几乎谈不上多少民主，但是台湾却赢来了亚洲四小龙的发展奇迹；而后进入真正的自由选举时代后，台湾经济实力不断下降，现在几乎处于混乱的状态，经济下降到只有大陆城市深圳的水平。而大陆的经济则取得巨大的成功，已经引起美国社会精英对中国威胁的担忧。

实用主义策略对外界压力的感应更为敏感。外界压力直接影响到国家内部组织结构形式。中国的历史似乎更能说明此问题。在中国，历史上曾经高度集权过，如秦帝国、明朝和清朝；也曾经高度民主联盟过，如东周、西周的整个周王朝；而在唐朝，李世民尽管赢得政权，但是这也是跟其兄弟所属的政治派系结成了联盟而建立起来的政权。第二次世界大战结束后，美苏争霸，外部压力减轻，中国迅速演化为一个自由、开放的文化／文明特征的国家。经济运行方式也从具有高度集权主义特征的计划经济转向了自由民主联盟特征为主的市场经济。这种具备高度可塑性的文明、文化体系和制度为中国文明体系的延续至今提供了强大基因。然而，正如集权主义和民主联盟一样，实用主义的过度使用同样也会带来负面效应，导致国家或者集团的波动。

实用主义的文化与民主联盟和集权主义一样，存在强大的惯性力量，这种惯性力量一方面会迎来发展的机会，同样也可能带来风险。

正所谓成也萧何，败也萧何。文明或者文化一方面会在国家、民族或者集团层面形成自己的显著特征，同时也会浸润进每个个体的血液。国家的实用主义必然是民众的实用主义，这种文化或者文明的过度发展会导致群体的盲从主义或者迷失。文明在延续的过程中缺乏其保守基因所固有的惯性，国家和集团缺乏其强劲的凝聚性，其文明的特征将因此不再耀眼与显著。实用主义过度应用可能导致国家或者集团内部由于缺乏更为刚性的信仰而使其凝聚力下降。同样，由于没有强大的文明和信仰吸引其他国家或者集团，就难以有更具号召力的旗帜领导全球。过度的实用主义也同样容易短视而导致对外纷争。在三国时期，孙吴政权如果没有主动发起对蜀汉政权的夺取荆州的战争，而是维持着与蜀汉的合作关系，则未来统一三国究竟是谁很可能存在其他版本的故事。

理性与骰子的博弈

强大的国家，由于外部压力相对较小，各个集团或者派系的期望收益比弱小的国家要高，因此强大国家内部的集团和派系维持国家这一合作机构稳定性的动力显然比弱小国家大。强大的国家更加自信，因此更加开放、包容，更倾向于民主制、联盟制。正如前面章节所述，包容、开放的体制有助于科技、人才和智库的成长，与内部利益集团相互制衡机制相结合，构成国家行为的"纠错能力"机制。相对民主、联盟的国家，其国家行为不会因诸如领导决策错误等随机因素的扰动而改变国家的大体前进方向或者国家战略策略。对于一个强大的民主、联盟制的国家，即使其国家领导人犯了很严重的错误，但是其他机构或者力量也会推着其总统或者首相回到"正确"的轨道上来。

这种强大"纠错能力"机制将会推动其国家只能沿着惯性的力量前进。这跟物理学中的惯性力量有些类似。一块巨大的石头从山坡滚下来的时候，无论其前面有多少障碍或者坑洼，这块巨石可能仍然会沿着其惯性力量滚到山脚下。而如果只是一块较小的岩石，由于其质量较小，其惯性力量也较小，其向下滚动的进程则很容易被山坡的小树、坑洼等障碍所绊住而停止滚动或者偏离原来的滚动方向。大国、强国前进的惯性就类似于巨石，而小国、弱国就如同小岩石。当国家需要调整自己的前进方向或者国家体制时，大国、强国的惯性就很大，其国家领导人试图调整其国家的前进方向同样面临更大的障碍，相对而言，在小国、弱国就比较容易实现。

相对弱小一些的国家在与老大的竞争中，更倾向于集权主义的体制。这种集权主义同样也存在巨大的惯性力量。但是相对强国老大而言，其惯性力量要小，相对容易调整其内政或外交策略与方向。但是相对弱小的集权主义国家，却是更容易受随机因素的影响而改变其既定的路线或者方针，容易"出错"。苏联的例子就是现实的例证。对于苏联而言，其显然优势策略应该是与中国联盟而共同应对美国的压力，这也是苏联的既定方针。但是集权的斯大林晚年却将中国推开，而中国最后选择与美国合作的策略。这正是苏联集权主义体制下领导人失误这个随机因素，在缺乏强大纠错能力的情况下，促成了中美合作这样的结局，最终导致苏联的解体。

克服惯性力量往往需要强大的外力，没有强大的外界压力或者推力，强大的美国难以克服其强大民主联盟的自由主义惯性，难以加强其中央集权并实现其高效的决策和系统运行。没有强大外力的推动，美国国家领导人如果过于急速地调整其内政外交策略，随机的偶然因素则可能导致类似苏联的翻船行为。苏联的翻船是因为集权的惯性，而西方国家的翻船则更可能是由于其强大的民主联盟惯性。对于集权的弱国而言，要增强其内部的民主、联盟性，增加其创新能力，同样需要外力，只是恰恰相反，需要的是外部压力的降低。

世界秩序的维持——伟大的负熵

由国家构成的全球范围内的政治生态系统，在一个稳定或者有序结构自发演化的过程中，必然走向熵增而混乱度增加，导致原有秩序的崩溃。而在混乱的秩序中，如果重建一个新的秩序，必须有负熵的产生。从物理学角度来说，负熵的产生必须要具备一定的外力作用。对于人类的社会生态系统而言，极可能需要类似的机制。正如我们前面的分析，一个国家内部各个集团之间如果处于混乱的无序状态，那么需要外力的推动，才能向一个更加稳定性或者有序状态演化。这种宏观看到的有序状态事实上是以牺牲个体的自由度为代价的，束缚个体向均衡方向的自发演化过程就是有序性的本质。

在国家或者国家集团的演化过程中，其文明、制度和实力存在的惯性力量就是其自发的动力。在文明、制度或者实力的波动中，其波峰经常存在越过系统的最优值，而导致巨大的负面效应的情况。过犹不及、成也萧何、败也萧何，都是在说明任何事物的两面性。无论是对于一个国家、集团，还是个人而言，一个真正的进步往往就是逆惯性而行。只有克服了强大的惯性力量，才有可能获得长远的稳定发展。然而，现实的世界中，克服这种强大惯性力量而逆势发展往往需要强大的外力作用。系统内部的部分力量通过利用这种外力，克服系统因自发动力而走向均衡与无序状态，重新回到一个有序的状态，这就是负熵的形成过程。而这种外力作用往往是随机的因素。谁能把握住随机因素所赋予的机会，谁就可能因此再次获得强大的发展动力。

静以待变的思想，正是强调随机因素在战争或者博弈过程中的重要作用。如果时机成熟，人为创造机会而实现其战略意图同样是可能的，但如果时机不成熟，将适得其反。未来无论美国还是中国、俄罗斯成为地球的霸主，或者各自集团内某个未曾被认知的黑马成为世界的霸主，都极有可能是一个小概率事件而诱发整个世界格局的重组。这类小概率事件可能是随机的，在一个神经高度紧绷的背景下，引起连锁反应，即通过所谓的蝴蝶效应，从而导致世界的混乱，最后再次实现世界政治、经济秩序的重新组合，游戏规则重新确立。世界再次恢复到一个有序的状态。

人类的社会合作系统中，内部的混乱无序状态将削弱其系统本身的力量，从而相对地提高外界环境的压力作用。混乱持续时间越长，相对于外界环境的压力，其系统本身的力量就越小，推动系统向有序方向发展的外在压力就越大，负熵的动力也就越强大，走向有序性的可能就越高。对于民主联盟的国家的或者集团而言，自由主义的强大惯性力量将导致极端的无政府主义和群体对个体的凝聚力丧失。而群体凝聚力丢失，必将导致国家或者集团存在必要性的丧失。而对于集权的国家或者集团而言，集权的强大惯性力量将导致国家或者集团的各个构成单元的集权主义，最终人人都是集权，而人人最后都没有权利，群体失去创新的活力并最终导致国家或者集团崩溃或者解体。

国家或者国际政治系统如果任由系统本身的自发力量惯性地发展，有序的国家或者国际体系必将走向均衡，而最终导致系统的无序或者混乱。维持系统长期的有序性，必须克服惯性导致的自发的强大力量，逆向推进系统内部的变革。在没有强大外力作用下，逆向推动内部革新注定是艰难而困难重重的，无论是历史还是现实的变革，大多数都是悲剧收场，就是因为这种惯性力量太过强大而外部压力不够所致。国家或者国际政治体系就是不断在秩序与混乱二者之间博弈和波动。然而究竟是秩序占优还是混乱占优却是取决于环境压力和由此而产生的随机性。

在以国家为单元所构成的有序性的国际政治系统中，国家或者由国家构成的集团其行为演化都存在强烈的路径依赖性，这是构成其演化惯性力量的本质原因。国家的文明与文化、国家的综合实力、习惯等多因素都是其路径依赖的演化动力。路径依赖的演化过程中，个体行为、国家制度、文化等选择单元的特征将因此呈现出一个频率依赖的分布，其分布类似飞机上看到的层峦叠嶂的山脉，其山峰有高有低。国家的制度、文明、文化以及个体行为就如同一个生态系统内的物种。在生态系统中，每一个物种都是生态系统的重要组成部分，但是各个物种在生态系统中的相对分布频率和功能却存在差异，在不同的生态系统中，这种差异表现为极大的不同。在热带雨林系统，各个物种的分布相对更加对称、均衡，接近随机分布；而在寒带、温带森林系统，物种分布存在显著的非对称性，某些物种占据了绝对优势，主导了整个生态系统中的资源分布。在人类社会的众多特征中，类似于不同生态系统中的物种对称性与非对称性分布，国家制度中的对称性（民主自由主义）与非对称性（民主集中制或者集权制）在全球的分布也存在高度的路径依赖。当我们粗线条地来看国家制度在全球的分布的"景观"，其他制度形式如同生态系统中的冗余种，经常被忽视掉。在自然生态系统研究中，只有某些系统构成方式更适应其独特的环境，而没有系统好与坏的价值评判，对人类的社会生态系统而言，同样应该如此。

路径依赖国家或者集团行为的演化过程，有序的国家和集团的行为本身就包含了其行为的不确定性，为系统走向混乱埋下龙牙的种子。这不仅仅是因为路径本身存在多样性的问题，更重要是的路径之间会出现交叉、干涉现象，这样的交叉和干涉效应将加剧其行为的多样性和不确定性。但是，这样的不确定性系统，整体的波动性并不是完全不可预测，其大体波动特征是可以预测的。正如我们前面的章节所论述，系统内部非对称性越高，其国家或者集团行为可预测性就越低（不确定性增加），但是达到一个阈值之后，其可预测性又开始上升，优势方将弱势方全部吸收后，其行为就近乎完全确定；相对应的是国家之间实力越对称，也就是越均衡，其行为的可预测性就越高，当其相互关系完全对称的时候，其行为除随机因素外，就几乎接近完全确定。对称性与确定性、非对称性与不确定性二者之间的关系，有点类似中国的太极。当前世界的政治格局中，随着美国的相对实力的下降，其文明、文化的影响力也在下降，主要国家或者集团之间实力更加均衡一些，这样的格局下更能体现博弈与契约思想，其相对可预测性更高。

第九章

国家之间的大团结与人类社会大统一

　　我们秉持这样的信念，正如德怀特·艾森豪威尔所做的那样，艾森豪威尔基金的设立是为了激励全世界范围内的优秀人才挑战自己，激励他们思考如何才能实现积极的变革，与他人一起去突破现有的社会网络，并与各个国家和地区中志同道合的佼佼者合作，使我们生活的世界变得更美好。

——《艾森豪威尔基金指南》*

---

* 艾森豪威尔基金会成立于1953年,总部位于美国费城,是一家非营利性的民间机构。该基金会是为纪念美国第34任总统艾森豪威尔而设立,宗旨是"为各国新兴领导者增进信息和观念的交流"。

战争与混乱的消失

在熵流或者信息流较小的系统，国家之间竞争或者对抗的可能性较大。然而，如果系统的熵流或者信息流很高，各个选择单元如物种、国家之间的竞争就很小，因而可能实现广泛的共存。这里熵流类似于江河中的水流量。河流中水流量越大，河流中水滴的自由选择的路径就越多，就越接近随机分布。而外界输入与输出的能量越大，系统内的熵流就越大，系统内部路径依赖程度降低，内部各个组成部分之间会演化出更为对称性的相互关系，系统内部多样性就越高，系统越稳定；外界输入与输出的能量都比较小，其内部的熵流相应也越小，系统内部路径依赖程度增加，内部各个组成部分之间会演化出更为非对称性的相互关系，系统多样性就降低，系统将向更为有序的方向演化。

在热带雨量充沛地区，其能量的输入与输出都很高，因而系统的熵流就很大，生物的演化路径就越多，相应的是，热带雨林系统存在更高的生物多样性。在多样性很高的热带雨林系统，物种的行为和演化策略、演化路径等都存在更高的不确定性，但是更高的遗传、行为信息的交换（信息流）更高，物种相互之间的竞争降低，又有助于整个系统稳定性维持。而在温带、寒温带地区其能量的输入、输出则相对较小，熵流也就比较小。由于寒带、温带其熵流较小而存在更为强烈的路径依赖的演化特征，温带或者寒温带生态系统中物种之间因此存在更为强烈的竞争，生物多样性因而降低。温带、寒带更高强度的路径依赖与更高的物种间非对称性关系，其生态系统因此存在更高的有序性。在热带雨林系统，甚至生态位完全相同的物种却能在同一地域共存，而且各个之间分布相对更加均匀，并不存在显著的优势物种。

而在温带或者寒温带，会存在某一个物种具有很显著的优势甚至占据统治地位，物种之间的竞争也显著高于热带雨林系统。

而信息则是几乎等同于负熵或者有序性的概念。信息量越大，系统的不确定性就越小。信息论专家克劳德·艾尔伍德·香农（Claude Elwood Shannon）在给出的信息定义中认为：信息是用来消除不确定性的。对于人类这个巨系统而言，国家或者集团之间的竞争合作与否同样将极大依赖于系统的熵流或者信息流。信息的问题对人类这种系统而言可能存在多个层面或者维度。首先是遗传信息的交流。在各个国家的历史上都存在当政者或者贵族之间通婚的方式，以此交好别的国家或者避免国家之间的战争。通过联姻的方式不仅实现国家上层当政者之间遗传信息的交流与融合，而且还加强了国家之间的政治、经济和文化交流。而国家或者集团间的这种交流也同样会影响社会中下层之间的融合与交流。同样，在战争时期，信息的获取同样十分重要。在孙子兵法中有言："知己知彼，百战不殆"，也是说了信息量的获取可以消除己方对敌方势力认识的不确定性，从而能够取得胜利的道理。

对于人类这个相对独特的物种而言，其价值观和信仰之间的交流是人类系统中信息流不可或缺的一部分，在国家或者集团之间的相互关系中扮演着关键性角色。人类或者生物个体天然地具有将自己归属于某个团体的倾向性。在资源紧张或者空间受限的情况下，个体聚集成群体的倾向性更依赖于资源分布的多寡或者群体竞争力的大小。而当资源和空间的限制作用比较弱时，价值观或者信仰也许就是人类个体凝聚成群体的关键性动力。

个体聚集成群体的倾向性可能是社会生物具有的天然属性，甚至可能是物理规律。从事自组织研究的刘全兴教授曾经演示了一段关于一种海洋软体动物贻贝的视频。他先人为地将贻贝均匀地放进水池，很快这些小贻贝就均匀地聚集成小的居群。在小的居群内部，各个贻贝个体紧密结合在一起；而这样的聚集成小群均匀分布的实验在金属粒子也是相同的，几乎没差异；相对更高等一些的蚂蚁也出现了类似的结果。当将蚂蚁从一个小孔放进一个圆形的盘子时，这些蚂蚁最后聚集成小的群体并沿着盘子的边缘均匀地分布着。

其实人类在早期也是类似这样的按照村落而均匀分布的。在原始社会，这些村落基本按照河流或者食物分布而相对均匀分布，这些村落不会太大；但也不会太小到只有一户人家。在古代，由于交通工具或者信息传递工具的限制，村落之间交流相对比较少，村落之间相对更容易发生冲突。而存在联姻或者频繁交易的村落之间相对较少发生冲突。随着村落或者部族之间融合加深，村落或者部族之间的冲突逐步减少。人类早期倾向于聚集成群而生活的倾向性更多是由于外界的压力而被迫地选择，或者资源分布不均衡而聚集起来，这样形成更强大的群体，因而能够获得更高的收益。而当物质很丰富或者生存压力降低时，人类聚集天性仍然保留，但其动力可能转化为对信仰或者价值观的认同上。

赫拉利在他的《人类简史》中讲述了人类一个物种或者族群在其扩张过程中屠杀其他人类物种或者族群的情形，这些屠杀者并没有感觉被屠杀者也是人，而是把他们当做一种野兽一样的动物，内心没有丝毫的敬畏感和同情心[1]。在几十万年前的地球上，至少存在6种不同的人，到现在只剩下"智人"这样一个物种。每当智人到达一个新的

1　尤瓦尔·赫拉利 著，林俊宏 译：《人类简史：从动物到上帝》，北京：中信出版社，2011 年版。

地方，就会引起当地其他古人类族群的灭绝。现存离我们最近的梭罗人遗迹大约是在 5 万年前，随后丹尼索瓦人不久也绝迹。尼安德特人在大约 3 万年前退出了世界舞台。1.2 万年前，佛洛里斯人也在地球上永远消失。

在这样的扩散过程中，无论是一个物种跟另外一个物种之间，还是一个族群跟另外一个族群之间，彼此对对方的认知与看法很类似于我们村落与村落之间的认知与看法。不同村落之间的人也会认为对方村落的人是多么的不同，相异到无法忍受，甚至通过谣言的方式对对方恶意的污名化，从而产生反感甚至厌恶的情绪。在发生争斗甚至战争时，对屠杀对方甚至充满了正义感而不会有任何心理的不安。在巴拉圭的丛林里，曾有一个狩猎采集部落亚契人存活到 20 世纪 60 年代，当地巴拉圭农夫与亚契人之间很少存在交流，但巴拉圭人将其妖魔化，毫不手软地对亚契人进行猎杀。但人类学家与亚契人同居共处多年之后，认定亚契成年人之间的暴力其实非常罕见，他们总是乐天愉快，慷慨知足。

我们现代社会同样存在由于信息的不通畅而造成隔阂的现象。当我们交流后，我们发现岛国的日本人并非穷凶极恶，而是十分谦恭有礼。同样，交流融合后，那些蓝眼睛大鼻子的洋人也同样可能是温柔可亲而不是茹毛饮血的原始人。交流融合后，相互间理解加强，同样也会因此而理解彼此的信仰与价值观，甚至最终可以同化彼此的价值观与信仰。一个最直接的价值观与信仰融合的证据就是中国人对人性本身的认知：在中国文化基因中，确实曾经有过关于人性善恶的辩论，但是中国文化从来没有过人性只是自私的论述。但是为什么现在几乎大多数人在考虑别人行为动机时，总是想到其自私的动机呢？这也许就是随着现代科学知识的普及，西方价值观融合进我们文化的结果。

当我们完全实现你中有我，我中有你的大融合后，也就是国家与国家之间，种族与种族之间，团体与团体熵流或者信息流很高的时候，双方之间的纷争、战争就会减少甚至消失。在当前的国际局势中，美国跟俄罗斯、伊朗、朝鲜关系很紧张，双方发生冲突的可能性比较高，仔细分析其双方的经济、文化或者人员的交流等，我们会发现其实比较少，因而双方相互理解或者认同程度就很低。而中国和美国之间由于存在巨大的经济、文化与人员交流，尽管双方存在很多结构上的分歧，但是相对而言发生直接的冲突或者战争的可能性却很低。如果双方的交流持续扩大，双方发生直接冲突的可能性将会持续降低。

在全球化的大背景下，各国之间的经济、文化交流与人口的流动在持续加强，尤其是全球化分工协作的加强和跨国公司的蓬勃发展，显著增加了国家之间的熵流或者信息流。这种持续的国家或者种族之间的交流与融合将会减少国家之间或者种族之间的竞争或者战争。如果国家或者种族之间的竞争或者战争减少或者消失，其试图寻求的绝对优势的必要条件将消失，国家与种族之间将因此而共存共荣，绝对优势消失，彼此之间将更加均衡地共存于一个没有价值观、文化或者血缘隔离的大家庭之中。

高度社会化与大统一——自由与奴役一体化

系统熵流或者信息流逐步增加的过程中，更多小的选择单元如村落、部落也逐步演化成更大的聚集单元，如城市、国家或者国家联盟、国际组织，形成更大的社会合作系统。合作系统中，随着整体效率和竞争力的提高，合作系统内部成员的压力会减小，其成员将享受更大的自由，而不用每天为生存而努力。成员将会有更多时间从事非生存方面的劳动。随着社会合作群体规模的增大，真正为整个群体生存而劳动的个体数比例将因此而降低。系统的个体将会有更多机会选择其他社会性功能，随着社会合作群体的增大，更多个体甚至完全不用任何类型的工作，就可以自由生活。个体在更加高度的社会性的群体中，将享受更大的自由。

然而，任何一个社会系统，要想其内部个体或者单元能够高效运转起来，或者有效合作起来，就必须使内部系统同质化，这种同质化并不全是功能上的分化，也可能是信息、功能上实现集成，形成功能性的模块，每一个模块几乎都是同质的个体或者单元。这样的同质化和功能的模块化将会极大地提高系统的运行效率。就像一个工厂一样，各个车间分工，每个车间就是功能化的模块，但是车间内部的员工几乎从事完全相同的工作，通过这样的模式，整个公司的效率就极大提高了。人类的现代化企业采用了这样的生产模式，使现代企业标准化的生产效率迅速提高。其实在几亿年前的白蚁、蚂蚁、蜜蜂等社会性昆虫系统中早就采用了这种高效的生产模式。在白蚁的社会系统中，蚁后只是负责繁殖，蚁王则只是交配，兵蚁负责防御，而工蚁则负责采集食物，照料蚁后。整个白蚁王国分成为几个功能群，每个功能群的工作相对固定、单一。功能群内部各个个体之间的功能则几乎完全相同。在蚂蚁、蜜蜂群体中，有些种类分工更加细化、具体。蜜蜂里的工蜂在年龄比较小时，就主要在巢内照料幼虫和蜂王，而且甚至有些工蜂只会揭开育养幼虫的蜂巢盖子，而有些则不会揭开盖子，只会喂养幼虫；年长一点的工蜂则采集食物，同样又分成不同的功能群，有些工蜂采水，有些主要负责采集花蜜，还有一些主要采集花粉。分工极为细致，近似于现代化的流水线生产的工厂。

这种社会劳动分工一方面确实提高了各自的劳动效率，从而增加了整个社会的财富，增强了群体的竞争能力，但是也导致了个体对群体的依赖性，从而反过来增强了群体内优势个体对弱势个体的惩罚或者威胁的可信度。整个社会财富的分配更加不平等。在高度的社会性群体中，如果个体离开其群体完全不能独立生活时，弱势的个体将会完全被优势个体所奴役。在现代科技水平迅速提高和全球化加剧的过程中，群体（也就是公司或者国家）之间的竞争将更加剧烈，这样导致公司内部将加剧分工的细化以提高其劳动效率和群体的竞争力。这样的全球化和分工的细化将会导致系统内部优势方对资源或者社会个体控制的加剧和固化，社会的资源分配将更加不平等。如果我们认真去反思一下人类近几十年的全球化过程和现代化的分工加剧，我们很容易看出事实上我们的社会在变得更加不平等，科技进步和全球化并没有带给我们更多的自由与民主。极具讽刺的是：科技进步和全球化将把我们带进一个更加被奴役的社会。

如果我们比较蚂蚁、白蚁的社会系统，你就会毫不怀疑人类社会将可能进化成一个怎么样的奴役（奴隶）社会了。在一个高度社会分工细化的社会里，个体将几乎完全丧失独立的生存能力，每个个体所携带的信息急剧下降，而且这种信息的丧失几乎都是不可逆的。随着非对称性程度的提高，相对弱势的个体几乎都是按照优势个体的需求或者设计而生活、发展，几乎不用自己来决定自己的发展。随着资源的高度垄断和社会效率的提高，社会性高的系统就会容忍更多的闲散人员。而真正拥有最优质服务和资源的只有等级高的个体或者就是王和后。在蚂蚁、白蚁等高度社会性昆虫系统中，实际上大约不到30%左右的个体是积极劳动的；70%左右的大多数都是不怎么积极劳动的个体，过着几乎寄生的生活。实际上，多数个体已经被无形或者有形的枷锁所控制，技术的加速进步，资源分配不平衡的加剧，将加速我们被奴役化的过程。不管你乐意还是不乐意，没有资源分配权，就意味着你将被奴役。这种被奴役事实上很多人是很享受的。

但是这些社会冗余的闲散人员并不是真的没什么用或者完全寄生。当环境剧烈波动或者面临天敌干扰时，这些冗余的闲散个体可能就被激活，补充到急需部门。在对蚂蚁、白蚁等高度社会性昆虫的一项实验显示：在天敌不断的威胁、骚扰中，这些原来并不活跃的工蚁就活跃起来了，而且其抵御天敌的兵蚁数量很快就提升起来，共同应付天敌的入侵。这种社会系统大量的冗余、闲散个体实际上提高了整个系统的弹性，从而提供了社会系统的整体的环境应变能力。在人类社会中，这种情况事实上与之相当类似。在任何一个国家，或者工作单位，由于工作效率的提高，实际真正很努力工作的个体总是少数，如果全部个体都努力工作，其结果就是大家都无事可做。其实，大多数人员都不需要努力工作就可以维持生计。但是在遭遇困难甚至灾难时，这些不是很努力工作的员工的工作激情可能会被激发出来，增加国家或者单位的应急能力。国家或者单位增加了弹性，减少了刚性，在极端情况下就能维持其机体的存活。

社会化分工的加强提高了公司或者国家的工作效率，也就直接提高了公司和国家的竞争能力。一个公司或者国家通过社会分工的方式提高了其竞争力，这样就会刺激对手公司或者国家也加强其内部的分工协作（实际上就是工业化的过程），以提高其竞争能力。相互间存在类似的军备竞赛可以提高各自的竞争能力，而那些竞争实力比较强的公司或者国家就可能以兼并甚至直接吞并的方式逐步垄断市场或者国际的政治格局。在阻止其扩张的地理或技术障碍消失后，国际的市场和政治格局极有可能被完全垄断，世界将会因此形成一个大统一。这时，整个经济、社会资源将被少数精英所控制，大多数人的生活将被这些社会精英所程序化设计，完全失去个性的自由，每个人真正成为社会的一个独特螺丝钉，一个螺丝钉几乎不可能还可以选择成为螺母，因为你在出生后就已经像蚂蚁、白蚁的工蚁一样被其他的工蚁或者蚁后所设计。不但如此，而且你可能极为享受这样的完全不用折腾的稳定生活。我们人人向往这种稳定，甚至不劳而获的生活，但这样所谓的幸福生活则是一个陷阱——失去个性自由与生存信息，在环境发生巨变的情况下，甚至可能导致群体性或者物种灭绝。

第十章

路径依赖的物种形成与层峦叠嶂中的共存共荣

子曰：天下何思何虑？天下同归而殊涂（途），一致而百虑，天下何思何虑？

——《易大传·系辞》[1]

大自然确实与产生无法预测的新鲜事物相关，"可能"的确比"实在"更丰富。我们的宇宙遵循一条包含逐次分岔的路径，其他的宇宙可能遵循别的路径。值得庆幸的是，我们遵循的这条路径产生了生命、文化和艺术[2]。

——普利高津

---

1 朱高正 著:《易传通解》，上海：华东师范大学出版社，2015 年版。
2 伊利亚·普利高津 著，湛敏 译:《确定性的终结》，上海：上海科技教育出版社，2009 年版。

路径依赖的物种形成

坐飞机的时候，从高空往下看到的山脉，其山峰的分布有高有底，错落有致，整个山脉却有着自己独特的特征。生态系统中物种的分布、人类社会中个体社会地位、国际政治体系中国家强弱关系很类似于山脉中的山峰分布，有强有弱，但整体上层峦叠嶂的峰林有着自己独特的特征与个性。一条山脉通常有一座主峰，但是除主峰之外，还存在若干高度差不多的山峰。在生态系统或者种群生物学中，也存在类似情况。在有些生态系统中，占据显著优势地位的只有一个物种，比如温带的落叶松森林，只有一种松树占据优势地位，而其他非优势地位的物种在分布上则比较均衡，甚至生态位都很相似。而在热带雨林生态系统中，优势物种相对优势较小，各个物种相比较温带森林生态系统分布更均匀。在一个森林生态系统中，各个物种的分布类似于山脉中的山峰，一座山峰就是一个物种。一座大的山峰往往又附有很多小的山峰，这就是亚种或者居群。在一条山脉中，存在很多山峰，相似山峰在同一山脉共存共荣。生态系统也是类似，无论优势物种相对优势是大是小，还是有大量的生态位或者功能相近的物种，共存于整个生态系统。优势地位物种的山峰高度与其他非优势物种山峰之间的高度差异与系统内的熵流密切相关，熵流越大，物种山峰之间的差异越小，而熵流越小，其物种山峰之间的差值就越大。生态系统中的熵流也决定了系统内物种的丰度，熵流越大，生态系统的物种数就越多。

对于物种演化而言，我们通常期望其背后的驱动力是某个单一的因素，或者至少可以归结到单一的主要因素。这种牛顿力学思想体系的愿望是美好而诱人的，然而现实的情况也许不是这样。一个有经验的生态学家或者分类学家可能给你一个长长的单子，上面列满了物种形成的可能驱动因子。也许是遗传特征或者表型特征，也许是环境的水分、光照，或者矿物元素中的任何一种钙、铁，或者营养元素中的任何一种的丰度。我们可以把一个物种的形成跟儿童的成长做个类比：一个儿童个性特征的形成并不能归结于某个单一因素，可能与父母的教育、家庭财富、社区环境、营养元素、国家的体制与文化等很多因素都有关，而且儿童性格特征的构成成分也不是某个单一因素，比如儿童遗传禀赋、气质特征、食欲、自信程度、学习能力等多个方面。而且，这些特征在儿童成长过程中并不是一成不变，而是波动起伏的。正是这些所有波动起伏的特征叠加才构成了约翰这个小孩的特征而不是贞子。一个物种的形成机制也极类似于一个儿童特征的演化机制。

一个物种，其演化到我们现在看到的特征同样存在多重的选择动力。其现存的特征也是多种特征构成的集合。每一种驱动因子对物种的某个特征的驱动呈现周期性波动，而且每种驱动因子可能驱动物种多种特征的波动，形成叠加效应。物种就是多重特征构成的波动所叠加的集合体。这些波动的形成具有强烈的路径依赖性特征。这就好比一辆在高速路上的汽车，从哪儿出高速将对汽车最后到达的终点具有极大的影响。在生态系统所有物种所构成的群峰中，有些特征峰与其他峰之间的山谷比较深，这样，代表一个物种的山峰可能与其他物种山峰具有显著区分特征。而如果物种山峰之间的山谷不是很深，峰与峰之间甚至几乎就只是很浅的山凹，类似于平原地区的密集分布的小丘陵一样，这样的物种与物种之间的区分也许不是很显著，而是可能只是一个物种的不同亚种或者居群而已。

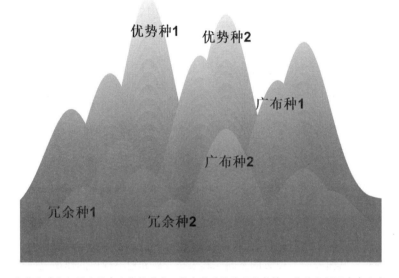

物种的进化如同山脉中山峰的形成，具有强烈的路径依赖性，物种之间既存在分离性又存在连续性。

路径依赖的物种形成机制同样可以用山峰的特征来类比说明。一条大的山脉或者山系并不是同时形成，而是具有时间间断的演化特征。山脉早期抬升的部分，其山峰平均高度将要高于晚期抬升的部分，其山峰形成毫无疑问受到早期抬升作用的影响，因而早期抬升对山峰特征演化扮演了重要作用。对物种形成而言，其分化时间和分化所在的支序对物种的形成同样扮演了重要作用。显然，即使植物分支上的物种和在动物分支上的物种受到完全相同的选择压力，植物也只能演出新的植物物种，而动物也只能演化出动物物种，不可能出现植物分支的物种演化出动物物种特征的情况。这就是路径依赖的作用。

物种在演化过程中存在多条路径，其路径之间存在转换。这有些类似于江河入海口，各条河流和水系形成相互交织的水网。各条水系或者河流之间相互沟通，具体的一滴水究竟是从哪条河流进入大海，我们可能无从给出确定的轨迹。当某一条河流被拦截，水流被阻断，其他水系可能就会迅速填补其功能。这点跟达尔文的自然选择理论存在极大的不同。达尔文的自然选择理论认为任何一个物种在演化中都具有其独特的功能和生态位，是不能替代的。而路径依赖的选择则认为物种在演化的过程中经常与其他物种交换位置。如果某个物种消失，其他物种将迅速替代它们的位置，对整个网络的影响其实没有我们想象的那么大。

由于物种或者基因在其演化的过程中存在路径依赖，其种群大小、功能或者在系统中的作用会存在极大的不同和不确定性。这就如同一棵树，其树枝分叉位置的不同，其未来发展和对整棵树的作用也同样存在不同。各个物种在生态系统中的适合度或者生态功能将如同山峰一样存在高低不同，不过其功能也存在极大的不确定性。山脉中的主峰如果坍塌，其他山峰将可能引起连锁反应，某一山峰将迅速演化成该山脉的主峰。同样，也可能不会发生任何反应，主峰的坍塌就只是形成一个坑，而其他山峰则没有发生任何变化。这种路径依赖的选择导致各个物种或者基因在其系统的适合度存在差异，而且我们难以准确预测其演化轨迹。

层峦叠嶂中的共存共荣

在路径依赖的演化过程中，处于相同功能和生态位的物种将可能共存于同一系统中。处于相同空间位置而不同路径上的物种并不排斥与其并行的其他物种。这点跟达尔文的自然选择理论所主张的竞争排斥原理不同。在任何一个生态系统中，我们其实很容易观测到系统内很多物种的功能和生态位几乎是相同的，甚至在几乎完全相同的环境中仍然存在几乎功能相同的姐妹物种，我们称之为同域物种。在我曾经研究的榕树系统中，有一种叫高榕的物种，其榕果内存在两种传粉小蜂，它们的食性等其他功能特征几乎完全相同。但这样的姐妹物种在历史上是怎么通过生殖隔离而分化出来，一直是一个科学谜团。在榕小蜂类群中，现在发现很多物种都存在隐存物种，这类物种在形态特征上没有任何区别，但遗传证据显示确实存在物种的分化。路径依赖的物种演化不需要达尔文自然选择理论所指出的生殖隔离机制，其某些特征或者决定其特征的基因表达如果存在路径依赖，那么在相同的环境下，则完全可能形成自己的独特特征或者物种。

路径依赖的演化与系统内的熵流之间存在密切关系。熵流是普利高津在研究热力学开放系统时首次提出的概念，他认为熵流是指系统与外界交换的物质流及能量流。这里熵流有点类似于河流的流量。一条河流的流量将取决于河流中水流的流速，也取决于河流的宽度。一个生态系统的熵流将取决于该生态系统所处环境能量的交换速度，同样也将取决于能量的转化率，也就是环境能够提供的能量转化为生物量的物质基础的潜力（类似河流的宽度这个变量）。

在一条河流中，河流的流量受两个变量的作用，即水流的流速和河流截面的大小。河流的截面积与流速将共同决定任何一滴水所受到河岸的选择压力的大小。当河流流速一定时，若假设一条河流的宽度无限宽，任何水滴受到的选择压力就可以近似忽略，其运动近似随机运动。而河流越狭窄，其内部流水就将受到更强烈的选择压力。在一根毛细管中，流水就受到十分强烈的选择压力，细管内的水流将只能沿着管壁特定方向行进；同样，当河流截面大小一定时，若水流流速较快，同样一滴水受到的选择压力也会较大，而水流流速较小时，每一个水滴所受的选择压力也会较小。

熵流，与水流流量定义类似，其大小取决于物质流和能量流两个变量的作用。自然生态系统，物种的选择压力与熵流的关系，类似水分子的选择压力与河流流量之间的关系。熵流中的物质流，就是环境中物质能够转化为生物量的效率，取决于环境能够转化为生物量的最大潜力。而系统熵流的能量流越大，系统内物种或者基因所受到的选择动力也越大，物种或者基因在各自的演化路径上演化速度也越快。

生物多样性，则有些类似于河流水流的支系或者水流的路径。在河流的入海口或者河流进入平坦地带，我们会看到河流会形成很多的支系。河流流量越大，形成的支系越多。这里河流支系多少映射了河流内水分子所受到的选择压力和扩散路径，而河流支系或者路径长短则是强烈依赖于河流的流量。对于一个生态系统而言，物种的多样性就是生物在演化过程中的演化路径的多少。生态系统中熵流越大，系统内物种或者基因所能够形成的路径就越多，路径越多，生态系统就越接近于随机选择或者中性选择。在一条流量很大的河流中间，如果你扔一片树叶，树叶的运动方向就接近于随机分布。物种的演化路径在熵流很大的系统中，就与树叶在流量很高的河流中的运动方向类似。在熵流很大的系统中，如热带雨林系统——其物质和能量流都很大，其物种的分布接近随机分布，而且受到的选择压力也比较大。在这样的情况下，物种的路径也就越多，演化速度也就越快，达尔文的自然选择力量将会降低，甚至很弱。

相反，在温带或者极地，其熵流就比较小。由于温度较低，生态系统与环境的物质交换速率下降，而由于太阳的辐射角度较小，太阳能量的输入率也降低。在熵流较小的系统下，物种多样性的形成动力就降低。类似于河流，如果河流的流量很小，即便是在入海处的平坦地带，其形成的支流也很少，而且即使形成了很多毛细的支流，由于流量小，这些支流也走不远，很快消失。在熵流比较小的系统，物种演化的路径就会减少，即使是形成变异，由于熵流较小，这些变异将可能由于遗传漂变的作用而丢失，而不能形成稳定的遗传。

　　生态系统的熵流如果变异不大，构成熵流的能量流和物质流之间就存在一定的相互博弈的过程，类似河流流量中的流速与河流横截面之间的关系。对于一条河流而言，如果其流量大小不变，其河流宽度越宽，流速就会越小，相反，如果宽度越窄，其流速就越大。在一条河流中，河水的流速越大，一滴水的流向所受到的选择压力也就越大。在毛细管中，水流的选择压力是最大的，几乎是沿着特定的方向前进。在生态系统中，物种的选择压力类似于河流水流所受到的选择压力。在生态系统的熵流大小不变的情况下，系统的物质流如果很小，其能量流就会变大，物种因此将经历更大的自然选择压力。在热带的干旱系统中或者贫瘠地区，由于水分或者矿物质的限制，系统内物质流降低，而能量流将会很高，物种受到的选择压力因此而将变大，路径依赖变强，自然选择力量的加强，体现的更加明显。类似地，在温带或者寒带，其熵流相对比较小，但是在环境水分和矿物质等不存在限制的情况下，物种的演化路径因此也会上升，物种多样性也会上升。这有些类似一条流量比较小的河流，如果其河床很宽，但其支流仍然很多的话，其支流的长度就会比较短，其支流很容易被障碍物所阻挡而不能前行。

在熵流比较小的生态系统中，物种在其演化路径上的惯性会降低，遗传漂变的影响会很大，物种的很多遗传特征就相对比较容易丢失，遗传多样性因此就比较低。

第十一章

生命与物理学的统一

归纳主义并不正确，创造性要求见识广博，类比是新见解的重要源泉，再者，伟大的思想家不可能摆脱自己的社会背景[1]。

——斯蒂芬·杰·古尔德

1　斯蒂芬·杰·古尔德 著，田洺 译:《熊猫的拇指》，海口：海南出版社，2016 年版。

生物社会性与原子物理结构的一致性

包括社会生物学在内，整个生命科学研究中一个核心且无法绕开的科学问题就是不同基因、生物个体、物种、生态系统这样的部分是如何组成一个更高层面的新的有机体的。其实这也是物理学家一直在纠结的问题：部分与整体之间的关系。物理学家一直在探讨不同原子之间如何形成一个具有功能性的分子，而一个具有完整物理属性的原子又是如何由具有自己独特功能的原子核和电子组成的，因为电子可以逃逸出去，原子并不是一个不可拆分的实体。从这个意义上讲，生物学里的不同基因、个体，或者物种如何相互合作形成一个更高层级有机体的问题，跟物理学不同粒子、原子、分子如何形成一个更高层级的物理单元如出一辙。

如果我们把社会合作的生物机体跟原子物理做个比较，我们同样也会发现双方演化的动力与机制也存在极大的相似性。在原子物理中，原子核在中心的位置，对围绕在其周围的电子具有强大的吸引力。这里原子核跟社会生物系统中的优势个体相似，在社会性生物系统中，优势个体占据了社会的中心位置，其他弱势个体事实上都是以优势的王和后为中心而工作的。原子核离开了电子，就会裂变或者衰变（类似生物学死亡），而社会生物系统中的优势的王和后离开了那些为其服务的工蜂，基本不能独立生活而会很快死亡。在原子物理中，原子通过引力作用而束缚电子，阻止其逃逸出去。而在社会生物中，优势的王和后通过胡萝卜加大棒的方式束缚弱势个体，为自己服务；同时，弱势个体退出成本的大小或者扩散能力的大小将影响到惩罚的可信度。

在原子物理学中，电子会以不同的形态存在。电子的不同形态或者存在状态将会导致跟原子核不同的相互作用。著名的 θ 粒子和 τ 粒子之争就是不同的空间状态导致了电子与原子核之间不同的相互作用。θ 粒子和 τ 粒子的电荷量是相同的，从这个角度看，应该属于同种粒子，但是这两种粒子的衰变速度不一样，这种衰变的不同又可能是因为属于不同性质的粒子。然而杨政宁和李政道研究发现它们是相同性质的粒子，其衰变的不同其实是由于其旋转方向的不同所致。电子衰变速率的不同其本质就是原子核对电子的作用方式或性质不同所致，这种不同的作用方式导致了电子的死亡速率（即衰变速率）的不同（自旋性）。

在我们的社会生物系统中，也存在类似情况：个体的不同时空状态将导致完全不同的优势—弱势个体之间的相互关系。子女与父母的关系实际也是一种社会合作关系。当子女还是婴幼儿时，子女完全依赖父母的养育才能生存，孩子越小，依赖程度越高，子女也越听话，子女的行为表现就是跟父母合作程度很高；反过来，当子女逐渐长大，对父母依赖程度降低，相应地也就越独立，越容易跟父母发生冲突，直至相互间完全独立生活，少数出现极端的剧烈冲突，甚至杀父弑母。仅仅是因为时空的不同导致父母—子女完全不同的关系，但是双方的生物学特性并没有发生任何改变。

在榕树—小蜂的种间合作系统中，小蜂空间状态的不同，导致了跟榕树完全不同的相互关系。当小蜂同时进入榕果，由于空间的有限性，小蜂之间出现打架竞争，导致其对公共资源利用率下降，因而小蜂与榕树之间的公共资源保持了较丰富的状态，榕树—小蜂之间因而维持合作关系；当小蜂不是一起进入榕果，而是间断地进入榕果，小蜂之间相遇的几率降低，因而相互间干扰竞争降低，这时小蜂的资源利用效率提高，因此就可能与榕树发生公共资源的竞争，双方因此将可能转化为竞争关系。在这种情况下，榕树将惩罚这些诚实合作的小蜂，把它们当成敌人。在这样的非对称性的系统中，合作双方不同的空间、时间状态将会导致完全不同的相互关系。合作双方的相互关系存在不确定性，处于非均衡状态。

我们人类自身的例子更能说明由于空间状态不同导致不同的相互关系，并将最终影响我们的行为策略。我经常用公司老板跟员工之间的关系来说明这样的关系。我们假设有这样的关系：公司老板一开始急缺人手，资金也很充分，第一个进入公司的员工就可能得到重用，而且获得很高的报酬。显然，公司老板与员工之间此时属于相互合作关系。然而，随着更多员工的进入，我们假定所有员工都是诚实、努力的，这时公司老板招聘新员工的可能性就会降低。如果公司老板收益下降了，即便最后进公司的员工更努力，也会给公司带来更大的收益，但是公司老板可能因为公司收入下降或者人力资本带来的边际收益下降，而可能付给最后招募来的员工更低的工资。因为感觉不公平，最后入职的员工可能会消极怠工或者干脆辞职。这样，员工跟公司老板就可能形成相互对抗的关系。而在第三者看来，公司老板付给最后入职的员工低工资就是一种惩罚行为，尽管公司老板本身可能并没有这种惩罚的主观意图。显然，员工进入公司的时间或者空间顺序的不同导致其不同的收益，因而可能选择不同的策略。在人类社会中这实际是一个普遍存在的现象。公司共同的创业者之间更容易形成密切的合作关系，公司成功后因而可能收益更大，而你在公司的收益跟你的实际贡献并不是完全相关的。

不同时空状态将导致社会合作系统内部个体之间不同的相互关系，

这种不确定性会导致我们无从判断个体的行为动机或者策略，也就是难以用牛顿力学思想来探寻其因果关系。有一种蚂蚁，他们能分泌类似鸦片一样的物质，让蚜虫上瘾，不断为蚂蚁提供蜜露，甚至能通过这种方式控制蚜虫的数量，蚜虫似乎就是蚂蚁的奴隶并为蚂蚁提供源源不断的优质食物；但是，蚂蚁也会为蚜虫提供保护，如有天敌来捕食蚜虫，蚂蚁就会驱赶天敌而保护蚜虫。即使蚂蚁没有分泌类似鸦片这样的控制毒品，蚜虫也会为蚂蚁提供蜜露这样的食物。显然，我们从旁观者的角度看，蚂蚁和蚜虫之间是互惠合作关系。但是如果从蚜虫的合作动机来看，既可能是被奴役的被迫行为，也可能是主动的互惠合作行为，因为其表现型完全一样。

从第三者来看，合作者（比如伏尔加河上的纤夫）的行为既可能是被迫的、被奴役的行为，也可能是主动、积极的合作行为（为了提高待遇或者社会地位），从行为上看，我们无从区分他们行为的动机。这有点类似量子力学中那只著名的薛定谔的猫。那些被迫的、被奴役的行为，也可能是主动、积极的合作行为的存在叠加状态，我们无从区分。正如我们无从区分箱子里的那只猫是死的还是活的一样。

在物理学中，正是这种粒子之间的非对称性相互关系导致了系统内部粒子的行为的不确定性，也因此导致了粒子之间相互关系的非均衡状态。正如前面章节所述，在生命系统中，由于合作系统内各个组成部分之间的非对称性相互关系，导致了社会合作系统内部个体策略的不确定性，也因此导致合作双方相互关系的非均衡状态。生命科学与物理学中在非对称性导致非均衡状态方面存在惊人的相似性，其演化的动力本质上也许就是相通的。

合作系统的波粒二项性

1905 年，爱因斯坦提出了光电效应的光量子解释，人们开始意识到光波同时具有波和粒子的双重性质。1924 年，德布罗意提出了"物质波"假说，认为和光一样，一切物质都具有波粒二象性。波粒二象性是微观粒子的基本属性之一。对于生命系统而言，似乎从来没有人认真讨论生物个体是否也具有波粒二象性，一个显而易见的愚蠢性就是：我们何以发现生物体的波动性。确实，在讨论生物机体是否也像微观粒子一样具有波粒二象性时，我们几乎没有任何人发现过一只大象会像光波一样发生衍射或者水波一样上下波动。但是如果我们考虑生物个体之间的相互作用时，生物个体之间的相互作用方式确实存在微观粒子这样的波粒二象性，至少在我曾经研究的系统中确实存在这样的高度相似性。

在我们研究的榕树—榕小蜂这一种间互惠合作系统中，榕小蜂大多数都是诚实合作的个体，但是也有少数是投机的个体，其花粉筐里没有花粉或者干脆花粉筐消失了，这些个体不会给榕树传粉，对榕树而言完全就是投机的寄生个体，对榕树没有收益。这些投机的寄生小蜂实际上是诚实合作传粉小蜂个体的后代，但是这些寄生投机个体并没有稳定遗传。对榕树而言，诚实传粉的小蜂和寄生投机的小蜂完全是朋友和敌人的关系，但二者却是相同小蜂的后代。在不同的世代中，诚实传粉的小蜂和寄生投机的小蜂二者在遗传过程中却是可以相互转换的。这种特征我们完全可以跟物理学中的粒子类比，小蜂在遗传中遵循了孟德尔的遗传定律，其表型特征具有非连续性。

然而，对于榕小蜂而言，榕小蜂的功能是增加榕树收益的合作效应，还是降低榕树收益的竞争效应，确实具有显著的随机性和波动性。诚实的传粉小蜂，个体携带花粉，为榕树传粉，增加榕树的种子数，双方应该表现为合作关系。但事实上，诚实的传粉小蜂也可能会像寄生蜂一样对榕树产生伤害，降低榕树的种子数，导致榕树将其当做敌人一样惩罚。榕树和榕小蜂之间的合作关系也可能存在公共资源的竞争问题。榕树的花序由很多小花构成，由小蜂传粉而没被寄生，就发育成榕树的种子，这就是榕树的收益。而如果被小蜂产卵寄生，就发育成小蜂，就是榕小蜂的收益。但是，榕树每一个榕果里的小花数量总数是有限的。当小花这一公共资源利用达到饱和时，更多的小蜂产卵，就必将导致榕树种子数减少，双方就可能转变为竞争关系。我们的实验发现榕树和榕小蜂之间确实可能从合作关系转化为竞争关系，双方的关系呈现波动变化。显然，这样的波动关系就是指传粉的小蜂既可能对榕树是有利的，提高其收益，也可能是有害的，降低榕树的收益，因而也可能导致榕树对诚实的传粉小蜂的惩罚。诚实的传粉小蜂并不是总能得到榕树的奖励回报，反而可能面临惩罚而降低收益，传粉的小蜂也可能因此而演化为寄生性的投机小蜂。其收益的波动性，将可能导致其遗传进化策略的不确定性，也就是说，诚实传粉的小蜂转化为寄生投机的小蜂存在进化的可能性。反过来同样如此，寄生性的小蜂由于榕树的惩罚，也存在进化为诚实传粉的小蜂的可能性。

人类社会合作行为中，类似波粒二象性更为明显。对于一个君王而言，其政治对手的子女或者部属在其出生的时候就已经决定是其反对者，但是这样的反对者并不是一成不变，终生都是其敌人，而是存在转化为朋友或者盟友的可能性。自己的政治盟友或者子女、部属同样天生就是自己的合作者，但是也同样存在背叛的可能性。这样的敌对者和合作者就类似于物理学的粒子性特征。然而，我们也都知道，对君王最为忠诚的部属并不总是一直忠诚，其忠诚度也不会始终如一，甚至最忠诚的部属也可能背叛自己的君王。同样，那些敌对者或者奸佞之徒，也并不是随时都在想谋杀君王，可能有时候在帮助君王，甚至完全转变自己的政治态度转而完全虔诚辅助自己的君王。显然，君王与其部属的关系存在显著的波动性。

对于一个合作系统而言，系统内合作的优势方与合作弱势方之间相互关系的粒子性与波动性并不是完全相互分离，而是相互作用，相互影响和叠加的。其相互关系的波动性导致其策略的收益存在不确定性，其收益也就是适合度的改变反过来也会影响其染色体的结构或者基因排列、表达顺序。这些演化遗传特征的改变将可能被程序化或者固化，构成其相互关系的粒子性特征。而遗传特征之间在演化的过程中相互转化，则是波动性特征在遗传层次的体现。

社会生物系统的引力

在船上的时候，我抓住了一位非常漂亮的加勒比妇女，海军上将把她赏赐给了我。我把她带到我的船舱，按照他们的做法扒了她的衣服，我马上有了想要享受一番的欲望。我正想快活一下，但是她不愿意，使劲用指甲挠我，搞得我很恼火。情急之下，我拿了一根绳子，狠狠地抽打她，她随即发出尖利叫声，把人耳朵都快刺破了。最后我们达成了协议。在这个讨价还价的过程中，我敢说，她表现得就像是在一所妓院长大的妓女（同哥伦布同行的意大利贵族米凯莱·德·昆尼奥）[1]。

——拉杰·帕特尔和詹森·W. 摩尔

在社会生物学里我们很难直接给出一个类似物理学里具有严格定义的引力概念。但是这种物理学类似万有引力的"力"又确确实实存在于几乎所有的生物系统。当蜂王迁移时，工蜂就随着蜂王而迁移，形成以蜂王为中心的球状体。而人类社会也是类似的，当领导出现在某个地方时，也是人群聚集的地方。在非对称的社会结构中，领导人毫无疑问地控制着更多的资源与资源分配权。与领导人接近或者合作机会的增加，也就意味着获得领导人奖励的机会增加。奴役，不仅仅是一种被动行为，同样也存在主动地被奴役的行为。而这样的主动的被奴役行为从动机上判断就是主动的合作行为。

在中国古代封建王朝中，太监这个特殊的职业群体，并不是每个人都是被迫抓进宫里做太监的，很多是主动进宫做太监的。显然，完全放弃自己生殖的权利，而主动进宫做太监，就是因为在皇帝身边可以获得连朝中重臣都不敢得罪他们的重要地位。而在中国古代那样严酷的环境中，不进宫做太监可能将会因贫穷而过早夭折，或者根本没有机会娶妻生子；与其这样，进宫做太监将是更好的策略。而那些宫女们，尽管没有被直接剥夺生殖的权利，但是实际上她们又有多少人有机会获得皇帝宠幸而生育子女呢？她们大多数跟太监一样完全没有生殖的机会。只不过，宫女保留了其生殖器官，因此还有生殖的希望；

1　拉杰·帕特尔，詹森·W. 摩尔 著，吴文忠 等译：《廉价的代价》，北京：中信出版集团，2018 年版。

而太监则是直接切除了生殖器，因而被剥夺了生殖的可能性，可是体内雄性荷尔蒙仍然在生产，谁又能知道这些太监们是否在幻想哪天恢复他们的雄性功能，而又重新生儿育女呢？

在非对称性的社会合作系统中，相对应的是优势个体与弱势之间等级差异越大，优势个体对不合作的个体的惩罚也是更加可信。越是集权的社会，领导人对不合作行为的惩罚越是可信，严厉。通过直观感觉，你就可以做出一个清晰的判断。在一些国家，反对派可能随时会以腐败、犯罪的名义被抓，甚至不需要理由，直接处死。可是，我们再看看民主国家，特朗普整天威胁要惩罚那些给他造假的媒体，可是一年、几年之后这些媒体仍然在揭他的短，指责他。在非对称性的社会系统中，无论是自然界其他社会合作系统还是人类社会，弱势个体与优势领导个体的关系越亲近，一旦其"犯错"或者投机被发现，被惩罚的强度或概率就越低；关系越疏远，被惩罚的强度或者概率就越高。在封建王朝，皇帝身边亲近的太监即使犯了干预军国大事的死罪，如蜀汉皇帝刘禅身边的太监黄皓，因与皇帝亲近，只是被诸葛亮斥责，此外并没有受到任何严厉惩罚；相反，那些与皇帝疏远一点的太监，则可能因为一句犯忌的话，被处以最严厉的惩罚，甚至死刑。

试图成为社会系统的优势领导或者中心是生物个体选择利他性合作策略的根本动力。而这种行为的最本质的动力，则如我们前面章节论述，是源于性的动力（这里不再赘述）。其表现的形式是每个个体期望得到尊重，期望成为中心。这种利他性付出的合作行为程度则是跟系统的非对称性程度密切相关，非对称性程度越高，优势个体越容易付出更高的代价去帮助弱势个体，相对应的是弱势个体也更服从，更加合作。以我们父母与子女之间关系的演化过程为例，则更容易理解这种相互关系的转化。在婴幼儿时期，子女几乎没有独立的生活能力，必须全部依赖父母的帮助才能生活，在这期间，我们会观察到婴幼儿事实上在其几乎不会言语的时候都知道怎么取悦自己母亲，撒娇、微笑、示弱、哭闹等，而母亲在婴幼儿时期则是几乎什么都愿意奉献给自己的孩子。在此期间，孩子犯了错误，母亲即使严厉惩罚了孩子，甚至暴力殴打了孩子，我们还是会看到孩子又会很快回到母亲的怀抱或者家里。但是随着孩子逐渐长大，相对更加独立，对父母的依赖性逐步降低，这时候孩子可能会不听话了，可以跟母亲吵架，甚至离家出走；当孩子完全长大，则很容易由于某些琐碎的事情而选择完全独立生活。在这个过程中，我们容易看到父母与孩子之间的相互合作程度在逐步降低。而在孩子的成长过程中，父母与孩子的亲缘关系、互惠程度事实上没有发生任何改变，但他们之间的相互合作关系在降低，甚至转化竞争和冲突关系，极端竞争关系就是出现弑父杀母。父母对子女的利他性帮助行为事实上依赖子女对其依赖程度，尊其为中心的程度。子女越顺从，父母帮助越多；相反，子女越叛逆、独立，父母利他性帮助将越少。

父母对孩子的利他性给予或者帮助依赖于二者的非对称性程度。这种强烈的依赖感激发了父母的荣誉感或者成就感。事实上，就是一个与自己没有任何亲缘关系的幼儿发出求助信号，成年人也会内心激发出强烈的护幼冲动，越弱小越能激发这样的潜力。甚至不同的物种之间也存在这样的行为动力。对不同的物种的示弱、讨好行为而给予无私帮助，在人类社会更是司空见惯。在中国大街小巷，经常听到老太太、老头甚至很多年轻的女士招呼，"儿子（孙子、女儿）快来、快来""你跑哪儿了？吓死妈妈（爸爸）了"，结果跑来的是小狗或者小猫。

这些小狗、小猫通过示弱、装可怜或者讨好行为，得到主人无限宠爱，甚至有人把自己的亿万家产留给这些宠物。

这种对弱者的同情导致对弱者的利他性帮助在成年群体中同样存在。当看到那些孤立无援的受灾群众祈求帮助的场景时，你是否会产生帮助他们的英雄主义气概呢？当面临无数走向绝境的民众请求你帮助他们抗击匪徒、暴君，而如果答应则可能给你带来丢掉性命的风险时，你是否容易被激发出"我不下地狱，谁下地狱"的悲壮情怀呢？弱者的求助而可能的臣服，强者的成功而成为万人仰慕英雄的憧憬，这才是利他行为的进化动力。

父母对子女的无私付出可能不是因为自己的子女携带了自己的血脉，而是弱小的子女对父母的依靠。这种非对称性越高，父母对其付出的潜能就越高。父母对子女不合作行为的惩罚也更可信。随着子女的成长，这种非对称性逐步削弱，双方的竞争和冲突就会增加。但是由于双方之间仍存在高度的互惠关系——无论是情感的还是物质的互惠，维持双方合作关系的动力仍然存在，但是冲突、甚至合作关系的解体概率将增大。

著名进化生物学家罗伯特·特里弗斯在其专著《愚昧者的愚昧：自欺与欺骗背后的逻辑》一书中也同样意识到了父母与子女之间的关系可能不全是遗传的关系，同时也包括控制与被控制、自欺与欺人的关系。他写道："父母可能会假装自己对后代做的事情是严格基于遗传相关性（亲代投资），而实际上，他们的行为经常基于不相关的部分（亲代剥削），而他们可能意识不到这种偏误。反过来，后代也可以假装自己需要双亲能力范围外的、更多的亲代投资，而且往往也能博得父母更大的关爱。所以实际上遗传相关性能导致各种错综复杂的自欺和欺人，且进一步引起虚假陈述、操控他人、内在分歧等现象"。

自我中心主义与万有引力

物理学中定义的"力"是物体间的相互作用。在社会生物系统中，个体间也同样存在大大小小的相互作用，比如两性之间的吸引力、个体间的亲缘相似性以及互惠程度、物种之间的竞争或者合作强度。在亲缘选择理论、互惠选择理论中都做了这样类似的定义。诺贝尔奖获得者罗伯特·奥曼将其概括为关系系数，这一系数在亲缘选择理论中就是遗传相似性，而在互惠选择理论中则被定义为互惠程度，但是这可以是其他任何作用形式[1]。只是这样的定义或者理解没有被生物学家广泛理解和应用，主要是因为这样的关系系数定义没有物化为一个具体的生物学特征。其实物理学力的定义也存在相似的问题，只是我们大多数人已经不再对此类基本的"定理"或者概念提出质疑而已。

牛顿在《自然哲学之数学原理》一书的序言中详细地阐述了力学与几何学之间的辩证关系，他认为对于相同的自然现象，必须尽可能地寻求相同的原因，同时也期待其他的自然现象也同样能由力学原理推导出来，这使得科学逐渐从宗教和哲学中剥离出来，促使人们用数学的方式理解哲学[2]。尽管生物学或者社会科学对相互作用的形式和大小没有物理学那么统一，但生物学尤其是生态学和社会学已经证实了

1　Aumann, R. J. 1987. "Correlated equilibrium as an expression of Bayesian rationality." *Econometrica* 55: 1–18.

2　牛顿 著，王克迪 译：《自然哲学之数学原理》，北京：北京大学出版社，2006 年版。

任意两个相互作用的生物，它们的适合度之间会存在相关性，这一关系被称为相关系数。相关系数是描述生物间相互作用的重要生物学参量。我们将相关系数对应于牛顿力学中的"力"。

在牛顿力学中，质量大的物体具有更大的惯性，更难被改变运动状态。所以我们可以看到质量小的星球容易被质量大的星球所吸引，质量小的星球围绕着质量大的星球旋转。对于社会生物系统而言，地位高的蚁后、蜂王其适合度比地位、等级低的工蚁、工蜂要高很多。人类和其他社会生物同样如此。地位等级高的蚁后、蜂王进化压力要小，因此更趋于保守，其进化速率或者发生突变、创新的概率就低于那些弱势个体，其维持原来策略的"惯性"因而也越大。类似物理学质量跟惯性存在正相关，社会生物系统中，个体的适合度大小将决定其"惯性"的大小。

在牛顿第三定律中，"两个物体间的作用力与反作用力在同一直线上大小相等，方向相反"，合作系统中的个体之间的作用也是相互的，优势的蚁后、蜂王与工蚁、工蜂的关系系数就等同于工蚁、工蜂与蚁后、蜂王相关系数，或者用更具体而通俗的话说就是蜂王与工蜂之间的亲缘系数等价于工蜂与蜂王的亲缘系数。但是在现实的社会生物系统中，相同的相关性对合作双方的生物效果却并不一致。处于弱势一方的个体进化压力往往较大，为了提高适应能力，进化的速率比强势方快，因而可塑性就更大，就更容易被改变，并且被强势方吸引，向着强势方演化。随着适合度的提高，进化速率将逐渐降低，"惯性"逐渐增大，最终将不再改变，在系统中形成一个中心。而等级更高或者拥有更多资源的个体更容易成为群体的中心。

对于个体生物而言，每个个体都倾向于提高自己的适合度，倾向于惰性的演化，从而提高惯性。这样，提高了适合度的个体将更容易吸引更多适合度低的个体团结在自己的周围，成为中心。这就是生物个体"自我中心主义"演化的动力。在社会生物系统中，由于个体之间的适合度存在差异，适合度低的个体总是向适合度高的方向演化，因而无论等级高还是等级低的个体，都存在"自我中心主义"。显然，蚁后、蜂王与工蚁、工蜂之间的适合度差异越大，提高其适合度的演化动力也就越强，弱势工蚁、工蜂个体倾向于演化成优势的蚁后、蜂王的动力也就越强。宗庆后说：在中国，人人都想成为皇帝，这就是中国高度的等级制传统影响下形成的人生观。

与物理学现象作比较，我们也许更容易理解合作强度本身（相关系数）是如何影响"自我中心主义"的。牛顿体系的建立素材很大程度上来源于行星的运动。宇宙中存在着大量的恒星系统，一个恒星系统由恒星和围绕它运转的行星构成。我们生存的地球就位于太阳系这个恒星系统内。在天体系统中，向心力扮演着重要的角色。恒星周围存在万有引力，通过向心力将行星吸引到它周围做圆周运动。对于平直空间，万有引力具有与距离平方成反比的性质。在生物系统中，我们尝试可以定义"向心力"。对于每一个合作的生物个体，如果它的适合度比其他个体的高，这样会对它周围的个体产生所谓的"向心力"。根据它对周围个体带来的收益（支付矩阵）大小不同，合作程度必然不同，"向心力"的强度也就有所不同。显然，社会合作系统中双方的合作程度——主要取决于个体在系统的扩散能力或者退出成本，对应物理学中万有引力中的距离的平方。此时我们会得到以下结论：互惠程度越高（相关系数越大），强势方对周围弱势方的"向心力"就越大，越容易吸引（控制）周围的个体，此时合作系统就越稳定，强势方建立的"中心"就越牢固。

在人类探索自然规律的过程中，对称性的研究和探索起着重要作用。1956年，李政道和杨振宁提出了对称性的破缺（也就是我们说的非对称性），并很快因此获得了诺贝尔奖。这种非对称性在自然界是普遍存在的，在生物界可能比对称性更加普遍（包括信息、实力和演化路径的不对称），这也是显而易见的事。在非对称性的合作系统中，这种"自我中心主义"将变得更加强烈。试图成为社会系统的优势领导或者中心是生物个体选择利他性合作的根本动力。而这种行为的最本质的动力，则是源于性和"自我中心主义"。

我们再来看一件非常有趣的事情，非对称性的社会合作系统中的不确定性与量子力学中的不确定性也有极大的相似性。在原子中，电子和原子核间的相互作用力满足不确定性关系。电子的轨道并非像宏观系统那样是固定的，而是在原子核周围形成电子云，自旋既可能向上，又可能向下，以一定的概率随机地处于其中的一个态（或者一个轨道），这种就是所谓的叠加态。薛定谔所说的"半死不活"的猫，就描述了这样一种关系，即猫既是死的又是活的，是两种状态的叠加。在高度非对称性的合作系统中，由于非对称性的存在，合作关系或者竞争关系可能同时存在。例如，榕树—榕小蜂高度互惠合作系统中，小蜂和榕树既可能是合作关系也可能是竞争关系，小蜂携带了花粉促进榕树种子发育，但同时也会在种子里产卵，与榕树种子进行竞争，而这一过程完全是随机的，我们可以认为榕树和小蜂间也处于一种合作和竞争的叠加态。实际上，这种叠加态在社会生物系统中是普遍存在的。

可以看到，社会生物系统中的"引力"与包括微观与宏观在内的物质间的相互作用都有着极大的相似性。我们完全可以用物理学中的非对称性和不确定性来理解"自我中心主义"在社会生物系统的构成中扮演的重要角色。在非对称性的合作系统中,"成为中心"的目的驱使参与博弈的个体更多地与优势的"中心"进行合作,这或许是利他性合作的根本动力。

　　提高自己的社会地位而成就自我中心的利他性合作行为演化的动力与物理学的万有引力形式上几乎完全相似,而其内在的演化动力也许就是相同的。我们将不得不正面这样一个冰冷的事实:包括我们人类在内的社会合作系统也许跟无机的物理世界,比如一块石头,分享着相同的演化规律。

普朗克常数——别人摸得,我摸不得?

　　在我试图用量子物理学原理来解释我们的生物演化与社会合作行为的尝试中,我面临最大的批评或者挑战就是量子物理原理只是适用于微观世界。这是生物学家也是物理学家所坚守的常识问题。在量子物理学的世界里,微观粒子存在不确定性,而描述量子大小的则是普朗克常数。普朗克常数在量子力学中占有重要的角色,马克斯·普朗克在 1900 年研究物体热辐射的规律时发现,只有假定电磁波的发射和吸收不是连续的,而是一份一份地进行的,计算结果才能和试验结果相符。这样的一份能量叫做能量子,每一份能量子等于 hv,v 为辐射电磁波的频率,h 为一常量,叫为普朗克常数。在不确定性原理中,普朗克常数有不可或缺的地位,粒子位置的不确定性 × 粒子速度的不确定性 × 粒子质量≥普朗克常数。

普朗克常数被物理学家认为是宇宙中的基本常数之一，它被视作经典物理世界和量子世界边界的标度。基于普朗克常数的概念，量子物理学界发展了一套完整而优美的量子物理学科体系。这很容易让我们想到一个非常重要的命题：量子力学的数学体系是否可以被用于解释微观粒子以外的其他对象，比如生命演化。然而，如果我们只要看看普朗克常数这一数值 $h = 6.62607015 \times 10^{-34} \text{J} \cdot \text{s}$，就会发现这一数值比我们能够观测到的、构成生命机体的基本单元——生物细胞，要低很多数量级。细胞质量为 2~3 纳克，也就是 $2 \times 10^{-9}\text{g}$，与普朗克常量在数值上比较，也大了 25 个数量级，约 10^{25}。而构成遗传物质基础的 DNA 的一个碱基的分子量约为 330，其质量约为 $5.5 \times 10^{-22}\text{g}$，与普朗克常量在数值上大了约 12 个数量级（约 10^{12}）。当我跟物理学家讨论量子物理理论是否可能解释生物系统的不确定性或者波动性时，几乎大多数物理学家都觉得这是完全不可能的事。

　　但是到目前为止，普朗克常数的取值除了由实验测量得到，理论本身并没有给出任何约束条件。这也就意味着从理论上讲普朗克常数也可以作为一个输入参数任意给定，既然如此我们完全可以讨论不同取值的普朗克常数。有一些物理学家也确实就现有的微观粒子研究过普朗克常数向上或下移之后世界是什么样子。如果普朗克常数的取值大小不再是一个禁区，如果它可以被用于其他体系，那么在不同研究对象中，普朗克常数是同一数值？物理学家曾让普朗克常数的取值趋于零回到经典物理。我们也将面临这样的基本逻辑悖论：那也是阿Q所提出的疑问，和尚摸得我摸不得？为什么不能为某一个普朗克常数取值寻找存在于宏观生命系统的数学规则？当我们有可能回答上述问题之后，我们将面对一个更加重要和深刻的思考：量子理论是否可以被包含于广泛意义上的理论？我们在此所指不仅仅是和爱因斯坦相对论的统一。当然从很大意义上来讲，这两个命题是同一个问题。

观测者尺度的相对性与普朗克常数可塑性

> 我的第二个异议是，认为所有观察都同时依赖于主体和客体，它们无法摆脱地纠缠在一起，这种主张很难说是新的（量子力学的主张），它几乎和科学本身一样古老。……据说也存在着主体加诸客体的一种无法避免和无法控制的影响。这种观点是新的，而且更为恰当。[1]
>
> ——埃尔温·薛定谔

普朗克常数，一种物理理解就是它是最小的时间或者空间的观测尺度。从这个角度理解的话，普朗克常数就依赖于观测者所能达到的技术手段或者观测者所使用的尺度。宏观世界同样存在类似的问题。在宏观世界中，同样存在一个物理特征的性质不仅仅跟被观测对象的物理特征有关，同样还受到观测者本身特征的影响。一个很著名的例子就是英国海岸线长度数学逻辑悖论。1967 年法国数学家本华·曼德博提出了"英国的海岸线有多长？"的问题，这好像极其简单，因为长度依赖于测量单位，以 1km 为单位测量海岸线，得到的近似长度将短于 1km 的迂回曲折都忽略掉了，若以 1m 为单位测量，则能测出被

---

1 薛定谔 著，张卜天 译：《自然与希腊人·科学与人文主义》，北京：商务印书馆，2015年版。

忽略掉的迂回曲折，长度将变大，测量单位进一步变小，测得的长度将愈来愈大。

当测量单位变小时，所得的长度是无限增大的。他认为海岸线的长度是不确定的，或者说，在一定意义上海岸线是无限长的。为什么？答案也许在于海岸线的极不规则和极不光滑。我们知道，经典几何研究规则图形，平面解析几何研究一次和二次曲线，微分几何研究光滑的曲线和曲面，传统上将自然界大量存在的不规则形体规则化再进行处理，我们将海岸线折线化，才得出一个有意义的长度。1967 年，美国《科学》杂志发表了一篇划时代的论文，它的标题就是《英国的海岸线有多长？统计自相似性与分数维数》，文章作者便是本华·曼德博，他是一位当代美籍法国数学家和计算机专家，当时正在纽约的 IBM 公司的华生研究中心工作。而他的答案却让你大吃一惊：他认为，无论你做得多么认真细致，你都不可能得到准确答案，因为根本就不会有准确的答案。英国的海岸线长度是不确定的！它依赖于测量时所用的尺度。

对于普朗克常数而言，如果我们认为它就是最小的时间或者空间尺度的话，那么显然它的数值大小将依赖我们现有的观测尺度和我们自身的尺度。现在我们认为电子是最小的，不能再分的粒子，而这个概念几乎就是早期的原子不能再分的概念。而事实证明原子是可以再分的。如果电子能再分为更小的单元，那么普朗克常数就必然因此而修改。同理，如果观测者认为生命科学里的基因或者细胞就是一个不能再分的最小单元，那么普朗克常数就可以被修改成适用于基因或者细胞这样的系统。

普朗克常数的本质与生命演化的非连续性

看一下物理学在最近半个世纪的发展，你会产生一种印象，即自然界的不连续特征在很大程度上是有违我们意愿地被强加给我们的。连续体似乎让我们感到很舒心。能量不连续交换的观念使马克斯·普朗克大为惊恐，这种观念是他1900 年为了解释黑体辐射中的能量分布而引入的。他做了很多努力来弱化这一假说，并且尽可能地摆脱它，但终未成功。25 年后，波动力学的发明者们曾一度希望已经为回到经典的连续描述铺平了道路，但事实再次证明，这一希望是靠不住的。自然本身似乎拒斥连续描述，这种拒斥似乎与数学家处理连续体时的困惑毫无关系[1]。

——埃尔温·薛定谔

普朗克在研究黑体的时候，偶尔发现了一个普适的公式，后来被称为普朗克公式。在这个公式中，必须假定，能量在发射和吸收的时候，不是连续不断，而是分成一份一份的。普朗克公式的这个前提假设及其衍生的意义彻底改变了自古以来人们对世界最根本的认识。从伽利略和牛顿开始的现代科学体系中，一切自然的过程就被当成是连续不间断的。如果你的中学物理老师给你讲，一辆小车沿直线 A 点行驶到 B 点，却不经过两点中间的 C 点，你一定会觉得不可思议，你一定会认为这个老师不学无术。自然的连续是如此地不容置疑，以致几乎很少有人会去怀疑这一点。当地理老师告诉你喜马拉雅山顶峰的海拔是8848 米的时候，你就会想到有一个地方的高度应该是 8847 米，而另外

---

1 薛定谔 著，张卜天 译，《自然与希腊人·科学与人文主义》，北京：商务印书馆，2015 年版。

一个点则是 8847.5 米 ,8847.25 米……，只要没有到达顶峰，你似乎可以理所当然地想象无限逼近 8848 米那个值。

借用曹天元在《上帝掷骰子吗？》这部书里的描述，能量也是非连续的。"当我们说，这个化学反应总共释放出了 100 焦耳能量的时候，我们每个人都会潜意识地推断出，在反应期间，曾经有某个时刻总体系释放的能量等于 50 焦耳，等于 32.233 焦耳，等于 3.14159……焦耳，总之，能量的释放是连续的，它总可以在某个时刻达到范围内的任何可能的值。这个观念是如此直接地植入我们的内心深处，一切都是理所当然"。

"这种连续性、平滑性的假设，是微积分的基础前提。牛顿、麦克斯韦那庞大的体系，便建筑在这个地基之上，经过百年的发展成了一个完美物理学大厦。而现在，普朗克的假设引发了一场大地震，物理学所赖以建立的根本基础开始动摇了。普朗克的方程认为，能量必须只有有限个可能态，它不能是无限连续的。在发射的时候，它必须分成有限的一份份，必须有个最小的单位。这就像一个吝啬鬼无比心痛地付账，虽然他尽可能地试图一次少付点钱，但无论如何，他每次最少也得付上一分钱，因为就现钞来说，没有比这个更小的单位了。这个付钱的过程，就是一个不连续的过程。我们无法找到任何时刻，使得付账正好处于'付了 1.005'这个状态,因为最小的单位就是 0.01 元，付的账只能这样'一份一份'地发出。我们可以找到他付了 1 元的时候，也可以找到他付了 1.01 元的时候，但在这两个状态中间，不存在别的状态，虽然从理论上说，1 元和 1.01 元之间，还存在着无限多个数字。[1]"

---

1 曹天元 著:《上帝掷骰子吗？》，北京：北京联合出版公司，2013 年版。

量子物理学的基础性方程——普朗克方程，其最重要的方法论上贡献就是：突破物质的最小单元的不可分割性而构成的连续性。能量，也许是任何物质，也都是非连续性的。当我们反对将量子物理的方法论用来分析其他物理世界的时候，我们似乎都忘了这一点。

让我们再来看看生命系统究竟是连续的系统，还是非连续的系统。对于一个物种种群而言，组成物种种群的最小构成单元的生物个体，显然是非连续的。生物个体是不能继续往下分的，比如猴群，个体的猴子就不能再分为 0.5 或者 0.25 只猴子了。同样，构成生物遗传物质基础的基因，这也是最小的分类单元，同样，我们不能再分 1/2，1/4 个基因这样的概念了，一个功能基因一旦再分，其基本的生物学功能就没有了。如果我们这样仔细一分析，生命显然是非连续、间断进化的。跟普朗克方程最初遇到的问题完全相同。物理学家，包括普朗克自己，经过艰难的挣扎，最终接受了物质世界的非连续性演化的结论。遗憾的是，整个生命科学还是继续在牛顿连续思想体系下思考生物的演化，却忽视我们自身在遗传进化过程中的非连续性——从祖父母到父母再到子孙之间存在显著的间断性，生物学家的方法论蒙蔽了我们发现事实的眼睛，我们生物学家因而一直在牛顿时代与牛顿之前时代来回踱步思考。然而，跳出牛顿的思维范式的时代在物理学界已经经历了一百多年，而在生物学界，曙光是否已经显现呢？

时空间相似性与系统波动性

生态学研究中，一个经常让我困惑的问题就是为什么我们很容易观测到如浮游生物、细菌等微小生物的种群波动状态，而很难观测到具有更大体积的生物如大象、鲸鱼或者高大乔木物种的种群波动。如果我们再放大一下，我们几乎很难相信我们栖息的山脉、生活的地球，甚至所处的银河系也存在波动状态。但是如果仔细想想，这样理解的差异也许就是源于观测者与被观测者之间的空间距离、质量差异、迭代时间差异、行为或者思想的同步性。对于细菌等微生物而言，其生命周期只有几天，甚至几个小时，因此我们几天或者几个月就能观测到大量细菌个体的生死而导致的种群波动。而对于大象或者松柏这样的长寿生物而言，我们需要几十年甚至几百年才能看到一头大象或者一棵松柏植株的出生到死亡，而我们观测者甚至根本没有机会观测这样的生命周期。如果我们将观测对象改为地球或者银河系，我们几乎很难想象地球或者银河系也会像细菌或者电子、原子这样微小物质那样存在波动现象。

但是如果我们将时间尺度拉大，放在几千年甚至几万年来看，大象、松柏这样的长寿生物的种群也许也会像细菌或者浮游生物种群一样的波动。而且，对于一个生命个体而言，其个体的生物量或者体积之间的差异将可能同样会影响到观测者所观测到的性质。如果我们看一张生物体表的显微照片，你会被你观测的现象惊呆：我们人体自身的体表就像非洲的大草原，那些体表寄生物像生活在非洲大草原上的大象、斑马、角马。对于这些体表微生物而言，我们体面的气孔就是一座天坑，血管的隆起就是山脉，而汗毛就是草原上的高大乔木，而所有这些甚至成为他们终身难以逾越的巨大障碍。对于某些微生物而言，从大象的头部走到大象的尾巴，也许就像我们人类从地球到月球那么遥不可及。对于这些体表微生物而言，如果它们也懂得科学，它们又何以能观测到它们寄生的大象的种群波动性呢？

对于物理世界里诸如电子这样的粒子距离我们人类的观测者而言，其距离也许比我们地球到银河系的相对距离还要远。有人曾经这样比喻过：我们看到的一粒小麦其实是由无数原子构成，而一个原子体积大小与小麦粒相比，就像一粒小麦在一栋大楼里一样。如果假设原子是一座庞大的体育场，而原子核只相当于体育场中央的一只蚂蚁。而我们人类观测者距离量子物理中的电子、原子核的距离过于遥远，观测者的相对质量也太大。这样粒子的不确定性极可能就是因为我们观测的电子这样的粒子距离我们太远所致。其实，就我们生活的地球而言，如果我们在银河系来观测我们生活的地球，地球就是一粒尘埃那么大小。而这粒尘埃的不确定性或者波动性我们人类也许永远都感觉不到。

在一个非对称性的系统中，观测个体行为的确定性与不确定性（也就是有规律可循或者没规律可循）可能是相对的，依赖于观测者所处的空间上的位置或者信息状态。在系统中处于控制性位置的个体观测哪些被控制的个体，随着非对称性程度提高，而其对被控制个体引力降低的时候，被控制性个体的随机性将会增加；而如果随着非对称性程度提高，但是其对被控制个体引力也在增加的时候，被控制性个体的随机性将会降低，其行为更具可预测性。从被控制的个体角度来看，控制者行为的随机性或者可预测性也许就是刚好相反。从第三方的观测者来看，系统内部的非对称性越高，系统整体性的确定性或者稳定性就越高，越具有更高的可预测性。

随着对称性或者相似程度的提高，其行为的确定性将主要取决于各自对对方的引力或者粘性。在完全相似后，也就是自身对自身，将可能存在两种极端情况：一种完全确定，也就是自我绝对肯定，将可能从第三方观测者来说也许就是自负；另外一种情况就是自我绝对否定，也许将导致自杀行为。从第三方的角度观测，这种极端的对称性，导致更高的不确定性。

观测角度和尺度决定观测结果与结论

在科学研究中，经常会遇到学派之间的辩论，双方的证据都很确凿，可是结论却是完全相反的。在我自己所研究的榕树与榕小蜂之间的互惠合作系统中，同样存在两个学派之间的争论。从宏观行为特征观测，传粉的小蜂发育独特花粉囊收集花粉，而小蜂自己并不取食花粉，进入榕果后，它们首先给榕果内的小花传粉，而后再产卵，典型的先人后己的利他主义。而榕树则是提供一部分雌花供小蜂产卵，小蜂的幼虫则是取食榕树雌花的子房而完成其发育过程，小蜂发育为成蜂后，则又收集其栖居的榕果的花粉为其散布花粉。双方形成典型的互惠合作关系。在很多观测当中，传粉的小蜂越多，榕树的种子数也越多，小蜂的后代数也相应更多。无论是从利益互换的角度还是宏观行为观测来看，榕树与传粉小蜂之间都属于互惠合作的性质。

然而当研究深入到小蜂的个体特征、行为后，发现并不是我们所观测的那样。有些传粉小蜂个体的花粉囊消失了，而有些小蜂的花粉囊则是空着，并没有花粉，显然这些个体并不都是诚实的合作者。而那些携带花粉的小蜂进入榕果后，也并不是每个都给榕树的授粉做出了贡献。有些小蜂进入榕果后，可能由于进入的小蜂很多，相互之间会发生剧烈打斗，结果这些小蜂由于打斗，严重影响了给榕果传粉，导致传粉不足，伤害了榕树。而有些传粉小蜂即便是没有发生相互打斗，但由于榕果的雌花资源有限性，后进入的小蜂可能会过度产卵而导致发育成榕树种子的雌花减少，同样降低榕树的适合度（利益）。在这样的情况下，诚实的小蜂也会招致榕树的惩罚。榕树和传粉小蜂在此情况下可能会表现为竞争或者敌对关系，而不是友好的合作关系。

我们人类自己对自身的评价，更能说明观测尺度和角度不同将会导致完全不同的结果或者结论。牛顿这位人类历史上最伟大的科学家之一，为人类的科学进步做出了巨大的贡献，他终生未婚，把整个生命都献给了科学。可是当我们走进牛顿的生活，却可能发现我们所看到的牛顿并不是那么光芒四射，甚至是一个"自私"且有些"卑鄙"的人。他在跟胡克争夺平方反比定律时，曾多次对人声称是他在1679年所证明，可是后来我们几乎可以肯定这不是真实的。运用牛顿的方法，根本不可能得出行星椭圆轨道的求解。后来他跟莱布尼兹关于微积分发明的优先权问题同样存在故意拔高自己的行为。从不同角度、不同的时间尺度上看，对牛顿的评价可能得出完全不同的结论。类似地，对秦始皇的评价也是如此，历史上他真正首次统一了中国，统一了文字，统一了度量衡，对中国的历史贡献自不言说。可是，对当时的知识分子或者诸子百家而言，秦始皇对当时的文化、思想的发展带来灾难性的毁灭，秦始皇则简直是恶魔。对历史上政治人物这样极其矛盾的看法更是比比皆是。

科学研究的结果在很大程度上与我们自身文化相同，科学研究中观测或者观察的结果跟我们的文化现象一样存在角度和尺度问题。只是我们被牛顿的思想完全洗脑了，总以为客观的物理世界是独立我们观测者之外，不受观测者的行为所影响。而事实则可能刚好与我们期待的相反：自然科学的研究跟我们文化一样，存在一个观测的角度和尺度问题。观测的角度和尺度不同，我们的结论和结果也会因此而不同。

第十二章

间断—平衡演化与演化路径依赖

对于我的结论一直被极大地误解——有人认为我将物种改变完全归因于自然选择——我应该指出，在这本书的第一版和以后的几版中，我在最明显的地方，即绪论的结尾部分，我写下了这样的话："我确信自然选择是主要的，但不是唯一的修饰方式"[1]。

——达尔文

反达尔文。——至于那著名的"生存竞争"，在我看来，目前与其说得到了证明，不如说只是一种断言。它确实存在，不过只是作为例外：生命的整体方面不是匮乏状态和饥饿状态，而是丰富、茂盛甚至于近乎荒唐的挥霍，——凡有竞争发生的地方，都是为了权利而竞争……人们不要把马尔萨斯和自然混为一谈[2]。

——尼采

---

1 达尔文 著，舒德干 译：《物种起源》，西安：陕西人民出版社，2001 年版。
2 尼采 著，李超杰 译，《偶像的黄昏》，北京：商务印书馆，2013 年版。

物种起源多元性与演化路径依赖

很多的文化行为或者物种在不同地方是相互独立起源的。人类本身的起源上，就已经有部分证据表明可能是在几个大陆独立演化而来，生物学家早已发现很多物种实际上是不同地域起源，现在全球分布的种群也不是源于同一地域的祖先。如果我们以某种文化的起源为例则更容易理解这样的多点起源，比如人类使用火的文化。我相信没有人会认为全世界的人类使用钻木取火都是从中国的燧人氏那里学习来的。

亚当·斯密的理性人概念和达尔文的自然选择理论都是假定演化单元或者个体之间存在竞争，竞争力强的个体或者物种在利己自私的驱动下赢得竞争的胜利，而那些竞争力弱的或者收益低的个体或者物种最终就被淘汰下去，直至消失。基因、个体、物种通过竞争方式最终达到系统的均衡状态。亚当·斯密和达尔文本人在他们当时的时代并没有严格地使用数学的逻辑论述他们的理论，他们是通过类比和描述性语言讲述他们对人性和生物属性的理解。但是，亚当·斯密和达尔文的追随者们却是严格地论证了理性人和自然选择的逻辑。然而，他们的信徒，尤其是那些狂热坚信理性人和自然选择的门徒们可能忽视了亚当·斯密和达尔文对自己理论曾经的困惑与犹豫，正如同曾经的我自己一样。

正如我在本书绪论里提到过的，亚当·斯密在其两部巨著《国富论》和《道德情操论》中提出了人类个体"自私性"和具备道德优势或者"无私"性相互矛盾的人性假设（科学史上称为斯密之谜）。而达尔文坦诚地承认了自然选择理论无法解决这个悖论：自然界里的蚂蚁、蜜蜂中的工蚁/蜂完全不生殖而帮助蚁后/蜂王繁殖，这些个体完全没有自己的直接适合度。所以他在《物种起源》最后一版的绪论特意强调了一句话：我确信自然选择是主要的，但不是唯一的修饰方式。

古典经济学和经典达尔文自然选择理论中，一直存在这样一个隐含的假定：在演化过程中，由于竞争作用，生物最终将选择出唯一相对最高效的策略或者路径。这就是典型的一元论哲学观的理解。而我现在确信这个世界应该是二元或者多元的。多元论不相信一个个体、一个物种、一个生态系统或者一个机制、一个制度存在最优，而是可能存在多个可能性，演化的结果存在路径依赖的特征。一个很直观的类比就是语言和文字的进化。尽管很多学者认为人类超越了自然选择，但是，包括达尔文自己在内的很多学者认为：如果自然选择理论不能解释人类自身的话，自然选择就不是一个普适的理论。不同的部落和民族经常使用不同的语言和文字，某个民族使用何种文字或者语言强烈依赖于早期某个智者或者领导者个体的倾向性。

在春秋战国后期，如果统一中国的不是秦国的嬴政，而是其他诸侯国的某个王公贵族，那么中国后来一直延续的文字也许就不是隶书，语言也许可能就是北方某个消失了的少数民族的语言。同样，如果统一中国的不是秦王嬴政而是他的父亲或者他儿子，也许这个皇帝没有那么强势，而是尊重已经归顺了的各个诸侯国的语言习惯，那么后来很难说中国的语言就演化成我们现在使用的语言。同样，汉武帝如果没有采纳董仲舒的"罢黜百家，独尊儒术"的建议，中国也许会演化成政治与道教或佛教政教合一的国家，这并不是完全没有可能。演化显然具有强烈的路径依赖性，家族、部落、国家的文化、语言如此，对于一个物种而言，其演化的行为策略也可能同样如此。

演化的路径依赖性就像一块巨大的石板上流水所形成的水槽。由于重力的作用，水总是往下流，但很多情况下，流水所侵蚀的痕迹——水槽，并不总是唯一。如果你仔细观察过一块经水流磨砺过的石板，就会发现水流侵蚀所形成的水槽实际上很多，而且其路径甚至是曲折的。一条水槽后面经常是再分化成几条更细的水槽。显然水流所形成的水槽就有强烈的路径依赖。这实际上跟我们的语言和文化的演化很类似。早期演化的一些偶发事件决定初期的路径，随后的演化则保留了早期的演化印迹。

在亚当·斯密和达尔文的理论中，无形中做出了竞争无限大这个相对比较严格的前提假设，并由此衍生出了进化中的最优路径问题。显然，在剧烈的竞争过程中，方向、路径将影响到个体收益增长的快慢和收益的大小。收益增长慢的或者收益小的个体或者行为将被迅速淘汰掉。理论上讲，在一个竞争激烈的系统中，个体或者物种只有选择了最好的路径才能最快地实现其利益的最大化，这样的个体或者行为才能被选择下来。个体或者物种在行为或者演化过程中路径（包括策略）不同，将导致其不同的收益，因而选择低收益路径的个体或者物种在演化过程将被淘汰掉。最终只有选择最优路径的个体或者物种才能够存活下来。在竞争思想的进化理论中，最终只有唯一一个最优的演化路径和策略。

如果我们看看物种的支系图，可以清楚地看到，物种演化在历史上经历了几次支系分化，然后各自沿着不同的路径演化。生物在演化的过程出现多次分叉现象，就像植物的生长过程的分支一样。显然，后期的物种的演化特征强烈依赖于其祖先演化的特征，只能在其基础之上演化。然而，物种在其演化的过程中，由于环境的变迁，也可能重新获得其祖先的某些特征或者基因，出现返祖现象。不同的演化路径或者分支上，其物种演化或者突变发生位点也许存在不同，突变速率因而也将存在差异，不同节点或者不同演化历史将导致不同的多样性。

在达尔文的自然选择理论中，一个基本的前提假设就是：物种之间或者物种内的个体之间总是存在竞争。然而，在现实世界中，空间、资源等公共物品，甚至交配权其实都不是经常处于激烈的竞争状态。公共资源的利用取决于种群增长，在现实世界中种群的增长并不是一直正向增长。天敌、疾病、自然灾难等因素往往导致种群难以达到自然资源利用的饱和状态。而且环境本身的空间异质性（物理空间、环境组分异质性等障碍）也在阻止其利用达到最大化。或许有人会反问：在长期进化的过程中，物种会逐步突破这些环境限制，最终那些增长更快、利用效率更高、竞争力更强的物种被选择下来。但诸如天敌、疾病等同样会成为物种或者个体演化的主要压力，而物种选择对抗天敌和疾病的过程中，天敌和疾病就是类似于环境的选择压力。物种或者个体最终必然演化到剧烈竞争的时代。

诚然，如果在静态的、封闭的系统里，情况可能确实会这样。但是，如果我们放在一个开放的系统来看待这个问题，情况就不同了。无论是资源、空间利用还是对抗疾病、天敌过程，如果种群还没有达到最大化或者饱和状态，就经历了诸如地震、火灾或者外来的天灾，其种群会迅速地被压缩到很低状态，而且这些外来因素的选择压力是没有差异性的——也就是无论竞争力强的还是竞争力弱的都几乎有同等概率被杀死而不是选择性地被杀死。自然灾难如此，生物因素也是经常如此。天敌在捕食过程，很多情况就是随机的过程，比如一个特别警觉、强壮的瞪羚可能不小心就刚好碰到伏击的猎豹而被杀死，在传染病发生时，有时一个地区几乎无人能幸免而全部感染。这样的无差异地降低种群的机制显然会导致种群内个体间的选择失效。

更为重要的是自然界的选择压力通常是非连续的。生活在非洲大草原上的狒狒除了面临狮子的扑食威胁，也面临着猎豹的捕杀，甚至也可能面临其他亲缘灵长类猴群的猎杀。但是这类捕食者的选择是不是构成了狒狒种群的持续压力呢？历史上灵长类动物究竟经历了怎样的选择压力，我们现在难以准确复原。但是从现在的行为来看，我们完全可以想象这类捕食者并不可能持续给予这些灵长类以选择压力。比如狮子的捕食，只有当该狒狒种群数量达到狮子容易随机遇见的水平时，狮子才会随手打牙祭一样捕食这些狒狒，而不会特意去捕食狒狒，那些个体被狮子捕食很大可能就是因为谁不小心被狮子碰到，而不是个体的特殊特质决定。而狮群可能随着水牛的迁徙而离开。有可能一段时间或者一定区域内，某些个体受到捕食的压力就可能很小，比如生活在埃塞俄比亚高原上的狒狒种群，由于其栖息在悬崖上，被捕食的压力几乎没有。

非生物的环境变化，比如周期性的火山喷发，比如干旱、火灾、营养元素等周期变化，或者季节变化等非生物的环境因素，同样可能无差异地对生物物种或者个体筛选，从而降低了种群内个体之间或者生态系统中不同物种之间的竞争。甚至可能在某些特定的历史时期，物种间的竞争可能很小。这也许跟物种内个体之间的关系很类似，在很多情况下，同一物种种群内部个体之间的竞争可能是很小的，甚至没有竞争。

纵观整个人类社会的发展史，人类社会大多数情况下资源是很丰富的，并不存在竞争，至少不是剧烈的竞争[1]。在其他生物类群中，同

1　尤瓦尔·赫拉利 著，林俊宏 译：《人类简史：从动物到上帝》，北京：中信出版社，2011 年版。

1　尤瓦尔·赫拉利 著，林俊宏 译：《人类简史：从动物到上帝》，北京：中信出版社，2011 年版。

样如此。在狮群中，经常会观察到一些残疾的个体，而老弱，甚至大部分牙齿都坏掉的狮子可以独自存活多年，而在高度社会性的蚂蚁、蜜蜂群体，同人类社会一样，存在大量几乎不从事劳动的个体，这样的不活跃个体在有些群体中甚至达到50%左右[1]，远远高于我们人类社会中不工作人群的比例。这些大量"懒惰"（更中性的术语称为不活跃）的个体却可以稳定共存于社会群体中，单纯的竞争思想显然难以解释。

在生物的演化过程，生物个体可以随机突变出多样化的特征，比如适应温度、湿度和光照变化、营养贫瘠或者过度供给等，自然选择压力对这些适应性的选择存在，但不总是那么强烈。比如低温或者高温的适应性选择，偶尔会出现局域的高温或者低温，那些更适应高温或者低温的特征更容易被选择下来，但是高温和低温不是随时存在，只是偶尔出现，而且不是所有个体都会经历同样的高温或者低温压力。因此整体而言，高温或者低温的选择压力并不总是那么大，因而适应高温或者低温的特征分布是有一定宽度的高斯分布，随着选择压力的减小，高斯分布的宽度越宽。这样会存在两个极限情况：在过度繁殖的情况下，选择压力是无穷大的，此时对应经典的自然选择学说；当自然资源足够充裕时，选择压力为零，此时对应中性选择学说。而自然情况下选择压力是在零到无穷大之间。

更重要的是，生物个体所生存的环境中的选择压力可能不是一个因素，而是无穷多个，可能是温度、湿度，也可能是无数营养物质中的任何一种元素，生态系统中天敌、共存的竞争者等任何一个物种都可能成为其选择压力中的一个元素。生物种群适应性特征都将可能因

1　Hasegawa, E. et al. 2016. "Lazy workers are necessary for long-term sustainability in insect societies." *Sci. Rep.* 6, 20846; doi: 10.1038/srep20846.

某种选择压力而形成其适应性特征分布高峰。整个生态系统中，每一个物种就是整个山脉中的一座山峰。这些适应特征就我们现有的知识而言已经很庞大了，而且可能还会随着研究深入发现更多。整个特征的丰富度就像从飞机上俯瞰山脉的尖峰一样层峦叠嶂，而每一座或高或低的山峰就代表了一个物种。就像山峰有高有低，其分布却是连续存在，但每个山峰的特征却又是显著存在一样，物种之间的区别并没有如经典物种概念那样的截然区分，但是每个物种自身的特征却又是显著存在，各个物种的适合度或者种群大小也存在明显差异。

每一种物种在外界环境的选择压力下，则表现出了其环境的适应性演化。通过"学习"和"记忆"的方式来调整自己的行为，生物将通过表现遗传的机制而在某些特定特征上加速或者减速突变，以更加适应这样的选择压力。行为的特异性加速或者减速突变行为反过来会影响遗传多样性高低，并固定在其遗传的信息密码之中。这就是我们现代生物学中表型可塑性和习得性遗传。拉马克曾经在达尔文的同时代论述了生物个体通过学习而改变其遗传结构的假说，但是这后来被达尔文的自然选择理论所淹没。一种蜒螺属 *Puperita* 的螺类——斑马蜒螺，在很长的一段时间里，其白底黑纹和黑底白点不同形态被当作两个完全不同的物种。后来的实验发现：白底黑纹还是黑底白点，是通过生长环境的盐分而定的。两种螺互相对调到对方的生长环境后，神奇的事情发生了——黑底白点的螺新生的壳是白底黑纹，而白底黑纹的螺新生的壳却是黑底白点。这种斑马蜒螺通过对环境的适应性学习，基因表达发生了变化，调整了适应性特征。

表型可塑性反过来影响遗传多样性，甚至物种形成和多样性。其影响的强度则与其熵流或者信息流密切相关。在牛顿力学的经典思维范式下，也是达尔文自然选择理论思维范式下，进化的过程从其遗传基因到其表型或者行为是可逆的。这就是牛顿力学中时间可逆思想的体现。在这样的范式下，物种多样性从一个特定的环境转变到另外一种环境，其物种的多样性改变将是按特定的概率发生。其遗传的多样性到物种、行为的多样性也是按相应的概率发生。然而，如果进化是不可逆的——类似于在物理学中时间的不可逆性，那么物种多样性或者其遗传多样性就可能完全是不同的范式发生，将产生类似物理学中的量子效应。

我们先看看生态系统从高纬度到低纬度的变化趋势或者从低海拔到高海拔生物多样性的变化趋势。在寒温带、高海拔地区，物种数很少，往往是只有几个物种甚至单一物种分布，而逐渐过渡到湿热的南方或者低海拔地区，物种数量急剧增加，有些地区甚至没有平滑的过渡带。在热带雨林，各个物种的分布丰度相对更加均匀，搜寻同一物种的不同个体比寻找不同物种要难很多。而这些不同的生态系统其外界的物理环境差异其实远远没有生物多样性所表现出的那么大。这种物种数量急剧或者爆炸式增长显然跟生态系统所处的地理环境密切相关。在极地或者寒温带，在给予生物能量转化必备条件下（如水、营养基质等），其能量输入，也就是光能被生物转化而积累的速率要远远低于热带雨林系统，而其能量的输出如代谢、死亡等速率也远远低于热带雨林地区。

这里的熵流如同水流特征一样，不仅仅取决于水量的输入与输出速度，还取决于河道的宽度或者水管的粗细。对于一个生态系统而言，这根水管粗细就取决于生态系统的环境容纳量。在热带雨林，其降雨量、环境可被利用的活性物质等都要比极地或者寒温带高。这些因素一起构成熵流的影响因素，其影响因素不是一维的，也不是二维的，而是多维度的。在极地、寒温带，生态系统内能量输入与输出要远远小于热带雨林地区。在这样的非平衡耗散系统中，能量输入与输出越大，系统内部负熵流反而越大。在非均衡的系统中，系统的熵流越大，系统多样性也高。热带雨林系统熵流要远远高于极地或者寒温带系统，因而其物种多样性和稳定性要远远高于极地和寒温带生态系统。

深埋在地宫里的艺术——路径依赖的物种形成机制

在完成本书的初稿后，我看到一部纪录片，片子讲述波兰地下盐矿巨大的艺术雕塑。在数以百米深的地下，呈现出了巨大的雕塑群，包括《最后的晚餐》这样的宗教题材的艺术。讲解人介绍，那是三个盐矿工花了 67 年才完成的艺术杰作。我立即想起了在四川乐山大佛不远处的地下雕塑群。当亲身走进那巨大的雕塑群的时候，我被深深地震撼了，各种栩栩如生的佛教艺术雕塑在地下的深宫中延展了数以百米。据导游说，这组艺术雕塑在工匠们完成后，立即就被填埋了。一个让人迷惑的问题就是：这些艺术创作者创造了艺术作品，为什么不展示给世人而是将其埋于地下？这就好像一个人做了一份精美的大餐后，自己独自吃掉或者又干脆倒掉，这是让人很费解的行为。这种行为背后的动力又是什么呢？

人类在内裤上绣花或私密处文身似乎源出一脉。显然，将珍贵的"艺术"深藏起来不是一个疯癫的个案，而是一类被雪藏起来了的人性特征或者演化动力。在生物物种的演化过程中，类似于被深藏在地宫的艺术这样的生物学特征可能同样存在。我们先回顾一下经典的物种形成理论或者定义。通常认为由于空间的隔离，被隔离的种群最后形成了生殖隔离，新的物种因此形成。如果两个相近物种能够共存，这两个物种就一定在空间上存在各自的生态位，无数物种的特征频率分布图就是一张连续的波状图。我们直观上看到大多数物种确实存在着这样一张波状图。

物种在演化的过程中可能还存在着时间尺度上的特征分化或者生态分化。而这些特征的演化具有强烈的路径依赖。我们如果看看系统演化树，就会确切地感受到一个物种演化强烈地依赖其前一个节点的分化特征（类似树权的位置）。显然，如果我们以物种演化历史过程的特征为参数，我们同样也可以得到物种特征分布的波状图。物种演化历史的波状图就是类似深藏地宫的艺术，它是我们通常考虑物种分布或者生态系统特征时被忽略了的参数。

如果我们把物种分布空间特征的频率波状图和时间演化特征频率波状图同时考虑进来，物种或者生态特征就可能跟我们的经典理解存在极大的不同。而被广泛用于量子力学的路径积分原理就是要把时间和空间属性联合考察的一套数学分析方法。显然，如果我们把物种的时间和空间特征当做两个完全独立变量来处理，事情就比较简单，就又回到经典物种概念之中了。但是，如果物种的时间特征和空间特征存在类似量子的叠加效应或者相互干扰效应，其情况就可能存在很大的不同。

考虑叠加效应，物种的形成可能就不再仅仅取决于空间主要特征，时间或者进化过程特征波将与空间特征波同时决定物种的特征形成和其空间位置。如果一个物种特征频率就是一座山峰的话，那么两个波决定的山峰特征就跟一个波所决定的特征存在很大的差异。两个波的波峰存在叠加效应和错峰效应。两个波的叠加效应就会产生类似山脉一样的错落有致的群峰分布，一些分布频率比较低，但是也能形成峰的特征也可能演化成种。而且物种数量的分布极大地依赖于其演化的路径。如果这样的理解是正确的，我们就能很好理解为什么同域物种能够形成，隐存种为什么普遍存在。用物种演化历史过程中生态位分化的隐形动力同样可以解释生态系统中为什么存在大量的冗余物种。

即便是不考虑时间的叠加效应，空间上也会导致类似的叠加或者衍射效应。如果环境的选择压力不是很大，物种的起源可能源于多条路径，也就是多点起源。在存在多个点起源的情况下，在各条路径的物种个体之间，甚至不同物种个体之间由于存在基因或者遗传信息的交换或者相互间的作用，这样物种在演化的过程中就存在类似量子物理学中光的衍射现象。如果我们将物种形成比喻成条条大路通罗马，那么个体在选择去罗马的方式或者路径时，既可能是坐飞机去，也可以选择坐火车或者骑毛驴。在选择压力不是很大的情况下，这种多途径抵达罗马的可能性是存在的，并不存在唯一的最优路径。如果每个物种只选择其中一条道路，最后我们看到的格局将是每个物种在生态系统中都有自己独特的生态位。而如果物种存在多条演化路径，或者在演化的过程中，各个物种之间存在基因交流或者发生密切的相互关系，也就是类似于既可能坐飞机，也可能坐火车，甚至随时随地换乘交通工具去罗马，那么物种最终形成的格局就可能类似于河流入海所形成的水网一样。河流的形成在此情况下可能并没有受到河床的选择压力。生态系统的物种就可能类似河流，每一条河流都可能是一个物种。

在此情况下，部分物种的形成可能不是自然选择压力的结果，而可能是随机因素的结果。

多水平的选择与演化

在经典社会经济学和进化生物学中，一个基本的也是不容置疑的概念就是选择的单元只能是个体。在进化生物学中，直到亲缘选择提出来后，才提出了选择单元也可能是基因水平。而在社会经济学中，个体是唯一选择单元仍然是被普遍认可的概念。在进化生物学界，爱德华兹曾经提出了种群水平的选择，后来被称为群体选择的理论，但是这个理论由于与达尔文个体选择理论在基本概念上存在冲突而几乎被抛弃[1]。最近，我南京大学的好友孙书存教授和中科院地理所的何念鹏教授在他们的自然观测中，发现生态系统中很可能存在比种群更高水平的选择，即可能存在群落和生态系统水平的选择。群体选择自20世纪60年代提出后，一直招致巨大的批评，但是自始至终又有少数学者的支持。比种群更高水平的群落和生态系统水平的选择显然将会经历批评，至少不会比群体选择的批评少。

在进化生物学中，一个令人啼笑皆非的概念就是：生物学家们勇敢而坚定地接受选择单元低于个体水平的基因选择，而他们却坚定而决绝地拒绝了高于个体层面的群体、群落和生态系统的选择。一个有趣的故事就是被誉为社会生物学之父，也是被誉为哈佛大学最伟大思

1　V. C. Wynne-Edwards: *Evolution through group selection*, Blackwell Scientific Publications, Neural Darwinism, 1989.

想家之一的爱德华·威尔逊教授对待基因水平选择的态度转化。爱德华·威尔逊教授的同事、合作者诺瓦克在其《超级合作者》书里讲了亲缘选择提出者汉密尔顿当时将论文稿子寄给爱德华·威尔逊教授的故事[1]。汉密尔顿的论文认为如果存在基因频率依赖的选择，那么帮助自己同胞姊妹繁殖而减少自己繁殖机会同样可以提高自己基因被遗传到下一代的概率，生物中的利他主义将因此而得以演化。这篇论文当时并没有被同行接受，据说《理论生物学》杂志没有通过同行评审而发表了该论文。汉密尔顿将该论文寄给爱德华·威尔逊教授，他收到该论文大体看了一下就扔在办公室，但是晚上回家后他突然感觉该论文的思想可能是对的，就连夜回到办公室重新阅读该论文，后来他就撰写评论推荐该思想。亲缘选择因为爱德华·威尔逊教授的推荐而得到同行的逐步认同。

然而，就在亲缘选择理论被普遍认同，并被当做进化生物学的标准选择理论的时候，爱德华·威尔逊教授联合哈佛大学的著名博弈论专家诺瓦克，于2011年在《自然》杂志发表论文认为亲缘选择的概念完全没有必要，所有的社会生物学问题事实上完全可以用互惠选择解释。也就是说基于基因频率的选择概念属于多余，而基于个体水平选择的互惠选择就完全足够解释我们的社会生物问题。然而，该论文发表后，全球103位世界顶级的进化生物学家对此提出了质疑与反对，并且持续了多轮的辩论。但双方都没有妥协[2, 3]。

---

1 马丁·诺瓦克，罗杰·海菲尔德 著，龙志勇，魏薇 译：《超级合作者》，杭州：浙江人民出版社，2013年版。

2 Nowak, A. M., Tarnita, C. E., Wilson, E. O. 2010. "The evolution of eusociality." *Nature*, 466: 1059–1062.

3 Abbot et al. 2011. "Inclusive fitness theory and eusociality." *Nature*, 471:E1–E2.

正如我在前面章节所言，亲缘选择主张的对称性、均衡状态并不存在，因而我赞同爱德华·威尔逊教授对亲缘选择的反对，但是他们反对的理由我并不认同。自然的选择也可能存在多水平的选择。如果我们跟物理学做一个比较，也许我们更容易做一个类似的比较理解。物质结构中的原子，属于物质世界的基本构成单元，类似生物机体的细胞或者基因。不同的原子通过化学键或者引力构成更大的分子，而高一级的分子则通过分子间力构成更高一级的分子团或者分子簇。在物理世界里，我们很难说化学或者物理作用只能在原子层面。类似道理，在生命科学里，不同的碱基序列构成一个具有特定功能的基因，而不同的基因则通过化学键联系起来构成染色体，从而形成具有特定功能的细胞。而细胞聚集在一起成簇，逐渐向高等有机体演化，形成我们经典进化生物学的演化基本单元——个体。与细胞类似，有些个体更倾向于独立生活，而有些个体则倾向于聚集成团，聚集一起的则演化成社会性生物，演化成超级有机体，形成更高层级的选择单元——种群。

不同物种之间其相互联系的紧密程度也存在巨大的差异。有些物种之间联系十分紧密，几乎彼此难以分开。比如很多兰科植物与内生菌之间就是相互嵌入式互惠合作，任何一方离开对方则几乎难以独立存活。而有些物种相对独立，与其他物种的依赖性相对较弱。彼此相互联系十分紧密的物种则形成独特的群落，甚至具有特定的生态功能，相对而言，这样的群落类似个体一样，形成更高层面的选择单元。群落与环境融为一体，则将可能形成具有特定环境功能的选择单元——生态系统。

从基因到个体，再从种群到群落和生态系统，其系统内的组成单元在表达或者演化过程中都存在强烈的路径依赖特征，因而其组成的单元具有随机表达（不确定性）特征，难以预测其确切行为，而只能大概预测其特征的统计分布。基因表达的路径依赖特征就更能清楚说明其特征。细胞的遗传物质——染色体，是由无数的具有特定功能的基因构成。这些基因在表达的过程具有强烈的时间和空间顺序特征。Hox 基因（同源基因）就是这种类型。Hox 基因的特色之一，是其排列顺序与其作用顺序、作用位置相关。例如果蝇的平衡杆与蝴蝶后翅的差别，就是源于两者的 Ubx 基因受到的不同调控。在演化的过程中，蜻蜓的 Ubx 下游基因调控阶层与原始祖先较为相似，而鳞翅目（如蝴蝶）与双翅目（如果蝇），则改变了一些对下游基因的调控方式。相同基因因不同的调控而形成了具有不同功能的器官。

同样对于一个高度社会性的物种种群，其个体的行为表达也存在强烈的路径依赖。比如蚂蚁种群中，幼年的工蚁先在蚁群中喂养幼虫，清洁打扫卫生，打理照顾蚁后，发育到一定阶段后，再负责出去采食，年龄最长的则更多承担着巡逻与蚁群保护任务。生态系统的演化也同样存在这样类似的路径依赖。一个生态系统演化早期的奠基物种以及随后的先锋物种对整个生态系统的多样性与物种的分布和丰度都具有至关重要的影响。在陕西秦岭大熊猫保护区，一个叫大谷坪的地方，其森林下层几乎全部都是密集竹林，甚至熊猫都难以钻进去取食，而翻过山，就在几千米之外的森林下层则是几乎没有竹子。这种同一地域，完全不同的森林生态系统就是不同奠基物种所致。

在路径依赖的系统中，其系统的基本选择单元或者特征分布频率存在极大的随机性，不同特征或者单元，其分布频率也存在极大的不同，有的分布高，有些分布低，类似山脉里的山峰所呈现的景观。一个高峰就是一个基因、一个物种或者一个生态系统类型的分布频率。一座高峰将吸引很多低峰分布在其周围，形成群峰，构成一个独特的具有功能的细胞、物种或者生态系统。这些错落有致的差异性特征分布频率就构成系统内各个选择单元或者特征非对称性。而山脉的主峰所代表的特征就是我们通常看到的那些显著性特征，比如自私性特征、繁殖特征或者生长特征。而那些被隐藏在地宫里的特征就是那些小的山峰，如隐形基因、同性恋行为、冗余种，等等。

第四篇

人类的未来与人性思考

第十三章

人类的终结与希望

最担心的人们今天在问:"人如何得以保存?"可是,查拉图斯特拉却是第一个唯一的人要问:"人如何才被克服?"[1]。

——尼采

每一个过程、事件、偶然发生的事——无论叫它什么,简言之,自然界中正在发生的一切,都意味着它在其中发生的那部分世界的熵的增加。因此,生命有机体在不断增加自己的熵——或者可以说是在产生熵——从而趋向于危险的最大熵状态,那就是死亡。要想摆脱死亡或者活着,只有从环境中不断吸取负熵——我们很快就会明白,负熵是非常正面的东西。有机体正是以负熵为生的。或者不那么悖谬地说,新陈代谢的本质是使有机体成功消除了它活着时不得不产生的所有熵[2]。

——埃尔温·薛定谔

1　尼采 著,黄明嘉 译:《查拉图斯特拉如是说》,桂林:漓江出版社,2007年版。

2　埃尔温·薛定谔 著,张卜天 译:《生命是什么?》,北京:商务印书馆,2014年版。

人类合作行为进化的悲剧

人类早期社会合作行为的最初形成主要是在家庭、氏族这样小的群体当中，随着人类社会合作行为更加紧密，相互间的分工逐步加强，最初可能就是家庭的分工，比如女性负责采集、家庭育幼等，而男性则是负责狩猎，部族或者群体之间的争斗。最初的家庭分工逐步拓展到部族或者氏族内部不同家庭或者不同家庭之间的个体之间的分工，比如部分成员开始从事管理、工具的生产，而一些妇女专职从事婴幼儿照顾，还有一些妇女则负责采集。这种部族内部的分工进一步提高了个体的生产效率，从而提高了部族的群体竞争能力。当人类学会交易后，不同部族之间的分工就存在可能。不同部族之间的交易，提高了各个部族之间的合作，从而提高了各自的生产效率。春秋战国时期，在今天河北一带的诸侯国擅长冶铁和打造兵器，在山东一带生产食盐，中原地带生产粮食。这样不同的诸侯国之间以其资源的天然分布而导致的社会分工便天然形成。各个诸侯之间因此相互依赖的关系也将因此而更加紧密。然而，正是更加紧密、相互依赖的社会系统却又诱使各个诸侯强烈试图统一其他诸侯，以消除各个诸侯之间的贸易壁垒，导致更加剧烈的争斗与战争。分工越精细，统一的欲望也越强。

随着社会分工和技术进步，物理空间分隔，如山川河流甚至大洋的阻隔等逐步被克服，世界大统一在技术上变得更加可能。两次世界大战的发生，说明全球性大统一从技术上来说是可行的。政治精英和民众似乎也有这个动力。在民族集体主义与个体内心的强烈自我中心主义这些相互拮抗力量的作用下，两次世界大战的结果是国家变得更多。分化的力量一直在制衡着大统一的力量。但是大统一的力量实际并没有因国家数量变多而停止，在对分工和效率有着绝对追求的大公司的努力下，全球化浪潮被狂热掀起，实际上变相地推动着世界的大统一。

世界大统一的动力正在被激化，随着技术进步和跨国大公司的发展，实际控制国家政权的暴力被增强。政商一体化将逐步取代历史上的政教一体化，而真正垂帘听政的，也许将是那些跨国大公司。国家政治事实上将被一些国际商业巨头控制，而不是真正普通大众的代表。在传统的国家政治体制中也是这样。只是在奴隶社会是大的奴隶主，封建社会是大地主或者大的氏族集团。在资本主义社会，则是大的资本集团或者控制国家的军事集团、家族集团。在建国初期和世界民主潮流势头最盛时，民众的呼声或者代表会受到更多的重视，而且永远是政治和国家宣传中绝对的旗帜，但是民众的呼声或者代表永远不会是主导国家或者社会演化的主导型力量，只是旗帜！在全球化的实际统治者——大型跨国公司试图将各个国家或者经济体统一成一个商业帝国时，各个国家的主权形式得到尊重，类似对个体的尊严的尊重一样。但是在国际间游戏规则的制定过程中，国家或者弱小国家基本上只是一个听众，即便是有不同的理解，也会被国际资本巨头教化、洗脑，成为绝对的支持者；而那些真正"朽木不可雕"者，则可直接通过其控制的国家军队以绝对的道德制高点对其讨伐，将其抹掉。美国对巴拿马总统苏加诺以涉毒、贩毒的名义而将其逮捕，以反恐方式将萨达姆、奥马尔直接清除掉。都是资本借政府之手，以武力方式统一地球。这种血腥的统一，正如孙子兵法所云，乃下策，资本家当然是清楚的[1]。

1　孙武 著：《孙子兵法》，上海：上海古籍出版社，2006 年版。

通过武力的方式实现全球统一只是矛盾解决的极端形式，无论是在人类社会还是自然界，这类极端的形式都不是主要选择。

人类从一个小的合作团队不断演化为更大的合作团队，最终实现了人类社会的大统一，形成一个超级合作的团队。在合作团队不断扩大的过程中，我们的效率也在不断地提高。当全球实现大统一的时候，效率也是达到最高的时候，而这也将可能是人类从最高处纵身跌入谷底的时候——人类因此将可能像恐龙一样从地球上突然消失。

正如我在本书后记《纳什之死》一节将要说的，作为生命的一员，纳什一定会死是确定的，是理性认识告诉我们的；然而究竟以哪种方式离开我们则是不确定的，没人能够以确定的方式预测。作为整个人类而言，存在一种天然而自然的推动力——提高个体、群体、整个社会的生产效率，而在现实中我们总是希望我们个人的收入及社会的GDP不断提高。然而，一个普通的物理学常识告诉我们：任何一个系统如果只有正反馈（也就是生产效率不断提高），这个物理系统一定是要崩溃的。在世界实现大统一之前，各个国家将通过政权的更替、战争、社会动荡的方式耗散增长所蓄积的国家内部能量，而且各个国家之间的贸易、人文交流等也在耗散国家内部和国家之间熵减的力量。国家之间、国家内部的贸易、人文交流，以及促进国家之间大统一的力量提供了国家内部正向增长的力量，促进了熵增。而当人类实现大统一，整个人类就是一个封闭的系统，它难以通过系统间的交流来耗散内部蓄积的正能量和熵增。系统越封闭，发生崩溃的周期就越短。

如同要我们预测纳什会以什么样的方式离开这个世界一样，预测人类将以何种方式走向崩溃几乎是一件完全不可能的事情。但是如同我们可以猜测一个人会以多种方式死去一样，主要的形式还是可以猜测的。人类，类似曾经的恐龙——成功统治地球的物种，其消亡的最本质原因则可能正是成就它地球唯一霸主的动力——合作所提高的效率。

由于人类全域性的合作，使我们在生产效率上得到了空前地提高，整个社会可以供养巨大的非从事生产性的"冗余"人群，这些"冗余"人群中最重要的代表就是文化、艺术，以及我自己所属的科学家群体。这个现代社会巨大的"冗余"群体其实不能直接生产我们社会所必须的产品，但是他们从事的科技活动却可能在未来带来巨大收益——当然大多数的文化、艺术和科学家仍然不能给社会直接创造财富，而纯粹就是自己凭着兴趣玩着自己的游戏。但是一项科学技术一旦成功应用，其给人类带来的巨大影响也是难以估量的。对于人类种群的增长而言，一些独特的发现，比如青霉素、免疫疫苗等几乎是飞跃式地提高了人类的自然存活率。而现在的接生、育幼技术则将婴儿的死亡率降低到了极限。这些都给人类人口的爆炸式增长带来了技术上的支持。

技术的进步，同时也刺激着个人对自然资源的消费，两者效应的叠加导致人类对自然资源的需求呈指数式增长，最终导致地球其他生物的种群急剧下降，甚至灭绝，同时也在剧烈地改变地球的地貌和环境。这种改变往往是不可逆的，而且最终导致人类自身整体生存环境恶化。这就是人类本身发展的"公共地悲剧"。恐龙这个曾经盛极一时的物种突然灭绝，其中一些重要证据就是恐龙已经将地球改变到了本身无法生存的环境了。我们目前已经把大陆、海洋，甚至大气空间都污染到了无以复加的境况了，而且这种情况还在不断加剧。各个国家之间的竞争，都希望增加自己的财富或者竞争力而不愿付出代价去维持地球生物圈的稳定性。这种趋势的加剧将极有可能导致整个地球不再适合人类居住而最终导致人类的灭绝。

另外一个可能性就是人类智慧将人类置于死地。科技的发展使人类的生存环境极大改善，变得更加稳定。在稳定的环境中（如我们前面章节所述），个体更倾向于更长的寿命而减少繁殖，直至完全放弃繁殖，甚至可以通过现代分子生物学技术把生殖的基因完全敲除，使自身不断生长（类似爬行动物或者某些植物可以通过无限生长而延寿）。最初部分个体的人工基因改造，最终将全域性扩散到整个人类群体。这种通过生物本身的演化或者人类自身发展的技术使自己长生不老而完全放弃繁殖的能力，都将可能是不可逆的。这样稳定的生存环境中，人类将由于社会的分工不同而特化成不同的功能性群体。人类整体生活将更加安逸、高效，但是也失去个体独自的生存能力或者繁殖能力，失去个体的可塑性。当外力，比如宇宙、地球环境发生剧烈变化时，人类将可能不能适应这样的剧烈变化而整体性灭绝。

人类用智慧创造的机器人或者致命的生物武器的失控，同样也可能导致人类面临恐龙式灭绝的命运。我们现在的机器人已经部分地拥有人类的智慧。未来，如果机器人能够读懂人类的大脑且能自我复制的话，这些机器人就完全可能对人类宣战从而控制地球，那时候满街跑的将可能是机器人。而人类也许会被关进动物园，像我们在动物园看动物一样，只是供机器人观赏娱乐而已。类似的，就是人类在无限创造一些新的生物物种，其中一些就是试图用来毁灭其他族群。如果这些人造生物武器也会自我复制和进化，一旦逃逸，可能就是人类的灾难。尽管人类发现新的方法可以控制或者制止这些生物的蔓延，但是这往往有滞后期。在全球化后，诸如病毒，其传播的速度可能远远大于人类发明新药的速度。也许，新药还没找到，病毒就已经感染了每个个体。

转基因的技术已经在人类商业种植、养殖中展开。尽管现有的转基因食物都得到严格的管控，并被证明是安全无害的。然而企业和国家之间的竞争极有可能将这一技术滥用。这项技术的滥用可能是有意的、也可能是无意的。一些外来基因植入，毫无疑问会影响物种的基因表达，一些小分子或者营养成分将发生改变。现代生物学研究已经发现食物本身的构成将影响到物种的一些基因的表达。而一些小分子或者营养的改变可能会慢性地影响到人体的肠道微生物构成、人体的免疫系统以及某些独特基因的表达。这些微小改变长期积累也许会最终影响到人类对自然变化的适应能力，在环境发生剧烈变化的情况下，人类这些高度特化特征将可能演化成人类的致命杀手。可口可乐等碳酸饮料的发展历史很能说明这样的危险趋势，最初没有任何人相信这类饮料会有健康危险，但是现在发现长期饮用对儿童可能带来致命的健康风险。现代生物技术的突破也许会给我们人类带来完全意料不到的风险。

培养一个能将自己置于死地的对手

中国有句著名军事名言：置之死地而后生。人类要避免最终走向灭绝的风险也需要相似的勇气。人类社会合作系统的规模不断扩大，其效率不断提高，系统内部蓄积的熵也在不断提高，如果不能有效耗散掉系统的熵增，系统则走向爆炸。人类的整个增长就像往一个水池里蓄水，水快满的时候，就必须放出一部分水，否则等整个水池水蓄满后，水池则会因为内部的压力太大而崩溃。历史上，任何一个国家或者区域内的一个社会系统在经历发展的过程中，社会效率和总财富不断提高，国家或者区域的社会效率的提高，最后导致社会的动荡或者政权的更替。跟地区或者国家经济发展类似，经济持续增长后，将导致经济危机、经济大萧条，这事实上就是系统内部熵增的耗散过程。在人类征服自然力量比较弱的阶段，大规模流行病、战争、自然灾害也在扮演者类似的耗散功能。这些力量就是给水池放水的过程。通过放水后，水池的空间就腾挪出来，为下次的注水提供了空间。

对于是否能继续给水池注水，除了放水这个途径，还有一个途径就是扩大蓄水池的容积。在技术进步或者人类认知能力提高、文化融合过程中，人类社会系统由小的系统向大的系统扩增，就像在扩大池子的容积一样，整个系统内部蓄积能量的水池在变大。这样，由于水池的增大而导致整个国家或者人类社会在繁荣、萧条的涨落的过程中又出现螺旋式上升。事实上，通过战争的方式将内能输出给其他国家或者区域，耗散其能量也是人类能得以持续增长的又一个有效途径。当整个人类实现完全统一后，这时水池就达到了其增长的极限或者蓄积能力的极限。通过不同系统之间的交流或者输出已经不可能为其增长提供动力。整个人类系统达到均衡的终极状态，这就是人类走向灭绝的真正动力。

人类真正要实现永生、永存，就必须设法将群体增长所蓄积的熵增耗散掉，而且必须是每间断一段时间后就要耗散一部分，实现周期性地耗散人类蓄积的熵增。历史上，战争、疾病、自然灾难等周期性地爆发，事实上就是在耗散人类增长所蓄积的熵增。然而随着科学技术的爆发式增长以及人类的大统一，这样外部力量的耗散功能减弱，甚至不再具备耗散功能。这将导致人类增长达到终极的均衡状态，系统崩溃的风险正是存在于此。如果人类的认知达到足够理性的程度，而且可以有效集体决策人类的未来，那么人类必须使用自己的聪明才智来主动耗散掉人类现已蓄积的熵增，为未来的增长提供动力。

人类的努力同样也可以从两个方面来尝试：放掉水池里的部分水或者把水池不断扩容；通常这两方面要同时进行才可能有效。对于放水式的耗散方式，人类实际上已经实践了很多有效的方式。国家或者不同群体之间的战争实际上就是很有效的方式之一。但是随着全球化的加剧，相互之间的利益高度关联，战争这样的方式尤其是现在高科技武装的战争，对各个利益集团的相互伤害更大，更为重要的是集体决策或者智慧演化使通过战争这样极端的方式来耗散社会蓄积能量的概率在下降，频次也急剧下降，因而战争耗散社会蓄积的能量的作用在下降。

在世界实现大统一后，社会精英或者资源垄断者有意识地减寿计划或者制造灾难也许会被作为一种很隐蔽的方式用来耗散社会蓄积的力量。对于个体而言，人人都想长寿、甚至长生不老，但是社会这个超级有机体则不是这样，她需要新的生命和生长，否则难以维持这个超级有机体的活力。如果这个大统一的世界被强势而集权的领袖所统治，通过与社会精英的默契配合，超级政府或者垄断公司通过提供廉价、甚至免费的食物医疗或者社会关怀，让部分人自主地选择超级懒惰的策略。这样的群体快乐地活着，也许没有基因交流，没有文化交流，没有熵流，也许还能快乐地降低其预期寿命。尽管通过这样温和的方式来耗散社会熵增的方式很缓慢，但是却是一种容易自发实现的方式。

有意识地制造灾难也可能是今后社会精英会选择的方式。在"9•11恐怖袭击事件"后，有一种观点认为本•拉登就是美国中情局培养出来的，是美国政府释放的类似间谍一样的棋子。通过本·拉登这样的极端主义行为，美国树立了一个超级敌人，然后统一国内力量为美国全球化战略服务。我们姑且不讨论本·拉登与中情局是否存在勾结，这样的策略联盟在人类历史事实上确实存在过，而且完全可能被用来耗散人类社会快速增长的内能。人类实际上已经制造出了核武器这样的超级杀人武器，也有能力或者已经制造出了具备特异性更为恐怖的生物武器。类似埃博拉、艾滋病这样的超级病毒，完全可以设计出毒株，只是针对性入侵某些特定的人群，甚至可以通过食物添加的方式，让部分人暴毙或者快乐地死去。通过这样剧烈的社会动荡的方式使人口急剧下降而耗散社会内能，最后将责任推给那些恐怖主义者。这将是整个社会容易接受的方式，却也是真相中雪藏着的残忍方式。

随着世界大统一进程的加快，人类内部殊死战争的可能性在下降，而且其他生物对人类的威胁也极大降低，一个超级无敌的人类大群体最大的威胁就是没有了强大敌人。足够认识到这一点的人类精英也许会主动来创造一个足够强大的敌人，以此来耗散自己增长的熵增。而人工智能可能就是最好的选项。我们完全可以人为失误，从而造成失控的局面。这些人工智能的机器人、机器细菌与人为敌，从而造成人类绝对的灾难，也因而将会绝对耗散掉人类增长所带来的内能的蓄积。毫无疑问，这种人类有意识造就的敌人必须足够强大，要强大到足以让人类灭绝，否则它将难以真正耗散人类蓄积的巨大熵增。但是其风险也是巨大的，完全可能导致人类这一物种从地球上消失。

上述机制是就特定的社会系统这个蓄水池的总容积量固定的情况而言的，人类的可持续生存需要耗散掉其持续增长所蓄积的内能。另外一个解决的方式就是扩大蓄水池的容积。当人类实现大统一后，地球这个人类的蓄水池已经无法再扩容了，星际移民就可能是人类解决其可持续发展的有效途径。然而，扩大蓄水池的方法经常远远落后于系统内部人类蓄积的熵增。从本质上说，这就是人类社会系统或国家或部族通过对外扩张，或者通过技术延伸获得生存空间的拓展的速度远远低于社会系统（国家、部族等）本身人口的增长或者能量蓄积所产生的熵增速度。

尼采在《查拉图斯特拉如是说》曾经写道："最担心的人们今天在问：人如何得以保存？可是，查拉图斯特拉却是第一个唯一的人要问：人如何才被克服？"。对今天的人类来说，我们如果要真正持续生存下去，就不得不同样做这样的哲学思考。所有上述假设的人类持续生存下去所面临的困境或者风险都是源于我们的欲望、我们的自私性和我们"理性"无限的满足。然而，如果我们人类集体能智慧地认识到这种欲望无限满足的危险，并因此而果敢地、以无上的勇气来斩断我们欲望的无限膨胀，则上述所有的问题都将迎刃而解，而无需做出上述残忍、无情的假设。

我们事实上完全有能力自主降低我们的效率，回归田野。当然不是像英国绅士那样住在乡间整理自己的花园而需要更庞大的社会服务。我们可以部分回归到乡村，过着陶渊明那样自给自足的生活。我们同样可以像瑞士的手工作坊那样，延续相对低下的效率手工生产手表、军刀，甚至像魏晋名士嵇康那样去享受打铁的生活。我们有赶着羊群，吹着牧笛这样的浪漫基因。如果我们能够有足够的勇气放弃我们钢筋水泥铸就的宽大房屋，放弃便捷的快餐，回归到田野、乡下，自己烹饪粗糙的食物，我们的效率就降低了下来，不期望有多高的负增长，只要维持其零增长，我们系统就存在负反馈，就存在熵减，我们就有希望持续生存下去，也有了存活下去的持续动力。兽性让我们持续增长，唯有给我们的神性——完整而独立的个体人格——提供更强的动力，我们才能维持我们的人性——持续与万物共存的、神兽一体的人类。

北岛的一首诗《回答》也许能回答我们人类的命运[1]：

> 卑鄙是卑鄙者的通行证，
>
> 高尚是高尚者的墓志铭，
>
> 看吧，在那镀金的天空中，
>
> 飘满了死者弯曲的倒影。
>
> 冰川纪过去了，
>
> 为什么到处都是冰凌？
>
> 好望角发现了，
>
> 为什么死海里千帆相竞？
>
> 我来到这个世界上，
>
> 只带着纸、绳索和身影，
>
> 为了在审判之前，
>
> 宣读那些被判决的声音。
>
> 告诉你吧，世界
>
> 我——不——相——信！
>
> 纵使你脚下有一千名挑战者，
>
> 那就把我算作第一千零一名。
>
> 我不相信天是蓝的，
>
> 我不相信雷的回声，

---

1 北岛 著：《北岛诗歌集》，海口：南海出版公司，2003 年版。

我不相信梦是假的，

我不相信死无报应。

如果海洋注定要决堤，

就让所有的苦水都注入我心中，

如果陆地注定要上升，

就让人类重新选择生存的峰顶。

新的转机和闪闪星斗，

正在缀满没有遮拦的天空。

那是五千年的象形文字，

那是未来人们凝视的眼睛。

人类将演化成超级有机体，而不是地球村

人类社会由于更高范围和更高程度的分工合作，效率得到了空前提高，比其他物种具有无与伦比的竞争优势，演化成了一个没有竞争对手的物种。科学技术的进步，使人类失去了竞争对手，几乎实现了对自然系统的控制，人类自己给自己创造了皇宫一样舒适、稳定的环境。然而，在这样越稳定的环境中，选择惰性的动力——社会的分工，将导致社会的功能性单元内部个体倾向于一种更单一、简单的行为习惯，个体将可能逐步失去其作为一个完整生物有机体的独立人格，而只是类似于身体的一个器官而已，离开集体将完全不能独立生存。这将是我们作为一个独立而自由人的理想、认知和价值观的巨大挑战。人类在种群扩增的过程、在与其他物种的竞争过程、在与自然抗争的过程

中都取得了无限的成功，但是我们人类个体的自我将因此而丧失。人类个体，也许就像现在人体的一个细胞，可能完全不会提出"我是谁？"这样的问题。

人类社会功能的群体性分工，而不是普通生物的个体行为分工，更大程度上增加了人类在提高效率方面的创新，而这种提高是非线性的提高，而不是线性的、缓慢的提高，正如我现在所看到的全球化过程，我们的政治家、社会精英分子所倡导的全球分工体系。过去，在原始的采集社会，我们人类的分工基本上基于个体层面的分工，比如成年男人负责打猎，妇女负责采集，而老年人则负责照看幼儿。这点很类似蚂蚁、蜜蜂或者灵长类动物，有些个体负责收集食物，有些负责保卫，而有些则是负责抚育年幼的个体。个体之间的分工增强了一个氏族或者单个居群的社会竞争力，提高了每个个体的存活概率。

进入农业社会后，人类从自由迁徙社会进入定居社会，这种定居生活进一步巩固了居群社会内部的分工合作能力，而且促进了居群之间的合作与分工。由于相对固定的居住环境，农业氏族部落不能像原始采集群体那样完全不依赖别的群体就可以独立生活，他们需要物资的交换。生活在黄河流域的氏族部落能够生产出更多的小米，但是他们自己无法生产食盐或者兽皮，所以这些农业氏族部落就拿自己多余的粮食跟生活在沿海的部落交换食盐。这样的交换从最初的生活必需品如食盐、兽皮逐步演化到诸如铁器、艺术品等更广泛的物资交换。这样的物资交换，逐步催生了氏族部落之间的社会分工，存在物资交换的部落就形成更为密切的社会系统。这种不同居群之间的合作显著提高了每个个体的生产效率，从而为更多的人口增长提供了可能。

进入工业化社会后，科技的进步使一个国家、甚至全球人类实现网络化的社会合作。在工业化初期，小作坊式的公司，通过更为自由的市场流通与交换，个体小作坊的公司内部工人与其他公司之间的间接联系跨越式超过了农耕时代个体在氏族或者部落之间的联系。但这样的直接或者间接联系对生产效率的提高是缓慢发生的，而且这样的间接联系效应也是比较弱的，没有从根本上改变人与人之间的基本社会关系与结构。工业化本质上就是通过科技的手段，延长人类的手臂，提高肌肉的力量，扩大资源获取的能力。人类的社会结构仍然遵循密切交往约6人的社交结构，跟原始的氏族部落实际差异不是很大。个人形成的社会关系网络结构和边界事实上维持与原始部落相似的状态。

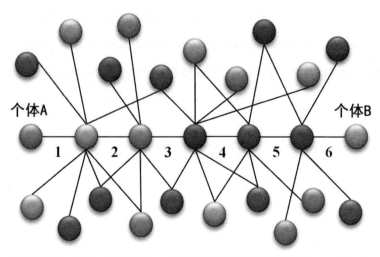

六度分隔网络，根据六度分隔理论，最多通过六个人你就能够认识任何一个陌生人。

　　工业化后期或者全球化后期，社会分工合作在全球尺度上发生，这种分工使人类对自然的利用效率大幅度提高，从人口增长可以看出这种效率的提高，更多的人口将不再从事直接与生产相关的劳动。"体力劳动"，甚至也包括部分的"脑力劳动"将被机器人取代。大量人口将成为冗余的个体，而部分真正劳动的个体将成为世界的主宰。由于通信、交通、交流等技术的进步，人类个体间的网络边界将急剧扩大，其密切交往的网络连接点将不再是传统的4、5、6个，而可能是远远大于6甚至无限，紧密联系的个体的关系程度下降，整个社会两个个体之间将可能发生直接、即时联系。这将完全改变我们的社会结构和个体的功能。

这种联系结构的改变可能将个体人演化为类似机体的一个细胞。跟现在的机体的细胞一样，任何一个细胞都具有全能性，可以发育成一个独立的有机个体。但是一个独立细胞，完全不能独立生活，而是依赖它所在的有机体。单个细胞在人体内与其他细胞存在大量的直接联系节点，多数细胞与细胞之间通过快速的神经传递发生直接连接。这种连接结构的改变，不仅仅使我们人类的个体完全失去独立性，而且使整个人类社会或者局域性社会演化为一个超级有机体，甚至特定的整个群体、国家就像个体一样失去独立特征。整个地球不是演化成一个地球村，而是演化为一个地球人。

在一个超级有机体中，我们的个体成为细胞。正如细胞仍然具备其全能性一样，人类社会演化为一个超级有机体后，我们人类个体追求独立而自由发展的基因仍然存在，我们的思想有时变成直冲大脑的脉冲，我们会梦魇般奋力挣脱，追问我究竟是谁？我们也许会听到一个空灵的声音：圣哲都是衰败的！谁能将你拽出这个魔鬼的深渊？谁又能振臂高呼：众神们，小鬼们，出来吧！谁能与上帝决斗？

第十四章

众神们、小鬼们复出吧，谁将与上帝决斗？

——而且，谁若想在善与恶中成为一个创造者，他就必须先成为毁灭者，必须先打碎价值。所以，至高的恶归属于至高的善；而这种善却是创造性的善[1]。

——尼采

1　尼采 著，孙周兴 译：《瞧，这个人》，北京：商务印书馆，2016 年版。

人性的多元性与一元性

人性的本身是自私的还是无私的，自古以来一直是一个永恒的话题。中国诸子百家时代，就已经展开很深入的讨论。儒家认为人性本善，"人之初，性本善，性相近，习相远"，就是人性无私的宣扬。而荀子则主张人性本恶，"性之好恶、喜怒、哀乐，谓之情""人之生也固小人"，则是人性自私的最早主张。无论是主张人性本善还是人性本恶，其本体上认为人性是一元的，世界的本源可以归结到一个最基本的元素。而在战国几乎同一时期，世硕则是主张人性亦善亦恶，到了汉代，扬雄则将其发扬为"人之性也善恶混，修其善则为善人，修其恶则为恶人"。这就是主张人性二元论，将人性归结为善恶两种元素。就在诸子百家同一时代，还有一个不是很著名的学派认为人性无所谓善恶。《孟子·告子上》中有"人性之无分于善不善也，犹水之无分于东西也"[1]之说。告子认为，人性无所谓善恶，就像水流不分东西，水本身没有流向，依靠地形来决定流向。告子的人性观点属于多元论，不同于易经中将世界归结为金木水火土这样具体到实数的多元论，告子的多元论接近于道家的无形。

秦统一六国后，就开始着手度量衡和文化的统一，焚书坑儒从某种意义上来说就是文化与思想统一的序幕。到汉武帝时期，罢黜百家，独尊儒术则是从国家政治需求层面上展开了思想、文化的强力整合。这种单一化的思想、文化的整合有利于国家的统一和社会效率的提高。

---

1 孟子 著：《孟子》，北京：中国纺织出版社，2015 年版。

一元论的哲学思想正是吻合了这样的国家政治需求与理念，逐渐与政治实现整合、统一，并被彻底地嵌入进大多数民众的头脑，形成主流的哲学观。在中国，由于没有强力的宗教来影响、约束人们的哲学观演化，而政权的更替更是不断地打断其哲学观的统一过程，因此事实上一元论的哲学观并没有真正统治我们的头脑。所谓"内用黄老，外示儒术"，正是这种矛盾的现实体现。

在西方，也存在类似的情况，多元论逐步被一元论所取代。在古希腊，是相信世界为诸神统治。古希腊的奥林匹斯有十二主神，分别为：宙斯、赫拉、波塞冬、雅典娜、阿瑞斯、德墨忒尔、阿波罗、阿尔忒弥斯、赫菲斯托斯、阿佛洛狄忒、赫尔墨斯和赫斯提亚。这就是典型的多元论在人们信仰中的体现。当基督教逐步占据主导地位，在政教合一的强力推动下，欧洲逐渐被犹太—基督教一神论所统治，哲学上一元论占据了绝对的主导地位。基督教认为，自从人类的始祖亚当和夏娃违背上帝之命，在伊甸园偷吃了善恶之树上的果实，窃取了原为上帝才具有的辨别善恶的能力之后，人类就犯了"原罪"，开始堕落了，从此"人从小时心里怀着恶念"，人世间各种各样的恶，如恶念、凶杀、奸淫、苟合、偷盗、妄证、诽谤等，也就随之产生了。人性自私性的一元论随之得以普遍接受。

良渚文化时期的神兽纹玉琮，集神、兽于一体。

在国家统一、全球化的强大动力的推动下，我们的思想、信仰也在逐步向一元论方向演化。世界的三大主要宗教——犹太教、基督教、伊斯兰都具有强烈的一元论哲学观，因而跟政治形成了密切镶嵌。在中国，尽管没有那么强烈的宗教信仰，与政治密切镶嵌的儒家思想也是一直占据社会思想的主导地位。然而，在追求统一、追求效率和对自然征服的道路上，我们人类的个体也在失去自我。个体内在的自我肯定与对自由的追求又在不时地撞击我们还存在的心灵。正如尼采所言"一棵树要长得更高，接受更多的光明，那么它的根就必须更深入黑暗"。社会、思想统一的力量越强大，对心灵自我意识与肯定的撞击就越频繁。对一元论最彻底的批判在一元论统一力量最强盛的时候诞生了。

只有最虔诚的教徒才能培养出对其宗教最彻底的批判者。工业化走向鼎盛时期，尼采在一个基督世家诞生了，就在上帝雄心勃勃地尾随西方强权而试图统治世界之时，尼采宣布上帝已经死了。一元论，随着西方世界文明最具代表性的上帝的死去，也在走向终结，而查拉图斯特拉的复出则意味着二元论或者多元论的复活。尼采正是从哲学层面嚎呼，最后他疯了，在其不是很清醒的状态下完成了其最具震撼力的哲学著作《查拉图斯特拉如是说》。尼采用他诗性的语言，而非理性的语言，完成了人性多元思想的复活，正如波斯拜火教创始人查拉图斯特拉的复活。

爱因斯坦、海森堡、普朗克、薛定谔，这些诞生于犹太教、基督教家庭的叛逆者，接过了尼采手中的火炬，就在三大宗教几乎要占领世界各个角落的时候，他们从理性的角度彻底批判了一元论，也批判了代表一元论思想的基督教。量子物理学派认为：世界本源并不存在确定的初始状态或者物质，而是这些物质或者状态之间可以发生相互转换。最著名的就是爱因斯坦的相对论思想。在相对论中，物质和能量是可以相互转化的，空间和时间是相互转化的。因此，世界的本源无法给出一个确定性的"源"，尤其以海森堡和普利高津为代表的量子物理学家，认为物理学的物理事件不可能存在完全确定的事件，不确定性才是世界的"本源"。

一个很有意思的故事就是牛顿与爱因斯坦在宗教信仰上的区别。牛顿在晚年的时候，他认为宇宙最终的第一推动力来自神，来自上帝。他是上帝的忠实追随者，世界是遵循因果律的，最终将归结到某种单一的因素。而爱因斯坦则是什么神都信，但极有可能是什么神都不信。他在回答美国纽约犹太人会堂的拉比·赫伯特·戈尔茨坦时说道："我相信斯宾诺莎的神，一个通过存在事物的和谐有序体现自己的神，而不是一个关心人类命运和行为的神。"他认为上帝存在于每一个自然事物之中。如果人人都有一个自己的上帝，那么人类就没有自己的上帝。

爱因斯坦的哲学观类似古代中国告子的人性无所谓善恶。

多元论哲学观反映到人性上，就是人性的多面性。在一元论的思想固化的思维方式中，我们倾向认为一个人要么是好人要么就是坏人，不是善就是恶，不是黑就是白。但是人性真的就是这么简单吗？毫无疑问，一个穷凶极恶的人，可能也有圣母一样的慈悲情怀。而被我们市侩地当做市井之徒的小人也会发出"大风起兮云飞扬，安得猛士兮守四方"这样豪迈的诗句。善与恶，喜与哀，勇敢与懦弱，固守与迁徙，阴柔与刚强，精明与愚钝，成长与死亡，都是我们存在的必要元素。人是复杂的，我们甚至不知道究竟有多少需求、多少特质构成我们的个性与特征。

一个自然系统的物种也是类似。一个物种是否能够持续存活下去，其需求是多元的，而不是仅仅靠竞争力。物种的存活需要阳光、需要水分，同时也需要信息交流；它们需要蓄积能量与信息，也需要耗散能量与信息，如同成长与死亡一样；它们需要钙、铁、硅等元素供应其生长，也需要撒欢与打架发泄情绪，需要风、空间与环境动荡增强其环境适应能力，需要繁殖与生长延续种群。在无限的、变化的环境选择压力下，一个物种存在无限的存活需求，我们就难以简单地归纳其存活的一切目标就是生存或者繁殖。也许，就是类似于我们人类个体的需要一样，是多元的，不确定的。

如果世界是完全随机的，不确定的，需要是无限多元的，那么很容易导致不可知论，人类可能完全无法认知这个世界，世界完全无规律可循。然而，真正多元论思想或者不确定思想不是这样的完全不可知论。构成人性特征的多重元素或者形成生物物种要素的特征是多元的，但是其构成元素或者要素的分布却不是完全随机的，在有些条件下，某个元素或者要素需求更大，其分布特征就更加显著。就如同我们在飞机上看到的山脉，其山峰层峦叠嶂，但是山峰却不是都一样高。在某些条件下，利益在个体存活过程中影响更大，个体也许就更自私，而有些条件社会地位更重要，个体将可能更利他。

当某要素或者特征分布的山峰更加显著时，在此特征或者要素需求条件下的行为的可预测性就增强了。比如在贫困、动荡的岁月里，广场上如果有免费的食物可取，我们就可准确地预测那些在街上流浪的人们会去广场领取食物，甚至无论风雨。然而，如果在和平、富裕的社会，我们就无法想象在广场上发放免费食物将会遇到怎样的情形，甚至不能排除被当做作秀、捣乱行为而被抗议的可能。量子物理学的魅力就在于它认为世界是不确定的，但是其统计分布不是完全随机的，它具有特定的规律，而且这些分布是路径依赖的。

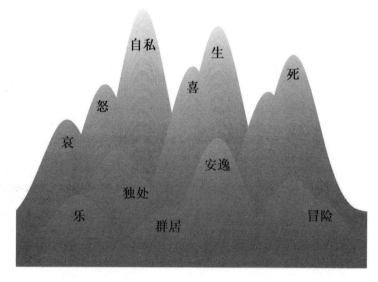

人性的多元性构成了人性特征的山峰图。

众神会死，而母亲将永生

现在我要来叙述《查拉图斯特拉如是说》的故事。这本著作的基本观念，即永恒轮回的思想，也就是我们所能够获得的最高的肯定公式，是在 1881 年 8 月间形成的。我匆匆地把它写在一张纸上，并且还附带了一句话："高出于人类和时间 6000 英尺"[1]。

——尼采

曾经，我曾经生活在一个与世隔绝的小山村，

那里没有上帝，

但每个人都有信仰，都有自己的图腾，自己的神！

每个人

也都有自己唯一的母亲。

我曾经迷惑

给一棵树披红挂绿

它就能给你包治百病？

我曾无数次向它头上尿尿

羞辱你这愚蠢的老头呀，羞辱你的神！

可是那老头，没牙的嘴却嘟噜着：

谢谢你啊！小屁孩，你滋养了我的神！

---

1 尼采 著，孙周兴 译：《瞧，这个人》，北京：商务印书馆，2016 年版。

曾经，我对自己的母亲咆哮

为什么不准我砍掉毒蛇的头颅？

它曾经咬伤你的手指呀，你却把它当作可敬的生灵？！

它是爬虫，没有思想，没有灵魂呀，

难道期望毒蛇哪天回来报答您的不杀之恩？

母亲却摸着我的头说：

任何生灵呀，都有着它自己的星星，

有着它自己的灵魂！

我走出自己的山村，

满怀着对村里诸神的不屑

去寻找我的信仰——没有上帝，没有诸神的世界

在钢筋丛林，在混凝土中，在忙碌的人群之中

在图书馆里，发现了我的新大陆：

跟着人群，不用杀死脑细胞思考——这是多么惬意的生活呀

光鲜衣物之下，却没有了灵魂

谁在如此胡说——邻人咯嘣我的光头：

听听吧，教室里多么优美的赞美诗呀！*

还有教堂里的"阿们"！

我惊奇地发问：

教室里的学生、教堂的信徒

---

* 科学普及跟宗教的传播在某种意义上是相同的，即认知的同质化。量子物理学家薛定谔和进化生物学家古尔德认为科学属于人类文化的一部分，跟宗教、艺术等人类的文化活动本质是相同的。

为什么都穿着相同的衣服——难道他们有着相同的灵魂？

这难道是新发现吗？——上帝反问我

去问问我的门徒们

科学的上帝——神学高僧

你们的牛顿、你们的达尔文！

哦……，好震惊呀！

我们图书馆、我们大楼的建造者

不是牛顿、不是达尔文，

而是，

那教堂里齐整的"阿们"！*

那图书馆、那大楼，空气有些浑浊

我头脑感觉有些发昏！

是谁在囚禁我的大脑呀？

是图书馆里的混凝土，是大楼里的钢筋！

还有，还有那整齐的"阿们"！

我难受！我郁闷！我的心就要炸了！

为什么书写上帝的纸片与混凝土拥有同样的灵魂？

心灵的惊雷将书虫激怒，

也吵醒了铁锈中沉睡的精灵，

它们低语空灵地回荡着：

---

* 技术的进步不是源于科学，而是源于分工和分工的细化，古埃及没有现代科学体系，却建造了宏伟的金字塔；同样，蚂蚁、蜜蜂拥有高超的建筑技术，但是它们没有科学，而是分工。科学与人类宗教、信仰等文化活动相同，属于人类文化的一部分。

圣哲已经颓废！

图书已经发霉！

烈火焚烧过的钢筋和混凝土怎会有灵魂的清醒！

醒醒吧，迷途者，

花香鸟语和万物欢愉才有空气的清新！

我想起来了，

我怀念起了我的小山村！

夜里，天堂里母亲呼喊着我的名字

儿呀，

温柔的怀抱里，狼会变成狗，

教堂里的钟声呀，

会把狼变成神！

儿呀，

你是一匹狼呀，

你从小就没听到过教堂的钟声！

我回来了！我的小山村！

可我那神性的古树呢？

着装整齐的村人说：

请坐吧，先生，

我们已经把它打造成了精美的长凳！

我的神树呀，我的上帝呀，

村民变成了物欲的绅士，

但上帝呀你，

岂能把活灵的神树变成死的长凳？！

那椅背上美丽的天使呀，我纵然亲吻了她千次，

也没有眨一次眼睛！

上帝呀你，

你不知道万物有眼泪

你看不到精灵们放飞的风筝！

我长跪于母亲的墓前，

我像狼一样的嚎叫呀，

母亲！

我不要变成狗，也不要变成神，

可是，

母亲，您知道我多想化身为狗呀，

又有多想转身为神！

只有您知道——我是谁呀，

母亲！

坟墓上小草已经碧绿，

周边的小树已经成林！

失声痛哭唤不醒母亲，

只能祈求母亲天堂里幸福，

唯有对上帝说声"阿们"！

草丛游出来的小蛇，

跳出来的蚂蚱呀，

我的至亲！——

母亲不止一次叮嘱：你们就是灵魂的转世。

你们就是我的母亲，

我的魂！

我更愿意用北岛的《一切》这首诗来结束本书 [1]：

　　一切都是命运

　　一切都是烟云

　　一切都是没有结局的开始

　　一切都是稍纵即逝的追寻

　　一切欢乐都没有微笑

　　一切苦难都没有泪痕

　　一切语言都是重复

　　一切交往都是初逢

　　一切爱情都在心里

　　一切往事都在梦中

　　一切希望都带着注释

　　一切信仰都带着呻吟

　　一切爆发都有片刻的宁静

　　一切死亡都有冗长的回声

1　北岛 著：《北岛诗歌集》，海口：南海出版公司，2003 年版。

纳什之死
——他就是他自己最坚定的批判者

一个人如果从不自相矛盾的话，那一定就是他什么也没做。

——米格尔·德·乌纳穆诺[1]

只有在他背弃自己时，他才能跳出他自己的影子——确实！他才能跳进他的太阳光里。

——尼采[2]

2015年7月，我开始撰写这本构思多年的著作时，收到了远在田纳西州且多年未曾联系的一位舍友的邮件，他说约翰·纳什夫妇于5月23日在挪威领奖回家途中因车祸而去世了。他问我是否应该写点东西缅怀我崇拜的、传奇的博弈论大师。确实我有撰写文章缅怀他的理由，也有这种冲动，但对于一个如此纯粹，纯粹到思想的宇宙中只有他一人，纯粹到几乎丢失了自己的纳什，我回复我朋友说我没资格来撰写文章。其实，纳什去世当天我刚好在首都机场看到了这一新闻，我清楚记得我当时在看到纳什遇难消息时难以置信的心情，我完全没有想到纳什会以这样的方式离开了我们。

纳什，这个人类征服大自然中绝对理性的儿子，他诚服了上帝，

1　乌纳穆诺 著，段继承 译：《生命的悲剧意识》，广州：花城出版社，2007年版。
2　尼采 著，黄明嘉 译：《查拉图斯特拉如是说》，桂林：漓江出版社，2007年版。

但一次又一次地被上帝玩弄；在一个贪婪、自私的世界里，他这个疯癫的才子却又被无私而温情地照顾；他信仰绝对自私、理性，相信人类通过博弈的方式最终可以穷尽我们的最大利益，但他又经常对着空气说话，认为报纸文章里包含着一条来自另一个星球的数字信息，而只有他能破解，他的家人和朋友将他送进精神病医院。在纳什的理性世界里，我们的行为和结果是可预见的，但是他自己却跟上帝开了一个玩笑，他自己又是如此地不确定，从他的出生，到他的死！

"他（亚里士多德）出生，他工作，他死了"。海德格尔这样评说亚里士多德[1]。对纳什而言，同样如此。

约翰·纳什于1928年6月13日出生于西弗吉尼亚布卢菲尔德。一些传记称儿时的纳什是一个性格孤僻，成天着迷于做各种实验的孩子。儿时的纳什不怎么合群，而且性格反复无常，对权威很是不屑。但是纳什很喜欢问一些稀奇古怪的问题，据说只有电子工程师的父亲能回答他这些问题，父子相处十分融洽。他最喜欢的一件礼物《康普顿插图百科全书》也是来自父亲。他的妹妹玛莎回忆起小时候的事情时说："当我和我的朋友外出的时候，总是要担起带上哥哥的任务。不过我觉得这并不能让我那古怪的哥哥变得容易相处些。"在纳什的青年时代，他总是成为人们嘲弄和取笑的对象，因为他对集体活动不感兴趣，拙于社交。

纳什后来在卡内基理工学院（如今的卡内基大学）就读本科，纳什来到卡内基理工学院是为了成为一个工程师，但最后他却在这所学校成为了一个数学家。他的同学认为他是个社交能力极端不发达的人。孤僻、怪异、有距离感。但是没有人敢于和纳什发生正面冲突。大家

1　陈嘉映 著：《海德格尔哲学概论》，北京：商务印书馆，2014年版。

不但害怕他的坏脾气，也害怕他的强壮。和他超乎常人的智力类似，纳什有着良好的身体素质。

1948年，纳什从数学系毕业，来到了普林斯顿大学。普林斯顿的环境非常适合纳什，学术环境十分宽松。在一个鼓励思考和异想天开被认为是天才的象征的环境中，纳什充分发挥了他的天赋。1949年纳什开始研究当时并不是很流行的对策理论。对策理论的创始人是美国数学家约翰·冯·诺伊曼。1944年，诺伊曼和摩根斯顿共同撰写的《对策理论与经济行为》的出版标志着现代系统中对策理论的诞生。在诺伊曼和摩根斯顿眼里，经济是一种完全科学性的行为，需要数学理论对它进行规范。

1950年，纳什在他《非合作对策》博士论文中，提出了后来著名的"纳什均衡"。他在博士论文中，假设了有n个人参与博弈，如果某情况下无一参与者可以独自行动而增加收益，即为了自身利益的最大化，没有任何单独的一方愿意改变其策略，则此策略组合被称为"纳什均衡"。在"纳什均衡"中，参与博弈的人必须是绝对理性的，而且是对称的，否则形成不了"纳什均衡"，这是另外一个诺贝尔奖获得者——罗伯特·奥曼后来的论述。如果形成"纳什均衡"，参与人将不会有任何动力改变现有的策略。这就是"纳什均衡"核心的思想。

崇尚绝对理性的纳什于1954年丢了自己在兰德公司的工作。兰德公司是设在圣莫尼卡的一个战略研究机构，雇佣数学家推行冷战时代的对策理论，其最为著名的分析案例就是成功预测了中国选择进兵朝鲜。纳什丢掉工作，原因是因为警察在一次公园里搜捕同性恋的行动中发现并逮捕了他，那时纳什与几位"特殊朋友"保持着联系。同性恋的纳什被曝光，同时也暴露了自然选择的非理性的一面，理性似乎这次背叛了纳什。但纳什并不只是同性恋，而是双性恋者。他同时在与一位叫埃莉诺·施蒂尔的美丽女子保持着情人关系，显示了纳什性格中这黑暗残酷的一面。

埃莉诺爱上了这位麻省理工学院富有魅力的光彩夺目的老师，但纳什看不起这位姑娘。他骂她白痴，并经常让她感到自己低人一等。埃莉诺怀孕后，以为纳什会跟她结婚，但她的希望最后落空了。当他们的儿子约翰·戴维·施蒂尔出生后，纳什对这个孩子有过一阵着迷，但拒绝让他姓自己的姓，并坚决不付分娩的费用。回到家后，纳什对这母子俩不理不睬，埃莉诺别无他法，只得离开。但纳什与埃莉诺时而甜蜜，时而冷漠的关系还是持续了 4 年。

与埃莉诺的关系结束后，理性的"纳什均衡"再次为纳什演绎了美丽故事，一位叫艾丽西亚·拉尔德的姑娘爱上了纳什，他们之间的爱是性别和才智上的互相吸引。两人于 1957 年结婚，这时候艾丽西亚盼望着生个孩子，而纳什则开始为诺贝尔经济学奖而努力。自然选择的理性又拥抱了纳什。《美丽心灵》所演绎的感人故事再次向我们显示万能的上帝没有抛弃为他而疯狂的纳什。

令人迷惑的是就在上帝拥抱纳什的时候，同时也再次无情地抛弃了纳什。就在纳什与艾丽西亚结婚后，让纳什享受着人间真情的时候，上帝也在同时筹划着他抛弃纳什的计划。

在纳什理论发现的巅峰时刻，三十岁的纳什，突然声称共产主义者和反共产主义者是一伙的，他们全是"阴谋家"；他称艾森豪威尔和梵蒂冈教皇对他没有丝毫同情；中东的动乱让他深感不安，他打匿名电话给亲友，说世界末日到了。1959 年在欧洲游荡的九个月里，他数次去当地政府求助，希望放弃美国国籍。他到了日内瓦，因为这座城市以对难民友好著称，他向瑞士人说"美国的体制从根本上是错误的"，没人相信他。他被送上飞机遣返回国，事后他自称：他被送上了一艘船，像奴隶一样被链条锁着。纳什被斥责为疯癫，被强行打胰岛素进入昏迷状态。

正在走向完美人生的纳什，又将自己推向一个绝对理性的反面——极端的非理性。他的理论——"纳什均衡"也如同纳什自己的人生一样，在人们都在欣赏"纳什均衡"完美证明时，"纳什均衡"绝对理性的思想却解释不了人类、生物系统广泛存在的自杀性现象，比如"9·11恐怖袭击事件"中劫持飞机歹徒的自杀行为，比如中国富士康公司员工连环跳楼事件，也解释不了人类历史广泛的父子仇杀行为。理性同样解释不了纳什自己的行为——同性恋行为，绝对理性的自然选择过程是无法容忍同性恋的。而他的疯癫行为除了用疯癫解释外，绝没人能够用理性为他辩护。

纳什也许是清楚的，正如他宣称的共产主义与反共产主义是一伙的一样，绝对理性似乎就是非理性的影子，如影随形。理性与非理性也许就是硬币的正反两面。他用自己的疯癫行动告诉人们，"纳什均衡"所主张的绝对理性与稳定性抑或不存在。上帝再次故意地调戏了人类，他让纳什用自己的手狠狠地扇了他自己耳光。当纳什被强制送进精神病医院时，他的人生悲喜剧彻底背叛了"纳什均衡"思想。在纳什提出这一思想的时候，他自己就已经用行动在为"纳什均衡"准备葬礼，只是这个葬礼过于残酷。更为纯粹的纳什完全没有用自己的理性理论来选择自己，他活在自己的世界里，用锤子式的思考方式[1]选择了自己

---

1 《穷查理宝典》书中提到：因为手里拿着锤子的人，遇到任何问题，都会先想如何用锤子解决。久而久之，陷入了一种思维定势，因此称为锤子思维。

的行为，并因此活祭了理性的"纳什均衡"。

上帝赢得世人的花朵，作为人类奉献的礼物。

——泰戈尔[1]

1962 年起，约翰·纳什教授定居在普林斯顿附近，每天到学校上班，他的上班就是如同幽灵一样在校园里游荡。如果说普林斯顿这所大学对纳什教授的康复有何功劳，那就是它固有的包容和自由拒绝把疯子送进愚人船。疯子们像鬼魂一样地游荡在校园里，我们不敢肯定人人仍然尊重体谅，但普林斯顿至少没有抛弃他们。

20 世纪 80 年代后期，上帝再次拥抱了纳什。纳什的名字开始出现在一流经济学杂志的论文标题里，不过，纳什本人仍然默默无闻。当然，许多年轻一辈的研究人员认为他已经去世，其他人则相信他被冷落在一家精神病院里，垂垂老矣。1987 年诺贝尔经济学家委员会委托学者韦布尔提交关于博弈论的中心思想、这些思想对于经济学研究的重要意义以及主要的贡献者。他也把纳什放在六个重要思想家的名单的首位。韦布尔觉得委员会很有可能最终为博弈论领域颁一个奖，但是，考虑到纳什的精神疾病以及他的早期论文是在几十年以前发表的事实，他没有任何理由相信纳什可能幸运中选。

1989 年秋天，韦布尔在普林斯顿大学的校园里和纳什进行第一次会面。纳什在他们走进教工俱乐部时说的一句话改变了韦布尔。"我可以进去吗？"纳什问，他没有什么把握，"我不是大学的教师"。纳什竟然并不认为自己有权利在教师俱乐部吃饭的事实，深深震撼了

1　泰戈尔 著，郑振铎 译：《飞鸟集》，上海：上海新文艺出版社，1959 年版。

韦布尔。韦布尔因此而触动，一个极为严肃而严谨的诺贝尔奖推荐，因这样一个偶然因素而促使韦布尔下定决心，推荐了纳什作为博弈论方面的 6 名候选人之一。

但是经济学奖委员会中的斯塔尔强烈而坚决地反对将诺贝尔奖颁给纳什。严谨而理性的斯塔尔做了不少深入的调查。他打电话给瑞典最具影响力的数学家——1962 年菲尔兹奖得主赫尔曼德。赫尔曼德并不认为纳什在博弈论方面的工作有什么重大意义。而且，纳什在读完研究生后就对博弈论丧失了兴趣。斯塔尔还咨询了他认识的几位精神病医生的意见，他访问过的精神病医生曾经告诉他，精神分裂症是一种慢性而无休止的变性疾病。这种疾病有时会平静，但是也会突然发作。斯塔尔知道，人们对纳什怀有很大的同情，他一个接一个地提出新问题。斯塔尔说："他有病……你不能选择这么一个人"。他问到颁奖典礼怎么办，"他会来吗？他能应付过来吗？那可是一个大场面呐！"瑞典皇家科学院的一名成员事后透露，斯塔尔和其他人觉得"一些错误选择可能损害这个奖的声誉，纳什当然不是一个有力的得奖者，大家担心整个事情可能一败涂地，变成一大丑闻"。

然而，同情心——这个不靠谱的、像幽灵一样的参数，这时候演变为成就纳什诺贝尔奖的关键性变量，它影响了委员会主席林德贝克。十分同情纳什的林德贝克以科学、严谨方式一个接一个地驳斥了斯塔尔的反对意见。他认为，斯塔尔的反对意见，比如纳什是一个数学家，在 40 年前就对博弈论失去了兴趣，患有精神疾病，这些都是与主题无关的东西。他同样担心纳什可能会在颁奖典礼上做出什么奇怪的举动，但是他相信这种情况应该可以解决。总之，拒绝向一个从学术角度上看最应该得奖的人颁奖，是毫无理由的，但是他忽视了数学家，1962

年菲尔兹奖得主赫尔曼德的反对理由。委员会主席林德贝克承认了自己的感情也牵涉在里面。大多数诺贝尔奖得主在得奖之前已经非常出名,备受推崇,诺贝尔奖只不过是其获得的"其中一项"至高无上的荣誉。但是在纳什的例子里,情况就有些不同了。林德贝克对"他的人生悲剧"以及纳什无论从什么角度来看都已经被人遗忘的事实想了很多。后来他说:"纳什与众不同,他从来没有得到过任何表彰,生活在真正悲惨的境地中,我们应该尽力将他带到公众面前,在某种程度上使他再次受到关注。这在感情上是令人满意的。"

非理性的同情心将被人们认为已经去世或者关在疯人院的纳什拉回了人间。1994年,纳什获得了诺贝尔奖。纳什在大众里复活,人人谈论纳什,是因为纳什的疯癫、纳什与纳什妻子的美丽故事。是爱与同情,而不是"纳什均衡",让纳什重新回到人间。

"纳什均衡"几乎是任何一个经济学学生都必须知道的基本概念。在质疑与反对的博弈中,纳什被重新认可,他被授予科学界这一最崇高的奖项。纳什的真正灵魂——"纳什均衡",事实上受到了致命的批判:任何一个自然或者社会系统,如果存在"纳什均衡",那么现有的策略都是最好的,系统就不会发生突变或者创新,那么演化就不会发生,系统就会进入死寂状态。与纳什同时获得诺贝尔奖的泽尔腾在"纳什均衡"提出没多久就意识到严格"纳什均衡"的局限性,他提出了颤抖手效应,认为外界环境的扰动将会导致任何参与方选择的策略在纳什均衡点上下波动。颤抖手效应看似补齐了"纳什均衡"的短板,但是无法解释系统之间的相互转化,我们经常可以看到无论自然界还是人类的社会、经济系统中,一个系统将可能演化成外一个系统,也就是系统崩溃与重构。系统性质不是一成不变的。

"纳什均衡"的概念在致命的批评中被人们普遍接受。其简洁性和直观性为它赢得了声誉，正如纳什本人的纯粹性。很多科学家相信科学的理论不是告诉我们对与错，而只是帮助我们理解自然而已。比如，将人的成长划分为幼儿、童年和成年期一样，没有人能够严格论证这样的划分是科学而合理严谨的，并且我们有足够证据可以证明这些概念的划分是多么无知、草率。可是这样的划分又是我们十分需要的，其简洁性与直观性能够帮助我们理解我们的成长，能够帮助我们之间交流生命机体的成长过程。

　　2005年诺贝尔经济学奖获得者罗伯特·奥曼说："科学理论不能认为是'正确的'或'错误的'。在构建这样的一个理论时，我们并不试图获得真理，或甚至接近真理。相反，我们试图以一种有用的方式来组织我们的思想和观察。"

　　"一个粗略的类比是，办公操作中的归档系统，或者类似于某种复杂的计算机程序。我们并不称这样的系统'正确'或者'不正确'。相反，我们说它是否'好用'，或者在多大程度上好用。"

　　领悟了上述对科学的理解，我们就可以理解"纳什均衡"的意义。

　　纳什在获得诺贝尔奖前后，其身体和精神状态奇迹般好转了，而且在获得诺贝尔奖后，可以正常地做学术报告了。他在参加中国会议期间对中国的象棋——这一古老的博弈厮杀游戏产生了兴趣，而且甚至可以参与这样的游戏了。上帝在给予纳什黑色的玩笑后，又让他回到了人世间理性的精彩世界。纳什自己以及懂纳什还是不懂纳什的世人开始享受纳什理性的精彩。他受人崇拜，受人敬仰。他高深的、绝对理性的数学推理在2015年再次把他推到了荣誉的高峰，他获得了阿贝尔数学奖。他和路易斯·尼伦伯格分享了阿贝尔奖，该奖项旨在表彰他们在非线性偏微分方程方面所作出的卓越贡献。

阿贝尔奖，这个数学家的至高荣誉，直接回应了过去对纳什数学上贡献不足的批评，也是对他绝对理性的肯定。这是对纳什理性思维能力至高的肯定。但是，也正是阿贝尔奖——这一理性思维（数学）最高荣誉，则直接将纳什从肉体上彻底否定。

纳什和妻子在挪威领取阿贝尔数学奖回到美国（2015年5月23日）后，在美国新泽西州纽瓦克国际机场到梦落镇路上遭遇车祸而当场去世。从机场出来，纳什和妻子搭上了格吉斯开的出租车，回普林斯顿的家。格吉斯选择了收费公路。车到梦落镇时，他试图超车，结果车失去控制，撞上了路边护栏，纳什夫妇被甩出车外。这场意外的车祸夺去了这夫妇俩的生命。据称，导致纳什夫妇丧命的主要原因之一就是二人都没系安全带。

纳什的车祸去世完全让人难以预料，无法探寻其背后的动因。理性博弈理论是无法解释的。理性一点分析，纳什发生如此车祸几乎是完全不可能的事，但是又确实发生了。纳什和妻子是去挪威领取阿贝尔数学奖，这是大奖。他所在的普林斯顿学校毫无疑问是应该知道了，学校应该给予纳什官方机场迎接的礼遇，更何况纳什是一个曾经有严重精神疾病、需要别人照料的八十多岁的老人，普林斯顿没有这样安排，这是难以想象的。即使普林斯顿没有安排接机服务，普林斯顿大学校园的志愿者或者纳什的崇拜者也应该去机场迎接，要知道在美国，即便是陌生人，也会很容易得到志愿者的帮助，更何况是诺贝尔奖获得者的纳什？但是，纳什却没有获得这份幸运。

抛开这两个因素，如此理性的纳什自己怎么也犯了几个连环错误。他从机场出发，应该预定他熟悉的出租车，纳什大名鼎鼎，出租车司机也会小心翼翼照顾这两位老人，也许就不会超车，车祸就不会发生。更为难以置信的是纳什夫妇双方都不系安全带，这在美国是很难想象的，两个有着如此之高修养的老者连这样一个基本安全常识都不顾？而且美国一直对系安全带要求很严，几十年的阅历他们就没被提醒过，还是仅仅这次就突然给忘了？而且，美国新泽西州纽瓦克国际机场出发到梦落镇有很多条路可以走，要么走收费的新泽西高速公路，要么走其他不收费的路。收费的路车少点，快一点；不收费的，稍微慢一点，也许还会拥堵，对纳什当时来说，他并不急于要赶回家，他也可以走不收费的、慢一点的路，这样还可以欣赏沿途的风光，但是他们却走了高速路。

其中任何一个环节避免了，这起车祸就不会发生。这么多的随机事件同时发生几乎是完全不可能的，但是纳什却碰上了。另外一个著名生物数学家乔治·普艾斯，一个被认为是应该获得诺贝尔奖却没有得奖的科学家，也经历了同纳什一样几件几乎不可能发生的事。他是统计学家，这在概率上是不可能的事，他认为这一定是上帝在惩罚他，他选择了自杀。纳什的车祸，理性的概率分析，完全不可能，但却发生了。

经济学鼻祖亚当·斯密在《道德情操论》中认为"人类是道德的，可以无私地帮助别人"，然后他又撰写了《国富论》，认为"人一定是理性的、自私的"，他通过论著，完成了他自己的矛盾思想。我们不知道纳什是否认识到绝对理性与"纳什均衡"的逻辑悖论，但是纳什的疯癫、最后意外之死，则是纳什自己用自己的行动彻底否定了绝对理性与确定性以及他自己的"纳什均衡"。纳什一直是个纯粹的人，他用完全纯粹的自我否定肯定了他理论的矛盾之处！

纳什的死，是纳什如斯密一样否定自己，追随上帝而去。还是理性、上帝抛弃了纳什？

"我的疾病才把我带向理性"[1]尼采如是说。纳什正是用自己人生如此不确定性、疯癫行为完成了"纳什均衡"的绝对理性与确定性！

谁在彻底地放弃纳什呢？是他自己，还是上帝？

"只有在他背弃自己时，他才能跳出他自己的影子——确实！他才能跳进他的太阳光里"。尼采或许给出了答案。

纳什死后，我在一个似梦非梦中闪现这样的意境：上帝像国旗一样覆盖在他灵柩之上，他像天使一样给纳什呼吸，让纳什复活；他突然又像吸血鬼一样贪婪吸食纳什的脑髓，纳什变成了恐怖的骷髅，而纳什飘至我床前，诡秘一笑，说道："上帝就是那个在镜子中是魔鬼的天使。""你为什么如此诋毁我们的上帝呢？"我向我尊敬的纳什抗议。那个宣布上帝已经死去的查拉斯图特拉也飘然而至，像孔老夫子一样说道："你仔细看看吧，那个拯救纳什、那个吸食纳什脑髓的人是上帝吗？是纳什他自己呀，你没看见？！你自己也照照镜子吧！看看镜子里是一个男人还是女人？看看镜子里是一个温文的学者还是残暴的希特勒、斯大林？看看是一只虫子还是一只老虎？"我震惊地脱口而出："你们是一伙的！我记得你——查拉图斯特拉——你曾经的惊叹：'可是当我向镜子里一看，不由得叫出声来，我的心大为震惊：因为我在镜子里看到的，不是我自己，而是一个魔鬼的鬼脸与嘲笑。'"

这样的灵光乍现让我惊醒：镜子中看到的可能不是我自己？不由得喊了出来：纳什是谁？我又是谁？突然想起小时候家里那只狗，他

1　尼采著，孙周兴 译：《瞧，这个人》，北京：商务印书馆，2016 年版。

时常对着月亮像狼一样地长嚎。村里老人告诉我们，狗如果老了，就要疯了。回想起来，这狗也许就是狼，它在回归自己。当然，它也许就是疯了的狗。谁又能知道它是疯了还是思念曾经的自己呢？抑或它无所谓是狼是狗，是正常还是疯癫，是智慧还是愚蠢，它就是它自己的上帝，如纳什一样活在自己的世界里，同样长嚎："我即使被关在果壳之中，仍自以为是无限空间之王"？[1]

困惑伤害着我作为人类的自尊，焦虑让我烦躁，心里不由得骂一句：上帝，你死去吧！

我曾经无数次闪现着这样的一个场景：我跪在或达尔文，或亚当·斯密，或纳什的墓前为失去灵魂与信仰烧纸焚香，回头看时，泪眼蒙眬中却看到有人抬着给自己预备的棺材，正走向自己，棺材抬送者有别人，更像是自己！或是自己一人在沙漠里独自扛着一方枯木，像棺材，也像方舟。

如果让我来给我崇拜过、我尊敬过的、也是我批判过的纳什撰写他的墓志铭，我更想说：他就是他自己最坚定的批判者。

这也是我们的墓志铭。

2020 年 8 月 27 日

图书在版编目(CIP)数据

理性与自私的终结/王瑞武著.—北京:商务印书馆,
2021(2022.5 重印)
ISBN 978-7-100-20289-3

Ⅰ.①理… Ⅱ.①王… Ⅲ.①社会人类学—研究
Ⅳ.①C912.4

中国版本图书馆 CIP 数据核字(2021)第 176151 号

理性与自私的终结

王瑞武　著

商 务 印 书 馆 出 版
(北京王府井大街 36 号　邮政编码 100710)
商 务 印 书 馆 发 行
北 京 冠 中 印 刷 厂 印 刷
ISBN 978-7-100-20289-3

2021 年 11 月第 1 版　　　开本 880×1230　1/32
2022 年 5 月北京第 2 次印刷　　印张 10
定价:58.00 元